编纂与刊刻

《宋元学案》文本生成史研究

金晓刚　著

ZHEJIANG UNIVERSITY PRESS
浙江大学出版社

图书在版编目(CIP)数据

　编纂与刊刻:《宋元学案》文本生成史研究／金晓
刚著. —杭州：浙江大学出版社，2021.4
　ISBN 978-7-308-21273-1

　Ⅰ.①编…　Ⅱ.①金…　Ⅲ.①学术思想－思想史－研
究－中国－宋元时期　Ⅳ.①B248.05

　中国版本图书馆 CIP 数据核字(2021)第 069210 号

编纂与刊刻:《宋元学案》文本生成史研究
金晓刚　著

责任编辑	蔡　帆	
编辑校对	吴　庆	
封面设计	项梦怡	
出版发行	浙江大学出版社	
	（杭州市天目山路 148 号　邮政编码 310007）	
	（网址：http://www.zjupress.com）	
排　　版	浙江时代出版服务有限公司	
印　　刷	浙江新华数码印务有限公司	
开　　本	880mm×1230mm　1/32	
印　　张	10.625	
字　　数	239 千	
版 印 次	2021 年 4 月第 1 版　2021 年 4 月第 1 次印刷	
书　　号	ISBN 978-7-308-21273-1	
定　　价	78.00 元	

目　录

绪　论

　　中国编撰学术史的风气源远流长,早在先秦时期,就有《庄子·天下》《荀子·非十二子》《韩非子·显学》等篇评论各家学术之得失。此后,正史《儒林传》或《儒学传》,均自觉继承这一传统,但在编纂形式上长时期未有大的改变。南宋朱熹的《伊洛渊源录》,以专书形式对学术史进行梳理,实现了学术史编纂体例的突破。继朱熹之后,元明两代的学术史著述代有成编,甚至出现以“学案”为名的学术史籍。明清鼎革之际,理学士人历经社会动荡之苦,各自从文化学术角度深刻反思明亡清兴的教训,撰写了一系列学术史著述,兴起了清初“学史”编纂的热潮。① 其中,最著名的是黄宗羲编纂的《明儒学案》以及黄氏原著、全祖望补修的《宋元学案》②。

　　两学案的重要性,首先体现在编纂体例的革新。《明儒学案》各卷卷首冠以小序,点评案主学术,然后记载案主传略,最后摘录案主学术论著,反映其学术宗旨,三段式的学术史编纂方式“学案体”终以定型。与《明儒学案》相比,《宋元学案》增列了学案表,标志着“学案体”在体例上的进一步成熟与完善。两学案之后,以“学案体”编纂的学术史著作风靡不衰,先后出现《国朝学案小识》《两汉三国学案》《清儒学案》等。两学案的体例还直

---

① 史革新:《略论清初的学术史编写》,《史学史研究》2003 年第 4 期。

② 《宋元学案》在黄宗羲与黄百家手里分《宋儒学案》与《元儒学案》,在全祖望手上开始合为一书,称为《宋元儒学案》或《宋元学案》。

接影响近现代学术思想史的编纂形式,对当今思想史的写法也有重要的借鉴意义。除编纂体例外,两学案对宋明儒学史的解读亦表现出卓绝的眼光,其对理学的总结与认识,至今仍是近世思想史研究的重要参考,甚至是相关课题的逻辑起点。

然而,学界通常将《宋元学案》视为一个固定的静态文本,在涉及该书著作权时,只署"黄宗羲原著、全祖望补修",认为此书即是黄宗羲、全祖望二人的手定书稿,却遗忘了今日通行的《宋元学案》其实是历经众家修补通力合作完成的结果,并非黄、全二人的原稿。从成书过程来看,《宋元学案》远比《明儒学案》漫长且复杂。其纂虽始于黄宗羲,但书未竟而梨洲卒,此后黄百家进一步纂辑,再经乾隆时全祖望的补修,确定百卷规模,后又有全氏弟子卢镐、黄宗羲裔孙黄璋等人的校补。直到道光年间,王梓材、冯云濠汇合众家文本进行校定,最终完成并刊行于世,前后历经一百五十余年,今日通行的《宋元学案》即是由王梓材、冯云濠校定、何绍基刊刻的百卷本。而不同阶段编纂者对文本内容的纂修、增删,不只是具体文字的变动,其背后还渗透了各自的编纂理念,折射出当时不同的学术生态。因此,通过对比不同时期的文本内容,既可以抉发编纂者个人的思想与行为,还有裨于观察清代学术史的内外演进。

然而,相较于目前对《明儒学案》的充分解读,学界对《宋元学案》生成始末的研究并不完备,主要体现为相互联系的三个方面:第一,较少区分编纂过程中的文本差异,对百卷刻本以前的《宋元学案》稿抄本的价值认识不够;第二,单调的史学史与文献考证的研究视角与方法,缺乏从具体的"历史语境"下解读《宋元学案》的生成过程;第三,对《宋元学案补遗》的价值与思想史意义抱有认识偏见。这些缺罅与误区,均制约了对《宋元学案》以及黄宗羲、全祖望思想乃至清代学术史研究的进一步拓展。有鉴于此,本书在继承与反思前人研究成果的基础上,拓展研究视野,以期推动《宋元学案》及其相关研究的深入。

一、学术史回顾

《宋元学案》与《明儒学案》均由黄宗羲编纂,两书有着难以割舍的关系。而且,就目前所见,《明儒学案》研究的广度与深度远高于《宋元学案》,前者的解读路径与阐释方法,往往能对后者的研究提供借鉴。因此,要真正把握《宋元学案》的研究史,有必要与《明儒学案》的研究状况一同考察。依据两学案研究的历史特征,可将其研究大体分为四大阶段。

(一)民国时期

早在民国初年,现代学术视域下对两学案的考评就初步展开。其中,以梁启超的评说最具典型。在 20 世纪 20 年代两部清学史中,他多次称赞《明儒学案》是中国有"完善的学术史"的开端,[1]并以"科学性质"的标准,评价此书"不以爱憎去取""学说纂要钩玄""叙述忠实""体现全面人格",已具著学术史之四大必要条件。对《宋元学案》,他认为"虽属梨洲创始,而成之者实谢山",在"不定一尊""不轻下主观评论""注意师友渊源及地方的流别"方面比《明儒学案》更胜一筹。[2] 当然,梁氏也指出此书属资料长编,尚需增删改定。整体而论,梁氏基于"科学精神"及史书编纂的客观角度,对两学案击赏有加。这些评价虽略显单薄,

---

[1] 梁启超:《中国近三百年学术史》,朱维铮校注,上海:复旦大学出版社,2016 年,第 67 页。

[2] 梁启超:《中国近三百年学术史》,第 104—105 页。

但对后世的认知有重大的导向。

受梁氏的影响，大多数民国学者从史学史维度考评学案的优劣得失。其中大体可分两派：一派沿袭梁启超之说，仍高度评价两学案尤其是《宋元学案》记载客观，无主观独断，代表者有缪天绶等人；另一派在肯定的同时，也对学案的纰漏提出批评。如容肇祖认为《明儒学案》难以全面反映林光的思想，更未予陈建立传，因此专补《东莞学案》，还原林光、陈建二人的学术思想。[①] 胡秋原在节补《明儒学案》时增补西学人物与晚明遗民的传记。[②] 邓广铭不满王梓材校补《宋元学案》对范仲淹师承戚同文的论断，认为全祖望未曾认范、戚有师弟关系，所谓戚同文为"高平所出"乃王梓材袭《宋史》讹误，以臆增补之结果。[③] 此外，对两学案的判断，包括梁启超在内均一致认为全祖望补修的《宋元学案》比《明儒学案》及黄宗羲原本的视野更为开阔，无门户之见。

与梁氏及当时众人视角不同，钱穆力主中国文化本位，对宋学推崇备至。针对《明儒学案》以阳明学为中心，钱穆站在宋学"有宗主"的立场为之训解："阳明亦自为明儒之眉目，明儒学诣亦自当以研究性理为宗极，固非梨洲专为自尊其一己传统之私而然也。"高度评价此书为"学术史不磨之创作"。他还深入解读《明儒学案序》，认为这是梨洲"重工夫"、"重万殊"哲学思想之体现，反映了黄宗羲晚年思想的重要转变。[④] 对《宋元学案》，钱穆一方面以宋学旨要褒誉全祖望《序录》"备见全书宗主"，又从史

① 容肇祖：《补明儒东莞学案——林光与陈建》，《国学季刊》第 5 卷第 3 期，1936 年。

② 胡秋原节补：《明儒学案》，重庆：中周出版社，1944 年。

③ 邓广铭：《论范仲淹的师承——辨〈宋元学案〉所谓"高平所出"》，上海《大公报·文史周刊》第 16 期，1947 年 2 月 12 日，第三张第十版。

④ 钱穆：《中国近三百年学术史》，北京：商务印书馆，1997 年，第 30 页。

学编纂角度评论王梓材所辑学案纰漏众多,如《庐陵学案》"殊不见庐陵论学精神,且亦恐非谢山意也"①,因此重辑相关学案。钱穆对学案的解读与考察,以宋学为主,亦兼顾史学编纂维度,初具哲学史与史学史的双重路径,在当时独树一帜。此外,夏君虞在分梳宋学的脉络时,以列表方式追溯《宋元学案》各卷学案命名的由来,并按学案内容将宋代理学分为以程学为中心的十八系。②

综合观之,民国时期对两学案的研究,以梁启超的评说最具影响。尽管一些学者对《宋元》《明儒》两学案在收录人物及相关论断方面抱有微议,但均自觉认同梁氏提出的中国"第一部学术史"的观点。而从研究路径来说,多以学术史与史学史维度展开,评价其优胜与不足。钱穆、夏君虞分别从文献本身入手,注意到学案的学术思想与命名缘由,别具新意,为后世新的路径选择提供了一定启发。

(二)1949—1979 年

1949—1979 年前的三十年间,除一般断代性和通史性著作讨论黄宗羲哲学思想时稍触及《明儒学案》外,我国大陆学者对两学案的研究,以冯友兰的论述最具价值。他运用马克思主义的立场、观点和方法,重新理解中国哲学和文化,在《中国哲学史新编》(写于 1970—1980 年间)中从哲学史角度高度评价两学案是"具有成熟形式的断代中国哲学史"。在内容与体裁方面,他注意到《宋元学案》是正规的断代哲学史,而《明儒学案》实际上是明代心学的发展史。对于两学案的性质,冯氏画龙点睛地指

---

① 钱穆:《庐陵学案别录》,《文学年报》第 3 期,1937 年。
② 夏君虞:《宋学概要》,上海:商务印书馆,1937 年,第 33 页。

出"黄宗羲基本上是一个哲学家,全祖望基本上是一个史学家,……《宋元学案》史学多于哲学,《明儒学案》哲学多于史学"①,这一言简意赅的论断广为后来者接受,成为诸多论述的总纲与出发点。

相较于大陆的落寞,这一时期我国台湾学者及日本学者的研究收获丰硕。这一阶段,钱穆对两学案的关注不减反增,但态度发生转变。其中,对《宋元学案》仍以赞誉为主,称其"选择精审"、"治理学者,必治黄、全两《学案》"。对《明儒学案》,在五六十年代依旧接续早年观点,高度赞赏《明儒学案》是"一部极好的明代学术史……虽宗奉阳明,依然罗列各家,细大不捐"②。而从1971年开始,其逐渐改变先前态度,屡屡诟病《明儒学案》有门户之见、意气之争,认为梨洲抱"门户"思想,对阳明多有回护。考察这一态度的前后骤变,一方面固然是钱穆"中年以后,颇亦涉猎各家原集,乃时憾黄氏取舍之未当"③,另一方面,亦与其学术旨趣的转型息息相关。1970年后,钱穆逐渐由信奉阳明学转向服膺朱子学,对阳明学多有指摘,故批评梨洲守阳明学门户,对《明儒学案》的评价由赞赏转为贬斥。④

---

① 冯友兰:《中国哲学史新编》,第6册,北京:人民出版社,1989年,第11页。
② 钱穆:《钱宾四先生全集》,第25册,台北:联经出版事业公司,1998年,第92页。
③ 钱穆:《读〈刘蕺山集〉》,《中国学术思想史论丛》(七),北京:生活·读书·新知三联书店,2009年,第293页。
④ 张笑龙:《钱穆对〈明儒学案〉评价之转变》,《广东社会科学》2013年第3期。

其他学者则多专注于具体文献的考论,①其中,日本学者山井涌《关于〈四库全书提要·明儒学案〉中的若干问题》从文献考证出发,解决《明儒学案》的版本问题,广为后来学者信服并引用。这些论文虽较粗泛,但涉及颇广,既有文献考订,又有哲学命题、学术史观的解析,从不同侧面推动了《明儒学案》研究的深入。

尤值得重视的是,阮芝生的《学案体裁源流初探》首次提出了"学案体"的概念,并分梳其源流演变,认为"学案体"尽管有"远祖""近源",但其创造始于黄宗羲的《明儒学案》。在作者看来,《明儒学案》在"叙述范围的扩大""取材的丰富""写法的进步""著书有宗旨"等方面均度越前人,是"一个划时代的创作"②。此外,作者还梳理、介评了《明儒学案》以后《宋元学案》及其《补遗》、《清儒学案》等学案体著作的特点与价值。阮氏从学案体的发展脉络中定位《明儒学案》,为后一阶段学案体的火热讨论导夫先路。

总体而言,这一阶段的学案研究群体,以台湾学者居多,涉及哲学、文献、史学史的多重角度。在研究对象上,仍然集中于《明儒学案》。而对《明儒学案》的评价,除钱穆有从推崇到批评

---

① 如山井涌《关于〈四库全书提要·明儒学案〉中的若干问题》(《东京支那学报》1965 年第 12 期)、罗联络《〈宋元学案〉辨微录》(《建设》1966 年第 14 卷第 9—11 期,1966 年第 15 卷第 1、2 期)、《〈明儒学案〉辨微录》(《建设》1966 年—1967 年,第 15 卷第 6 期至第 16 卷第 3 期)、甲凯《〈明儒学案〉与黄宗羲》(《"中央"月刊》1972 年第 4 卷第 4 期)、成中英《谈〈明儒学案〉中的明儒气象》(《幼狮月刊》1978 年第 47 卷第 2 期)、陈荣捷《论〈〈明儒学案〉之师说》(《幼狮月刊》1978 年第 48 卷第 1 期)等。

② 阮芝生:《学案体裁源流初探》(原载《史原》第 2 期,1971 年),见杜维运、黄进兴编《中国史学史论文选集(一)》,台北:华世出版社,1976 年,第 581 页。

的前后变化外,其他学者基本称誉多而贬斥少,大体肯定《明儒学案》对明代学术较准确的把握,以及其在史学编纂体例上的开创意义。当然,他们也意识到该书并非全然客观无偏,故在引证时逐渐有不以之为最终依据的警觉。而大陆学者冯友兰对两部学案性质的理解,提纲挈领,具有重要的指示价值。

(三)20 世纪 80—90 年代

从 20 世纪 80 年代后期开始,学术研究由感性、热情逐渐转入理性、客观,"学术史热"悄然兴起。步入世纪末的 90 年代,"百年回顾与总结"的口号与话题又成为学术界的热点。在这时代背景下,两学案以其"学术史意涵"受到广泛关注。从研究内容来看,主要围绕四大问题的讨论展开:

1. "学案体"的定义及体例评价

《明儒学案》以三段式(总论、案主传略、资料选编)的结构介评人物思想,往往被视为学案体成熟与定型的标志。在这一时期的学术史热潮中,伴随着对学案著作关注的高涨,"学案体"这一编纂体裁日渐被学界认识,进入讨论视野。整体而言,主要聚焦于两大问题:

一是对学案体定义、体例的言说。由于前人未对学案涵义作出明确界定,这一时期的学者纷纷以自己的理解作了诠说。受四库馆臣及梁启超将《明儒学案》定为"史部·传记类"或学术史的影响,学者多视学案为学术史或学术思想史的撰述体裁。如陈金生将"学案"训为"介绍各家学术而分别为之立案,且加以按断之意"[①]。陈祖武进一步发挥,指出"学案"即学术公案,"学案体史籍以学者论学资料的辑录为主体,合其生平传略及学术

---

① 　陈金生:《〈宋元学案〉编纂的原则与体例》,《书品》1987 年第 3 期。

总论为一堂，据以反映一个学者、一个学派乃至一个时代的学术风貌，从而具备了晚近所谓学术史的意义。"①可以看出，尽管在具体定义上略有差别，但学案等同于学术史的看法已深入人心。相较这些，台湾学者陈锦忠从探寻《明儒学案》的著成因缘入手，认为对《明儒学案》"应以'理学之书'视之，或较能符合其本质"②，可谓孤明先发，惜未深入展开。

　　从学术史编纂的体例、结构层面对"学案体"展开论说的，则多持夸赞之语。如朱义禄提出符合"学案体"特征的三要素（设学案以明"学脉"，写案语以示宗旨，选精萃以明原著）与两功能（承担学术思想史与学术思想资料选编的双重作用），并以此标准称美《明儒》《宋元》两学案是"学案体"的典范。③ 朱仲玉亦评价《明儒学案》"宗旨明确，评论客观，搜罗丰富"，在学术史上具有开创性意义。④ 对于学案体的生命力及时代意义，在卢钟锋、陈祖武、朱义禄、无渝等人眼中，仍不失为今日编撰学术思想史资料之可用形式。⑤ 可以看出，这一时期绝大多数学者仍踵武民国以来的观点，对黄宗羲创立"学案史学体裁"称赞不已，将此看作是宋代以来中国史学的重要创造。

　　二是对学案体历史源流的考察。在颂扬学案体裁特点的同时，诸多学者从学术史撰写形式的流变中回溯学案体的渊源。

① 陈祖武：《中国学案史》，台北：文津出版社，1994 年，第 156 页。
② 陈锦忠：《黄宗羲〈明儒学案〉著成因缘与其体例性质略探》，《东海学报》第 25 卷，1984 年。
③ 朱义禄：《论学案体》，《哈尔滨工业大学学报》（社会科学版）1999 年第 1 期。
④ 朱仲玉：《试论黄宗羲〈明儒学案〉》，吴光主编：《黄宗羲论——国际黄宗羲学术讨论会论文集》，杭州：浙江古籍出版社，1987 年，第 569 页。
⑤ 卢钟锋：《中国传统学术史》，郑州：河南人民出版社，1998 年；陈祖武：《关于中国学案史研究》，《传统文化与现代化》1996 年第 1 期；无渝：《"学案"考议》，《孔子研究》1986 年第 2 期。

陈祖武、无渝等人从"近承"角度发掘出《明儒学案》最直接的来源是刘宗周的《皇明道统录》。陈祖武又接续、发挥梁启超"《伊洛渊源录》开学案体先路"，钱穆、陈垣称"学案受禅宗'传灯录'影响"等观点，从"远绍"出发，在中国学术史的发展脉络中追溯其源头，认为先秦诸子之述学、汉唐纪传体史籍的诞生、佛家宗史及灯录的风行，均为学案体提供了文献学的依据。① 除寻绎其来龙外，卢钟锋、陈祖武又考察了学案体的去脉，介绍了自《明儒》《宋元》学案以降《学案小识》《两汉三国学案》《清儒学案》等学案体著作的编纂过程及其学术特点。② 朱义禄还重点梳理学案体在近代以来的嗣响，认为梁启超撰写的各种"泰西学案"、陆复初《王船山学案》、杨向奎《新编清儒学案》、方克立主编的《现代新儒学辑要丛书》均是传统学案体在现代学术体系中的发展与转型。

不难发现，卢钟锋、陈祖武、朱义禄等人以长时段的视野梳理学案体的演变过程，虽一致认可《明儒学案》体例的开创意义，但并未凿言黄宗羲是学案体的始祖。余贵林甚至认为学案体在宋代已出现，黄宗羲只是在各种学术史体例的基础上加以整理，提出了"学案体"这一术语。③ 仓修良则力尊黄宗羲，认为学案体有其固定的组织形式，不同于一般的学术史，故将发明权归于梨洲，称"在黄宗羲之前，也绝无学案体可言"④。两家观点看似抵牾，其实只是基于各自不同的概念界定，形成了狭义与广义的

---

① 陈祖武：《关于中国学案史研究》，《传统文化与现代化》1996 年第 1 期。

② 陈祖武：《中国学案史》，台北：文津出版社，1994 年；卢钟锋：《中国传统学术史》，郑州：河南人民出版社，1998 年。

③ 余贵林：《简评〈明儒学案〉研究中的两种观点》，《内江师范学院学报》1993 年第 1 期，第 78 页。

④ 仓修良：《黄宗羲和学案体》，《浙江学刊》1995 年第 5 期，第 24 页。

认识。

　　不同于大陆学者热衷于从史学体例阐发学案体的独创性论点，大陆以外的学者常从编纂背景切入，提出相反的论调。如黄进兴继承钱穆、余英时一脉的思想史研究路径，重点发掘学案体例产生的思想渊源。其以李绂《陆子学谱》为始点，疏解两学案的思想背景，认为黄宗羲制作"学案"的创举并非在体例，而是在著作原则及精神上，其编纂乃针对当时儒门宗派争执的弊端，以议论公平、无所偏袒之态度厘清学脉以呈现有明一代学术特色。① 美国学者司徒琳（Lynn A. Struve）对学界孤立或过高评价黄宗羲的思想进行反思，主张从黄氏生活的时代及其学术活动的前后关系重新评定黄宗羲著作的地位。针对《明儒学案》，司徒琳不仅追溯了梁启超推崇此书的背后用意，还从黄宗羲身处朱、王之争的学术背景中考察其编纂动机与现实应对，反对从学案概念或体裁上过度拔高《明儒学案》，认为此书真正的卓越之处在于"黄宗羲所达到的两种精致的补充"，一为"内质（历史描述和哲学论述）的互相补充"，另一为"客观性和主观性之间的互相补充"。②

　　其他学者则通过具体案例的考索，认为《明儒学案》有浓厚的价值取向，而非简单的学术史著作。如古清美以黄宗羲《复秦灯严书》为据，剥离《东林学案》一意推明顾宪成、高攀龙为王学，而不以高氏属朱学，其目的是在朝野一片"尊朱排王"的浪潮下

① 参见黄进兴《"学案"体裁产生的思想背景：从李绂〈陆子学谱〉谈起》（《汉学研究》第 2 卷第 1 期，1984 年）、《"学案"体裁补论》（《食货月刊》第 16 卷第 9、10 期，1987 年）。
② 司徒琳：《〈明夷待访录〉与〈明儒学案〉的再评价》，收入吴光主编：《黄宗羲论——国际黄宗羲学术讨论会论文集》，第 300 页。

"设法保住阳明学的地位"。① 小岛毅通过比较《明儒学案》与《闽中理学渊源考》,认为黄宗羲对福建儒学作了不妥当的处理,指出《明儒学案》"实极具以史昌学的性质"②。

2. 学术思想观的阐发

两学案长期被视为学术史著作,故对其思想内涵的阐释成为这一阶段研究重心,主要从两条路径展开:

一是重点阐释学案的理学思想,以卢钟锋与李明友的论述最具代表性。卢钟锋深受侯外庐中国思想史研究方法的浸润,注重社会史与思想史相结合,坚持从历史语境切入,辩证分析学术史的思想内涵。其撰写的《宋明理学史》相关章节,注重从《宋元》《明儒》两学案观察黄宗羲的哲学思想。卢氏首次从理学史角度系统考索两学案的成书过程、内容体例、对理学史的总结及其学术史观,所论深入精辟,胜义迭出。如对宋元理学源流和学统师承的辨析,揭橥《宋元学案》"和会学术异同而又表现出偏向陆、陈的态度",以陆、陈之学对抗朝廷钦定的朱学,有助于打破正统思想的禁锢。③ 又解读《明儒学案》,窥视黄宗羲在理气观、性情之辨、儒释之辨方面的理学观点。在卢氏看来,两学案的编纂,是黄宗羲有感于晚明王学末流的"空疏",因而折

---

① 古清美:《从〈明儒学案〉谈黄梨洲思想上的几个问题》,《明代理学论文集》,台北:大安出版社,1990 年,第 352—375 页。

② 小岛毅:《中国近世における礼の言說》,东京:东京大学出版会,1996 年,第 181—182 页。

③ 侯外庐、邱汉生、张岂之主编:《宋明理学史》(下卷),北京:人民出版社,1987 年,第 774 页。此部分章节又以单篇论文刊行:卢钟锋《论〈宋元学案〉的编纂、体例特点和历史地位》(《史学史研究》1986 年第 2 期)、《宋元时期理学的论争与〈宋元学案〉的理学观点》(《文史哲》1986 第 3 期)、《论〈宋元学案〉〈明儒学案〉的理学史观点》(《孔子研究》1987 年第 2 期)。

入对"实学"的追求,试图通过经史之学、文献编纂的"道问学"以成就"尊德性"。

李明友从哲学史向度入手,认为两学案是黄宗羲"穷理者,穷心之万殊"的心学认识论在学术史研究中的具体应用,因而《明儒学案》以阳明学为圣学正宗,但又不偏废其他诸儒之学。《宋元学案》以儒学为本,道学家与道学以外的均予立案,仍是黄氏"一本万殊"哲学史观的贯彻。① 与卢、李二人桴鼓相应的,还有余金华、陈正夫分别从《明儒学案》的结构功能、编纂方式,归纳出此书编纂有其"一本万殊""万派归宗"的学术史观与哲学方法论的指引。② 卢、李等人崭新的解读方式与观点,既切中肯綮又独到,直接开辟了"学案体"研究的新视野与新路径,对后世研究意义重大。

另一路径则是史学史维度下的观照,以两学案及相关文献透视黄宗羲、全祖望的史学思想。③ 大体而言,这些学者虽对《明儒学案》以阳明学为主仍有微词,但逐渐转向推崇两学案在编纂体例、方法上的开创之功,有的甚至已意识到《明儒学案》不收李贽等人是"有意的疏忽"④,更多强调《明儒学案》是黄宗羲紧抓思想"宗旨",忠实呈现人物"一生精神",又不囿一家之言的史学思

---

① 李明友:《一本万殊:黄宗羲的哲学与哲学史观》,北京:人民出版社,1994 年。
② 余金华:《〈明儒学案〉的结构与功能分析》,陈正夫:《试论〈明儒学案〉》,均见吴光主编:《黄宗羲论——国际黄宗羲学术讨论会论文集》。
③ 重要论著有仓修良、吕建楚《全祖望和〈宋元学案〉》(《史学月刊》1986 年第 2 期)、卢钟锋《论〈宋元学案〉的编撰、体例特点和历史地位》(《史学史研究》1986 年第 2 期)、张高评《黄梨洲及其史学》(台北:文津出版社,1989 年)、楼毅生《论黄宗羲的史学思想及其影响》(《河北学刊》1995 年第 6 期)、林久贵《略论〈宋元学案〉的学术史批评方法》(《湖北大学学报》[哲学社会科学版]1997 年第 5 期)等。
④ 楼毅生:《论黄宗羲的史学思想及其影响》,《河北学刊》1995 年第 6 期。

想的反映。对《宋元学案》，则多强调全祖望的贡献，肯定其"不定一尊，议论持平"的史学态度。

3. 史料考订与文献整理

《明儒学案》有不同版本，《宋元学案》成书过程漫长，编纂者对文献内容的摘录存在不少问题。因此，关于两学案的文献考订成为学界的关注点，涉及史实纠误、名称及编纂过程的考辨。① 在文献整理方面，最令人瞩目的是两学案点校本的面世。② 朱鸿林的《〈明儒学案〉点校释误》（台湾中研院历史语言研究所，1991年）从史源出发，纠正《明儒学案》沈氏点校本（兼及《万有文库》及世界书局断句本）在字句、段落、断句、点号、引文等方面共一千余条讹误，贡献卓荦。这些整理本及其点校纠谬的出版，为学案研究提供了坚实可信的文本。而在整理的过程中，诸如《明儒

---

① 前者如李才栋《对〈宋元学案〉中陈瓘传略的一些订正》《江西大学学报》[社会科学版]1982年第3期）、倪士毅、翁福清《贞珉可珍——从〈黄震墓志〉补正〈宋史〉与〈宋元学案〉之误》《浙江师范大学学报》[哲学社会科学版]1987年第1期）、默明哲《〈明儒学案·崔铣·松窗寱言〉订正》《孔子研究》1988年第1期）针对具体人物传记，订正两学案史料的记载讹误。后者如陈其泰《〈宋元学案〉的编撰与成就》《史学史研究》1990年第3期）、钱茂伟《〈宋元学案〉原题小考》《宁波师院学报》[教育科学版]1992年第3期）、张如安《黄氏两〈学案〉补考》《古籍整理研究学刊》1993年第6期）、陈祖武《〈宋元学案〉纂修拾遗》《中国史研究》1994年第4期）、张林川、林久贵《略论〈宋元学案〉的体例特点和文献价值》《文献》1997年第1期）、林久贵《〈宋元学案〉的作者及成书经过述论》《黄冈师专学报》1998年第3期），重在梳理《宋元学案》的编纂过程及表彰其文献价值。

② 中华书局先后推出沈芝盈点校的《明儒学案》（1985年）与陈金生、梁运华点校的《宋元学案》（1986年）。浙江社科院沈善洪、吴光等人在编纂《黄宗羲全集》（浙江古籍出版社，1985年—1992年）中，亦完成两学案的整理校勘。相较而言，浙古本汇集了两学案的各类版本（包括新发现的冯氏醉经阁初刻本、余姚梨洲文献馆藏的《黄梨洲先生宋元儒学案》黄璋校补稿本），校对多而勘误少，中华本则唯有底本而无参校本，有勘无校，各有千秋，可对照互参。

学案》的版本、成书年代以及《宋元学案》的版本及编纂过程等问题，得到了较多的解决，有些甚至还形成往复性的商榷。①

纵观这二十年的研究，已然突破单向度的思维方式，逐渐走上多元的学术轨道。从路径选择而言，陈祖武、朱义禄、仓修良、林久贵等人从史学史角度，侧重两学案在历史编纂学中的意义与价值；卢钟锋、李明友则惯于从哲学史入手，解读两学案的学术史观与理学思想；沈芝盈、陈金生、吴光、朱鸿林等众多学者立足文献，或点校两学案，或考订两学案所涉诸问题。黄进兴、陈锦忠、司徒琳、古清美、小岛毅等人从思想史路径，解读学案的编纂旨趣，提出精辟的新论，值得重视。不同专业背景学者的汇入，从各自角度共同推动了学案研究的勃兴。

（四）21 世纪以来

进入 21 世纪，随着文化史、思想史研究的风生水起，学界对学术史的关注热度与日俱增，学案研究也成为各大研究的交汇点。而新视野、新方法的引入以及新资料的发现，促使两学案研究呈现出多元的路径与面向，并带来新的认识。

1.“学案”涵义的多元阐释

这二十余年来，学界对“学案”涵义的认识不仅更加深入，且出现了新界定，形成了两大迥然不同的观点：

第一种观点延续旧调，以陈祖武为代表，仍将“学案”理解为学术史。不过，在此前“学术公案”的解释基础上，陈氏又提出

---

① 相关论著可参吴光《黄宗羲著作汇考》（台北：学生书局，1990 年）、陈祖武《中国学案史》、福田殖《关于〈明儒学案〉成书的基础性研究》（《中国哲学论集》21 号，福冈：九州大学，1995 年）。

"学术定论""学术考查"或"学术资料选编"的揣测,①终因缺乏语源学的文献佐证,未形成定论。

其他学者更多从史学史路径,深化对"学案体"体例演进过程的考察,以凸显《明儒学案》在学案体中的成熟与定型地位。如不少学者对照《伊洛渊源录》《圣学宗传》《理学宗传》与《明儒学案》的关系,认为后者在继承前者结构、体例和原则的同时,又做出了新的提升和拓展,是 17 世纪学案体完善的体现,也是中国古代学术史成熟的标志。②

第二种观点一反旧说,将"学案"的性质定位为哲学著作而非学术史。朱鸿林综合明清两代各类以学案为名的著述,通过考察其意旨与背景,认为学案"以表述儒者的学术门径为主要内容,旨在为有志于学的读者提供为学的方案和楷模","利用案例指引出学者以个人的道德实践、决定其为学成效的儒学修养门径",将学案译为"为学方案",视学案著述为"子部"之书,异于四库馆臣的"史部"归类。③

其他学者则大多选取某一专题或角度,诠解学案的性质,回应朱鸿林对学案的总体定位。如张实龙认为《明儒学案》的创作宗旨是"修德而后可讲学",故将其定为"修德之书"。④ 陈畅重点

---

① 陈祖武:《学案再释》,《北京师范大学学报》(社会科学版)2009 年第 2 期。

② 如王俊才《明清之际学术史的突变——学案体的趋新与定型》(《河北学刊》2006 年第 3 期)、李文辉《从〈伊洛渊源录〉到〈明儒学案〉——学案体之体例演进研究》(《中山大学研究生学刊》[社会科学版]第 30 卷第 1 期,2009 年)、吴海兰《会众以合——黄宗羲对中国传统学术史的继承与发展》(《南开学报》[哲学社会科学版]2016 年第 1 期)等文。

③ 朱鸿林:《儒家"为学方案":学案著作体裁》,《〈明儒学案〉研究及论学杂著》,北京:生活·读书·新知三联书店,2016 年,第 29—59 页。

④ 张实龙:《修德而后可讲学——论〈明儒学案〉的精神》,《浙江学刊》2007 年第 1 期。

解读《明儒学案·发凡》及两篇《序》中的"宗传"和"道统"意象，称《明儒学案》是黄宗羲以表彰刘宗周之学为目标的道统论著作，[①]也是展现理学政教秩序的"理学之书"。[②] 这些学者别出心裁的诠释，共同否定了《明儒学案》为"学术史"的观点。甚至，一向被视为史学著作的《宋元学案》，其性质也被重新讨论。如早坂俊广受小岛毅对《明儒学案》性质分析的启示，通过辨析《宋元学案》的"浙学"概念，认为黄、全以故事的方式将永嘉、金华、四明各地的思想整合于"浙学"之中，并有意识地将四明地区作为终点而进行颂扬，其意在丁彰显"浙学"的卓越性，因此认为《宋元学案》是"表明话语之书"，而非"记述事实之书"。[③]

2. 学案旨趣与思想观的考察

受哲学史研究模式的主流挤压，侧重外缘或"语境化"的思想史研究长期处于"尴尬"的边缘状态。随着 20 世纪 90 年代以来"重写思想史"的呼声以及对中国哲学研究新出路的探索，原本"小众"的思想史路径渐获认可与青睐。与此同时，后现代理论对文本建构的讨论，新文化史对话语权、精神心态的强调，共同推动"历史书写"成为近些年史学研究的新热点。在这两股思潮的涤荡下，原本聚焦于文本内容"是什么"的叙述，逐渐转向对文本撰写"为什么"的阐释。流风所及，学案研究的视角也纷纷"回到历史现场"，从学案的人物书写、思想史观等面向切入，考察文本背后编者的撰述意图与现实诉求。

---

① 陈畅：《论〈明儒学案〉的道统论话语建构》，《学海》2012 年第 1 期。
② 陈畅：《〈明儒学案〉中的"宗传"与"道统"——论〈明儒学案〉的著述性质》，《哲学动态》2016 年第 11 期。
③ 早坂俊广：《关于〈宋元学案〉的"浙学"概念——作为话语表象的"永嘉"、"金华"和"四明"》，陈辉译，《浙江大学学报》（人文社会科学版）2002 年第 1 期。

这一路径下的两学案研究又可细分为两条路向:一是择取学案中某一人物相关问题,以文本对读方式展开,透视黄宗羲的学术史观及编纂用意。如彭国翔、刘勇、吴兆丰、黄敦兵、庄兴亮等人分别从周汝登、颜钧、薛应旂、王畿、聂豹等人的学派归属或人物传记入手,参照人物的思想原旨、传记史源,进而寻索黄宗羲通过处理、增删史料重塑人物形象背后的目的和心路历程。① 如通过对比,指出黄宗羲借扭曲周汝登的学派归属,以尽可能弱化浙中王门流入狂禅的非议;如何通过抽取、曲解并窜改文献记载,重塑颜钧的正面历史形象,以反驳当时对阳明学的猛烈批判;又怎样抹去薛应旂为学的变化,且擅改其师承脉络,以强化王门后学对东林学术的直接影响;又通过删选史料,撇清与聂豹相关的负面记载,塑造聂豹"精明强干"的政治形象,以确保江右王门在传记中的正面形象。王宇则以《明儒学案》对"明学初祖"的设计为问题线索,厘出黄宗羲以方孝孺而非宋濂为明代理学的开端,源于黄氏秉承"有明文章事功皆不及前代,独于理学,前代所不及"的理念,以反映自己对明代理学总体衡定的初衷。② 陈祖武重读《明儒学案序》,将此书置于当时的历史环境中综合考察,认为《明儒学案》的编纂动机在于"为师门传学术","为故国存信史","为天地保元气"。③ 这些解读与结论,优劣高低暂毋

---

① 彭国翔:《周海门的学派归属与〈明儒学案〉相关问题之检讨》,台湾《清华学报》新 31 卷第 3 期,2002 年;刘勇:《黄宗羲对泰州学派历史形象的重构——以〈明儒学案·颜钧传〉的文本检讨为例》,《汉学研究》第 26 卷第 1 期,2008 年;吴兆丰:《明儒薛应旂的生平及其学术思想的演进》,《燕京学报》新 27 期,2009 年;庄兴亮:《黄宗羲对聂豹政治形象的构建——以〈明儒学案·贞襄聂双江先生豹传〉为探讨中心》,《国学学刊》2016 年第 3 期。

② 王宇:《试论〈明儒学案〉对明代理学开端的构建》,《中共浙江省委党校学报》2007 年第 4 期。

③ 陈祖武:《明儒学案发微》,《中国史研究》2009 年第 4 期。

下断,但均已跳出以后世立场訾议学案"门户之见"的旧辙,而选择从著述初衷与历史语境切入,无疑激活了文本所具有的丰富内涵,开辟出学案研究的新路向,也再次印证了自冯友兰以来对《明儒学案》性质"哲学多于史学"的总定位。

此外,日本学者佐藤炼太郎从阳明学所处的不同历史背景中,比较《圣学宗传》与《明儒学案》,指出前者编纂于左派王学为主流的晚明,代表的是万历末年的阳明学观。而后者完成于阳明学被激烈批判的康熙年间,表现的是以有善有恶说派为正统、无善无恶派为异端的阳明学观,两书各有千秋,均应重视。① 对数百年来笼罩在黄宗羲"真理话语"下饱受诟病的《圣学宗传》,从历史角度抱"了解之同情",肯定其著述意义。

二是以《宋元学案》为中心,解读并区分黄宗羲原本、全祖望补本以及二人思想史观的异同,重点讨论全氏补本的意义与地位。自梁启超始,全祖望补修《宋元学案》即受到万口一辞的好评,"不定一尊""无门户之见"成为全氏补本特点的标签化概括,至于补修的具体内容及其背后的思想旨趣,则缺乏细致深入的考索。随着研究的细化与深入,这二十余年来,全氏补本的内容与意义得到了较为详尽的钩沉。如何俊受日本学者小岛毅、早坂俊广的启发,在回应"中国思想史写法"的讨论中,通过剥离黄、全各自所立的学案,凸显全祖望摆脱理学"道统"意识,在广阔的视域中梳理宋元儒学的历史过程,以及这一恢宏的儒学史

---

① 佐藤炼太郎:《明末清初相反对立的阳明学派史——周汝登〈圣学宗传〉与黄宗羲〈明儒学案〉的比较》,《湖南大学学报》(社会科学版)2017年第1期。

视野对当今思想史书写的意义。① 夏长朴在对读《伊洛渊源录》与《宋元学案》全氏补本的视域中，透过全氏《序录》和新学案的增立，表彰全祖望贯彻"史以纪实"的基本信念，打破朱熹独尊道学的宗派藩篱，还原宋代学术本来面目之功。② 连凡也通过《宋元学案》层次结构与学案设置的前后更迭，认为修定、次定本反映了黄、全二氏思想史观的共识，而补定的学案则显示出他们的分歧，由此判断黄宗羲是哲学史家，而全祖望为史学家。③

在千篇一律歌颂全氏补本的同时，也出现不同的声音。王宇接续早坂俊广的思路，重点分析《宋元学案》对吕祖谦与浙学关系的处理问题。在他看来，黄宗羲虽对南宋浙学有深刻的理解，但对吕祖谦缺乏兴趣，从而忽略了吕氏在"功利浙学"形成中的启蒙作用。全祖望虽用心恢复吕祖谦"浙学宗主"及"理学大师"的本来面目，然由于无法对思想话语的冲突进行合理解释，未能很好地解决吕祖谦与陈亮、永嘉学派的思想联系以及南宋浙学典型为四明陆学的关系问题。④ 谢桃坊以恢复《宋元学案》黄宗羲原本为旨趣，认为全祖望的增补完全违背黄宗羲原意，"未贯彻理学之儒的观念，致使此著芜杂散乱"⑤，并以《蜀学略》

---

① 相关讨论可参考何俊：《宋元儒学的重建与清初思想史观——以〈宋元学案〉全氏补本为中心的考察》（《中国史研究》2006 年第 2 期）、《思想史的界定与门径——以两部学案为例》（《浙江社会科学》2010 年第 1 期）。

② 夏长朴：《"发六百年来儒林所不及知者"——全祖望续补〈宋元学案〉的学术史意义》，《台大中文学报》第 34 期，2011 年。

③ 连凡：《〈宋元学案〉的层次结构与学案设置——兼论全祖望与黄宗羲思想史观之异同》，《北京社会科学》2017 年第 4 期。

④ 王宇：《吕祖谦的游离与回归：论〈宋元学案〉对南宋浙学的认识》，《浙江社会科学》2014 年第 1 期。

⑤ 谢桃坊：《〈宋元儒学案〉辨原》，《西华大学学报》（哲学社会科学版）2016 年第 4 期。

为例,批评全氏依照理学宗传关系所拟苏氏的学术渊源以及蜀学出于"纵横之学"而"杂于禅"的论断不能成立。在谢氏看来,全祖望"对于宋代理学缺乏专门的深入的研究",补修《宋元学案》"于体例与事实皆有许多失误"①。其实,黄、全二人原本就基于不同的编纂旨趣,自然会呈现出不同的文本面相,故不必以一种立场深苛另一种立场。

3. 学术史观及方法论的解读

对学案中人物的取舍、归类及传记书写的窥测,除新兴的思想史路径外,20世纪90年代兴起的哲学史路径的阐释也不在少数。近代以来,在启蒙思潮的涌动中,左派王学以其"崇尚人性"、"反对禁欲"等观点而大受欢迎与歌赞。因《明儒学案》不为李贽立学案,故长期成为非议的焦点。这一时期的学者从黄宗羲的学术史观入手,合理解释了这一历史公案。如王记录从"心学非禅学"的命题展开,认为黄宗羲力辩阳明之学是"儒而非禅",而李贽的极端"狂禅"已失儒学本质,显与黄宗羲的学术史观抵牾,故被悄然隐去。② 姚文永以"理"的道德规范为中心,认为李贽被《明儒学案》舍弃的原因在于,李贽的"道德规范"建立在己和私的基础之上,与黄宗羲所认可的道德规范中"一本"的"理"大相径庭甚至根本相反。③

与这一问题紧密相连的是,学界通过《明儒学案》讨论黄宗

① 谢桃坊:《〈宋元学案·蜀学略〉辨正》,《西华大学学报》(哲学社会科学版)2013年第1期。

② 王记录:《〈明儒学案〉缘何不为李贽立学案?——兼谈黄宗羲的学术史观》,《河南师范大学学报》(哲学社会科学版)2003年第5期。

③ 姚文永:《"共行只是人间路,得失谁知天壤分"——从"一本而万殊"看〈明儒学案〉为何不给李贽立案》,《云南民族大学学报》(哲学社会科学版)2010年第2期。

義的儒佛观。季芳桐、蒋民不同意黄宗羲视泰州学派为禅学，主张将其归入儒学，并认为黄宗羲的划归不当，源于以"心即理"与"心即觉"作为儒、禅区别的误判，以及对"百姓日用是道"的理解偏差等重要因素。① 姚文永、王明云认为黄宗羲对儒佛的看法建立在佛教无"理"说的基础上，并以有"理"、无"理"作为儒佛划分的根本标准，虽极有见地，却在评价泰州学派颜钧、何心隐等人问题上遇到困境。黄宗羲的这一"学术局限"，"既是其儒佛（观）在'理'的问题上势不两立的界限，也是其为心学辟佛的良苦用心"。②

也有不少哲学背景出身的学者，从宋明理学的相关概念、范畴入手，评价学案对这些命题的诠释。如刘兆玉围绕《正蒙》和《西铭》《东铭》评论《宋元学案》对张载思想的阐述。③ 秦峰择取《明儒学案》对"四句教"的诠释和批评。④ 米文科遴选《宋元学案》对张载"气质之性"与"变化气质""成性"等命题的诠释展开讨论，认为黄宗羲对前人学说的注解、诠释，或存在切割、曲解，以阐扬师门道统；或继承师说，以心学角度和立场，一改程朱"理一分殊"的诠释路径；或基于自身的气学立场，反对宋儒的气质、义理之性的二元说。连凡通过对《宋元学案》内胡瑗、司马光、北宋五子、道南学派、东莱吕氏、陆学、浙学、浙东朱子学等学案内

---

① 季芳桐、蒋民：《泰州学派的归属——兼评黄宗羲的儒佛观》，《学海》2002 年第 2 期。

② 姚文永、王明云：《从〈明儒学案〉看黄宗羲的儒佛观及其矛盾》，《中国石油大学学报》（社会科学版）2012 年第 5 期。

③ 刘兆玉：《论〈宋元学案〉对张载关学的诠释——兼论〈宋元学案〉的关学观》，陕西师范大学 2013 年硕士学位论文。

④ 秦峰：《〈明儒学案〉对"四句教"的诠释和批评》，《哲学动态》2014 年第 11 期；米文科：《论〈宋元学案〉对张载思想中几个问题的诠释》，《宝鸡文理学院学报》（社会科学版）2014 年第 6 期。

容的介绍性阐述,推扬黄宗羲、黄百家、全祖望建构宋元理学史的高识卓见。[①]

世纪之交中国哲学界兴起的关于"中国有无哲学""中国哲学的特质是什么"等所谓中国哲学的"主体性"与"合法性"问题的大讨论,刺激了中国学者从传统中寻求、论证中国思想表达的固有方式,以揭示中国哲学的独特性。《明儒学案》以其完善的体例,常被奉为中国哲学断代史的经典性著作,故其在内容、体例上的价值被重新提出,并赋予了非凡的时代意义。黄敦兵、雷海燕从哲学的真理观、创造性与哲学家的主体性三方面,论证《明儒学案》所呈现的哲学史观、历史意识、对中国哲学思想连续性的看法,认为其已具备哲学思想的条件与特征,从而肯定中国哲学的主体性与合法性。[②] 张圆圆在构建民族哲学话语体系的理路中,寻求中国哲学的诠释新模式,重新阐释《明儒学案》的学

① 参见连凡:《论〈宋元学案〉对胡瑗、孙复及其弟子的评价》(《湖北工程学院学报》2017 年第 4 期)、《论〈宋元学案〉对朔学的诠释与评价——以司马光及其弟子刘安世、范祖禹、晁说之为中心》(《保定学院学报》2017 第 6 期)、《〈宋元学案〉中邵雍思想的阐释与评价》(《商丘师范学院学报》2017 年第 10 期)、《阐发性命道德之精微——论〈宋元学案〉对周敦颐〈通书〉的诠释与评价》(《武陵学刊》2017 年第 4 期)、《〈宋元学案〉对张载思想的诠释与评价——以人道观为中心》(《甘肃理论学刊》2017 年第 4 期)、《论〈宋元学案〉对二程弟子的评价——以尹焞、王苹、吕大临、陈瓘、邹浩为例》(《安康学院学报》2017 年第 5 期)、《〈宋元学案〉对道南学派的阐释与评价——以杨时、罗从彦、李侗为中心》(《合肥师范学院学报》2017 年第 4 期)、《〈宋元学案〉对东莱吕氏家学的评价——以吕希哲、吕本中、吕祖谦为中心》(《江汉大学学报》[社会科学版]2017 年第 5 期)、《〈宋元学案〉对宋代陆学的阐释与评价——以江西陆学与四明陆学为中心》(《荆楚学刊》2017 年第 3 期)、《〈宋元学案〉视域下的浙学源流》(《浙江万里学院学报》2017 年第 4 期)、《〈宋元学案〉视域下浙东朱子学的源流与评价——以金华朱学与四明朱学为中心》(《河池学院学报》2017 年第 4 期)等。
② 黄敦兵、雷海燕:《从哲学史学角度看黄宗羲学案体著述的哲学特质》,《宁波市委党校学报》2007 年第 5 期。

术史方法论，认为其对学术发展宏观规律的总结以及其学术史方法论中的"普适"成分和其学术史思想中的民族哲学话语体系等内容，对当今构建中国哲学史诠释路径仍具有重要的参考价值。①

4. 文献的发掘与考订

21 世纪以来，不少长期被湮没的孤本、秘籍等珍贵文献逐渐浮现。可喜的是，众多新史料的发现，给学案研究带来了一系列新认识，从而取得了突破性的进展。彭国翔先后在中国社会科学院文学研究所图书馆、浙江图书馆发现了黄宗羲的《理学录》与姜希辙的《理学录》。经对读黄氏《理学录》与两学案，彭氏推论黄氏《理学录》系黄宗羲正式编纂两学案前的准备工作。与《明儒学案》相比，姜希辙《理学录》有其独特价值：一是学派划分较为合理，反映出《明儒学案》的学派划分存在某些问题；二是首创以图谱来表示学派成员之间关系的方法。两部《理学录》的发现，既丰富了对学案史演变发展过程的理解，亦为深入把握宋、元、明学术思想史提供了新的材料和视角。②

较之《宋元学案》王梓材、冯云濠校定本的通行，黄宗羲后裔黄璋校补的《宋元儒学案》属另一版本系统，长期以来鲜为人知③。此校补本又分两种：一是修改未定本，包括《宋儒学案》《元儒学案》，今藏余姚博物馆（原藏梨洲文献馆）；二是经冯登府、诸

---

① 张圆圆：《中国哲学史诠释模式的传统借鉴与当代反思——论〈明儒学案〉的哲学史意义》，《社会科学辑刊》2015 年第 2 期。

② 李卓：《近世儒学史的新图景——新发现的两部〈理学录〉及其价值》，《浙江社会科学》2015 年第 12 期。

③ 在此之前，仅见民国时期胡适曾翻阅中研院史语所藏本，并作有札记，见《胡适日记》1946 年 11 月 22 日、23 日、24 日条，《胡适全集》第 33 卷，合肥：安徽教育出版社，2003 年，第 613—615 页。

豫宗、冯云濠等人手订的誊清本。其中《宋儒学案》今藏台湾中研院史语所傅斯年图书馆,《元儒学案》今藏中国国家图书馆。葛昌伦将中研院所藏誊清本与通行本《宋元学案》并观,对比二者在各学案编纂者署名方式、《序录》与《卷首》的关系,以及学案表人数、排序等方面的差异。① 张艺曦亦详细考察了黄璋校补誊清本《宋儒学案》的编纂过程,并纠正了王、冯《宋元学案考略》众多论断的讹误,认为此稿最接近黄宗羲原本。② 两部黄璋校补稿的发现,为世人呈现了《宋元学案》的多元流传路径,尤其是稿本中保存了大量被通行本删去的黄璋案语,为进一步观测《宋元学案》的成书过程以及编纂旨趣提供了重要的线索。

此外,两学案的编纂或用时仓促,或成于众手,相关记载难免存在缺漏、讹误。一些学者选择文献考证的路径,纠正书中在人物关系、年代、传记等问题上的讹误。③ 而朱鸿林从文本史源入手,对《明儒学案》中的白沙、姚江学案以及唐伯元文字,均参

① 葛昌伦:《〈宋元学案〉成书与编纂研究》,台北:花木兰文化出版社,2007 年。

② 张艺曦:《史语所藏〈宋儒学案〉在清中叶的编纂与流传》,《中研院史语所集刊》第八十本第三分,2009 年。

③ 如朱光磊《〈明儒学案·师说〉"邓先生"考述》(《人文杂志》2013 年第 5 期)、郑礼炬《〈明儒学案·粤闽相传学案〉王守仁福建门人考》(《中国典籍与文化》2015 年第 1 期)分别考订邓先生为何人,增补闽中阳明弟子。姚文永、王明云《〈明儒学案〉补编编著刍议》(《佳木斯大学社会科学学报》2012 年第 6 期)则对《明儒学案》大量失载的理学人物提出补录的构想。另一些学者在研究相关理学人物过程中,援引其他文献,订正学案的纰漏,如石一民《南宋学者石宗昭家世生平考——〈全宋文〉石宗昭小传订补》(《浙江海洋学院学报》[人文科学版]2009 年第 4 期)、李光生《〈宋元学案〉辨误一则》(《船山学刊》2010 年第 2 期)、沈志权《〈宋元学案〉巩丰、巩岘关系考订》(《杭州师范大学学报》[社会科学版]2010 年第 6 期)等

照原典作了细微的对校,发现《明儒学案》文本仍待精校。①

可以看出,21世纪以来的两学案研究,除发掘新文献带来新的认识外,最大的特点与转变在于新视角、新方法的大量运用。其中以"文献+思想史"的路径寻绎文本的编纂旨趣、思想观成为亮点,其研究可谓方兴未艾。对比之下,20世纪八九十年代热衷讨论的学案体例、编纂方法在这二十余年中虽有余音,但已逐渐褪去。新视野、新方法、新史料的初运用,与旧文献、老路径的深挖掘、精解读,不同方式的研究,日益形成了四大鲜明的学术群体与研究取向:一是朱鸿林、彭国翔、刘勇等人立足文献的思想史路径,精于学案编纂思想与旨趣的解读;二是以陈祖武、姚文永为代表的史学史维度,侧重学案体例、编纂方法的讨论;三是何俊、陈畅、王宇等人哲学史与思想史合观的路向,重在阐发学案的思想史视野与哲学思想;四是沈芝盈、吴光等人的文献整理。不同学者交错汇融,共同推动着学案研究的繁荣。

从百年学术史回顾可以看出,当前对《明儒学案》的研究已近乎"题无剩义"的地步,史料已得到较为完尽的发掘,新视野与新方法也被发挥得淋漓尽致。较之《明儒学案》,对《宋元学案》的关注程度以及相关方法的运用,不仅远远不够,且存在不少误区。尽管早坂俊广、何俊、王宇等人慧眼独具地指出此书的性质,以及对黄、全不同的思想史观作出抉发,但整体而言,受文本编纂未定而显粗糙的影响,百年来对《宋元学案》的评判,大体未越出梁启超的认识框架。全氏"兼取百家、综罗文献"的史学态

---

① 相关讨论见朱鸿林:《〈明儒学案〉研究及论学杂著》。以此路径展开的,还有何威萱《〈明儒学案〉的文本剪裁及编纂问题析说:以魏校学案为例》(《明史研究》第十四辑,2014年)、赵文会《〈明儒学案〉勘误二十三则》(《图书馆杂志》2015年第6期)。

度以及全书为"资料长编"的性质，成为判别《宋元学案》的两大标杆。

具体而言，当前对《宋元学案》的研究存在五大缺罅与不足：

1. 文献的利用远远不足。余姚梨洲文献馆藏的《宋元学案》黄璋校补本，虽早在 20 世纪 80 年代就被发现，但一直未对外开放。《黄宗羲全集》整理本也只是抄录小部分用于《宋元学案》文本的参校，且失校众多①。中研院史语所傅斯年图书馆藏的《宋儒学案》黄璋誊清本，目前也仅有葛昌伦、张艺曦二人通过阅读，解决了此稿本的编纂过程以及与通行本的异同等问题。但学界对两种黄璋补本的认识与利用，远远不够。如王梓材、冯云濠参照的八十六卷本与傅图本、两种黄璋校补本的关系如何，通行本中的众多"祖望谨案"在傅图本中却是"宗羲谨案"，究竟孰是孰非？此类问题均有待解决。黄璋补本还保留了大量被王、冯二人删除的黄璋祖孙等人的案语，由此可窥黄璋等人对宋元理学史的态度。而目前对这些案语的解读，竟付诸阙如。此外，国家图书馆藏有先前研究者未注意的《元儒学案》，正是史语所黄璋校补誊清本缺失的元代部分，通过对比，可以还原《元儒学案》的修纂过程。有鉴于此，细致剥离黄氏《理学录》以及两种黄璋校补本，成为重新认识《宋元学案》成书的关键所在。

2. 对编纂参与者的关注严重不均。百年来对《宋元学案》编纂者的讨论，基本处于以黄、全二氏代替全部的境况。在相关叙述中，其他参纂者似乎只是"鸡肋"与附带。的确，黄宗羲、全祖

---

① 如通行本《宋元学案》卷四十五《范许诸儒学案》称范处义为"香溪（范浚）之族也"，而醉经阁本、黄璋补稿却作"香溪之后"。卷八十二《北山四先生学案》载"潘墀，字经，一字介岩"，醉经阁本、黄璋补稿均作"字经之"。核《南宋馆阁录》、吴师道《敬乡录》，知通行本脱"之"字。此二者，浙古本均失校。

望对《宋元学案》结构、目录的安排及相关资料的选辑,有"总设计"之功。然其他参纂者尤其是黄百家、黄璋、王梓材、冯云濠对全书的增补、搜辑、编排、定稿,同样贡献卓荦。《宋元学案》何以成今日之面目,与这些人的构想、补修紧密相关。与前人相比,陈祖武、吴光、林久贵等人虽表彰了这些人的功劳,但寥寥数语带过,未能详尽反映他们的编纂状况。因此,结合两种黄璋校补本与王、冯校定的通行本,对比其中的异同,可以较全面地厘清诸人的分工及具体的工作情况。

3. 讨论黄、全二人思想史观的文献视域颇为狭窄。对于《宋元学案》的思想观,学界异口同声地认为黄宗羲存在"党人习气"带来的门户之见,而全祖望已突破"道统"藩篱,走向宏阔的儒学史视野。然《宋元学案》黄氏原本毕竟属未完之稿,难以完整反映梨洲的思想史观。据彭国翔研究,从黄宗羲《理学录》的宋元部分到黄宗羲原稿《宋元学案》,"已经有一个理学道统意识逐步淡化的演变线索"。全祖望的修订和增补工作,"是沿着黄宗羲开创的这条既有的脉络自觉向前推进的结果"①。因此对黄、全思想史观的认识,须从两人全集及相关文献中综合考索,窥视各自对宋元理学史的整体理解。况且,二人的著述用意与编纂宗旨已有不同,不能以全祖望的史学家立场否定黄宗羲的哲学家立场。

4. 单一的研究视野与诠释方法。受梁启超的定位与判断的影响,绝大多数学者视《宋元学案》为宋元学术史,几乎皆从史学史的角度解释其学案体例与史学思想,却遗忘了此书编纂与刊刻的历史语境。如全祖望补修《宋元学案》,其目的何在? 道光

---

① 李卓:《近世儒学史的新图景——新发现的两部〈理学录〉及其价值》,《浙江社会科学》2015 年第 12 期。

年间,何凌汉、陈用光、何绍基等人为何孜孜寻访、刊刻《宋元学案》,王梓材、冯云濠又出于什么目的进行校定,并完成《宋元学案补遗》。通过历史背景的考察,透视其中的编纂旨趣与时代意涵,无疑有助于突破单向度的内容叙述,实现《宋元学案》意义与价值的立体化展示。

5. 对《宋元学案补遗》关注寥寥。对王梓材、冯云濠的《宋元学案补遗》,学界多以其"收录泛滥""博而寡要"而忽视其价值。事实上,《补遗》增补、纠正了《宋元学案》大量的缺漏、讹误,是援引后者内容时不可略过的必备参考。而且,其编撰形式也有有别于正编之处。这些均反映了《补遗》的文献价值以及王、冯与黄、全思想史观的不同。补充对《补遗》各方面的研究,某种程度能更清晰地展现从清初到晚清学者对宋元儒学史的不同理解,揭示清代思想史的内在转进。

二、研究思路、方法及框架

鉴于上述研究史及相关缺罅,本书无意于对《宋元学案》编撰体例的过多着墨,而是重点梳理不同编纂者对《宋元学案》成书的具体贡献,以及从历史语境中抉发黄宗羲、全祖望、黄璋、王梓材等人编纂、补修的旨趣与思想史观。

本书主要涉及的研究方法有:

一是文本比较法。《理学录》与《宋元学案》梨洲原本,以及《宋元学案》的梨洲原本、全氏补本、黄璋校补本与王、冯校定的百卷本均存在程度不一的差异,惟有将不同文本进行细读与比较,寻觅出它们之间的异同,进而对这些差异进行分析与释读,才能为进一步把握其思想旨趣提供前提与基础。

二是思想史研究法。《宋元学案》不同时期的编纂、续补均有其各自的历史语境，与清代的社会文化环境密切相关。因此，必须透过文本内容，将思想与社会相互结合进行"语境"下的研究，寻绎编纂者背后的时世、个人与学术，才能解读为何在不同时期形成不同的编纂本，以及所处的不同境遇。

具体而言，绪论部分，评议百年以来两学案研究的状况，检讨学案尤其是《宋元学案》研究存在的优劣得失，并指出后续研究的潜在空间与学术增长点。

正文分四章展开：

第一章结合明末清初社会与学术的大变局，解析在《明史·理学传》置废争议前后的朱、王之争，探讨黄宗羲"自用得着者为真"的理学史观与《宋元学案》的框架构想，并比对黄宗羲《理学录》与《宋元学案》梨洲初本的异同，展现黄宗羲对宋元理学史理解的内在变化。再者，由《宋元学案》中的"百家谨案"以及其他文献，钩沉黄百家的学术思想以及其对宋元理学史的认识。

第二章讨论全祖望补修《宋元学案》的具体工作与思想史观。首先分析全祖望所处时代的学术及其个人际遇，论述全祖望续补《宋元学案》的过程，然后对比梨洲原本与全氏补本之间的差异，分析差异背后透露出的各自思想观。又通过全祖望对《宋元学案》以外宋元人物的判断，再度诠释其续补《宋元学案》的用意。

第三章以两种黄璋父子校补稿抄本为中心，梳理黄宗羲后裔在保存、校补《宋元学案》中的贡献，并从案语中阐释黄璋父子对宋元儒学史的认识。

第四章结合嘉道之际汉宋关系的大背景，分析何凌汉、陈用光搜寻《宋元学案》以及王梓材、冯云濠校辑，何绍基刊刻的初衷与思想旨趣，解读他们重视《宋元学案》的缘由，由此展现有清一代学术转进的历史脉络,并论述《宋元学案补遗》的成稿过程,以及所展示出的学术史与文献价值。

　　附录一是考察《宋元学案》在清末民国的改编与刊刻;附录二是对《宋元学案》及其《补遗》编纂、刊刻的主要事迹进行编年。

第一章 黄宗羲父子与《宋儒学案》《元儒学案》的始纂

　　明清之际的朝代鼎革,在社会、政治、经济、文化诸层面均造成了重大的裂变与转型。在学术领域,无论是心怀故国的亡明遗老,还是锐意革新的清初儒臣,都从不同的角度对明亡清兴的"天崩地坼"进行深入的反思和总结。对很多人而言,社会变乱的根源在于学术人心的败坏,要挽回天下、拯救人心,必须明辨学术,确立学术正统。而中晚明盛行的阳明心学成为各派检讨和批判的共同对象,但在批评的出发点及其反映的学术趋向上却各有不同,有出于陆王而调和程朱者,有出于程朱而兼容陆王者,但更多的人是尊奉程朱而罢黜陆王,将明亡归咎于阳明学导致的空谈无根。

　　在学术反思过程中,涌现出一大批"学史"类著述。仅在顺治、康熙两朝,就达 25 种之多。① 这些著述内容虽兼及先秦汉唐,但总体以宋明理学为轴心。从表面来看,此类著作基本是对一代或历代学术的梳理,但实质上大多有"以史昌学"②的性质,即通过学术史脉络的外在梳理,表达对程朱、陆王之学的尊奉或黜斥,进而重建学术正统。其实,在私家撰写"学史"的同时,清廷官方同样汲汲于对明末清初学统的整饬。如何评价有明之

① 史革新:《清顺康间理学的流布及其发展趋势刍议——以清初理学士人编刊的学史著述为例》,《福建论坛》(人文社会科学版)2004 年第 5 期。

② 梁启超:《中国近三百年学术史》,第 327 页。

学,选择何种学术,如何稳定统治,均是清廷立国初期要考虑的重要文化策略。在对待程朱与陆王的态度上,私家(特别是清初遗民)与官方之间,既有共识,又有差异,形成交织多样的复杂局面。对双方之间交错互动的解读,有助于厘清明清之际思想界的某些面向。

正如后世层累而成的判识,黄宗羲的《明儒学案》与《宋元学案》是这些私家"学史"著作中的典型。但既往对两学案的研究,或聚焦于从"学案体"形成的脉络中梳理两学案在学术史编纂体例上的"定型"意义,或大力揄扬两学案对宋明理学的精妙评价,较少从两学案编纂的历史语境中寻绎黄宗羲撰写此类"学史"的内在初衷,遮蔽了两学案所表现的思想旨趣与当时学术纷争间的互动关系。换言之,两学案的编纂与当时朝野盛行的尊朱辟王思潮有重要关联。其中,黄宗羲编纂《宋儒学案》《元儒学案》的背景与《明史·理学传》的前后讨论,以及他此前编纂《明儒学案》的关系最为密切。

第一节　黄宗羲编纂《宋儒学案》《元儒学案》的背景

一、康熙朝《明史·理学传》废置的争议

有清一代,设《明史》馆开纂《明史》的时间甚早。早在清军入关的次年(1645),清廷即命大学士冯铨、洪承畴、范文程、刚林等人成立《明史》馆,开纂《明史》。但彼时因国家尚处于征战状态,又受各方条件之不足的制约,顺治一朝的《明史》纂修迟迟未

有进展。① 康熙即位后,虽在康熙四年(1665)再开《明史》馆,但仍未有显著成果。

真正大规模纂修《明史》,始于康熙十八年(1679)。这时,朝廷已平定三藩之乱,而且通过诏开博学鸿儒科,征集了大批博学多才的学者,各方条件的成熟为纂修提供了保障。这一年五月,康熙命内阁学士徐元文为《明史》监修总裁官,掌院学士叶方蔼、右庶子张玉书为总裁官,后又增补卢琦、王士禛、董讷、王鸿绪等十六人为《明史》纂修官。② 经过一年的商讨,康熙十九年(1680),徐元文提出《修史条议》六十一条,具体讨论如何设置《明史》纂修的体例。其中,有四条重点涉及如何记载明代思想学术的问题,即著名的"理学四款",因内容重要,故不嫌烦冗,征引如下:

> 明朝讲学者最多,成弘以后,指归各别,今宜如《宋史》例,以程朱一派,另立《理学传》,如薛敬轩、曹月川、吴康斋、陈剩夫、胡敬斋、周小泉、章枫山、吕泾野、罗整庵、魏庄渠、顾泾阳、高景逸、冯少墟,凡十余人外,如陈克庵、张东白、罗一峰、周翠渠、张甬川、杨止庵,其学亦宗程朱,而论说不传,且别有建竖,亦不必入。

> 白沙、阳明、甘泉宗旨不同,其后王、湛弟子,又各立门户,要皆未合于程朱者也,宜如《宋史》象山、慈湖例,入《儒

---

① 关于顺治朝纂修《明史》的状况,可参见何冠彪:《顺治朝〈明史〉编纂考》,《大陆杂志》第 99 卷第 2 期,1999 年;朱端强:《清顺治朝〈明史〉修纂史事考论》,《云南民族大学学报》(哲学社会科学版)2006 年第 5 期;武玉梅:《顺治朝官修〈明史〉新考》,《史学史研究》2010 年第 3 期。

② 《清实录·圣祖仁皇帝实录》卷八十一"康熙十八年五月己未"条,北京:中华书局,1986 年,第 1035 页。

林传》。白沙门人湛甘泉、贺医闾、陈孝廉，其表表者。庄定山为白沙友人，学亦相似（邹汝愚智以谪宦后从学，宜与谏诤诸臣合传）。王门弟子，江右为盛，如邹东廓、欧阳南野、安福四刘、新建二魏，在他省则有二孟，皆卓越一时（聂双江虽宦迹平平，而学多自得）。罗念庵本非阳明弟子，其学术颇似白沙，与王甚别。许敬庵虽渊源王、湛，而体验切实，再传至刘念台，益归平正，殆与高、顾符合矣。阳明、念台，功名既盛，宜入名卿列传，其余总归《儒林》。

阳明生于浙东，而浙东学派最多流弊。龙溪辈皆信心自得，不加防检，至泰州王心斋隐怪尤甚，并不必立传，附见于江西诸儒之后可也（诸子中钱绪山稍切近）。

凡载《理学传》中者，岂必皆胜《儒林》？《宋史》程朱门人，亦多有不如象山者，特学术源流，宜归一是，学程朱者为切实平正，不至于流弊耳。阳明之说，善学则为江西诸儒，不善学则为龙溪、心斋之徒；一再传而后，若罗近溪、周海门之狂禅，颜山农、何心隐之邪僻，固由弟子寖失师传，然使程朱门人，必不至此。①

按徐元文之意，其拟在《明史》中仿《宋史·道学传》例，将明代重要的程朱理学者单独立《理学传》。而对于陈白沙、王阳明、湛甘泉等非程朱学者，主张排除于《理学传》之外。至于如何处理这些人物的归类，徐元文宣称王守仁、刘宗周两位作为王学的开山与殿军功名显赫，当入名卿列传，表面上为二人单独立传，凸显了阳明与蕺山的地位，但是王、刘一旦被移出《理学传》，其

---

① 徐乾学：《憺园文集》卷十四《修史条议》，《续修四库全书》景印康熙刻冠山堂印本，第 1412 册，上海：上海古籍出版社，2002 年，第 491—492 页。

门人、后学自然被集体清理出明代"理学"的体系。

在第三、四条中,徐元文将原本复杂多元的阳明后学,简化成浙东与江右两支,欣赏江右诸儒"善学阳明",却深诋浙东一派"流弊最多",认为后者不必列传,附于江右王门之后即可,相比而下,程朱后学均能做到"切实平正,不至于流弊"。很明显,在徐元文的话语中,程朱理学才是得儒家道统之学,白沙、阳明、甘泉皆有流弊。从最后一条来看,尽管徐元文自述《理学传》与《儒林传》所收人物,没有绝对的高下之分,但这一看似公允客观的言辞背后,恐怕与王守仁的政治地位有关。对徐氏而言,王阳明既已入祀孔庙,即为官方认定的真儒,即使是前朝所定,在未废祀之前,仍有一定的意义,因此在公开性的体例讨论上,并不适合过度贬抑批评王阳明。① 因此,他将批判焦点转向王门后学尤其是浙东王门的狂禅、邪僻。更深层的逻辑是,在徐元文看来,这虽是王门后学"寖失师传",但流弊则导源于阳明,是故阳明在学术造诣上远逊色于程朱。

考虑撰写者的角色以及《明史》纂修的用意,不难发现,作为《明史》总裁的徐元文,其领衔修史的目的并非纯粹从学术史维度事无巨细地记载有明一代的学术面目,其所肩负的首要任务是如何尽快而有效地论述清朝统治的合法性与正当性。所以,他一方面汲汲强调,要将混淆多歧的明代学术"宜归一是",以配合政治的大一统;另一方面,要在明代学术中确立何为正学,何为伪学,以彰显理学道统之所在。既然清廷已接受程朱作为官方的统治思想,对明代学术的评断自然要以"本朝"思想为标尺。从"理学四款"以明代宗程朱者入《理学传》,并透过安排《儒林

① 黄圣修:《一切总归儒林——〈明史·儒林传〉与清初学术研究》,台北:新文丰出版股份有限公司,2016年,第56页。

传》的人物，以及将王守仁、刘宗周另立名卿名臣传等等行迹，均昭然展露了徐元文通过排辟阳明、甘泉之学，达到独尊程朱的目的。

但后来《明史》并未贯彻徐元文设置《理学传》的主张，而是统归为《儒林传》。其中的原因，以往多依据全祖望《梨洲先生神道碑文》的叙述，认为《明史》罢《理学传》，起决定性的关键一环是黄宗羲的反对，尤其是汤斌"出公（案：黄宗羲）书以示众，遂去之"①。其实，考察当时的历史场景，黄宗羲只是众多反对浪潮中的一员，仅在当时的《明史》馆内，反对立《理学传》的人就不在少数。

最早提出反对意见的是朱彝尊。他在《史馆上总裁第五书》中强调"夫多文之谓儒，特立之谓儒，以道得民之谓儒，区别古今之谓儒，通天地人之谓儒，儒之为义大矣，非有逊让于道学也。"在朱彝尊眼中，儒林包罗甚广，非程朱一脉所能涵括，"儒林"与"道学"二者的关系是"《儒林》足以包《道学》，《道学》不可以统《儒林》"②，主张以《儒林》涵盖《道学》。他还认为"且明之诸儒讲洛、闽之学者，河东薛文清公而外，寥寥数人"，如以明代宗守程朱的学者，单独立《理学传》，既比不上《宋史·道学传》，也不如《明史·儒林传》，主张合二为一。汤斌对此立传问题，亦有自己看法，他撰写的《明史凡例议》，最重要的部分即是《儒林传》的体例问题。尽管汤斌对《道学传》的设立与否，表面上展露出两可的态度。但考虑到汤斌在《重修苏州府儒学碑记》中对《宋史》设

① 全祖望：《鲒埼亭集》卷十一《梨洲先生神道碑文》，《全祖望集汇校集注》上册，朱铸禹汇校集注，上海：上海古籍出版社，2000年，第223页。
② 朱彝尊：《曝书亭集》卷三十二《史馆上总裁第五书》，《清代诗文集汇编》第116册，上海：上海古籍出版社，2010年，第276页。

立《道学传》的批评，则其两可之论，实际上是在逼迫徐元文等人接受废除《理学传》的说辞。① 而在《明史》馆内，反对设立《理学传》最激烈的当属张烈与毛奇龄二人。

在张烈看来，《道学传》设于《宋史》有其道理，但不适合在《明史》立传，其所持理据有二：一是明代宗朱学者"纯正如曹月川、薛文清，不能过真西山、许鲁斋"，因此不足以入《道学传》；二是与朱学相异的心学人物，"光芒横肆如阳明者，假孔孟以文禅宗，借权谋以标道德，破坏程朱之规矩，蹂躏圣贤之门庭"②。显而易见，张烈心中的"道学"表面上虽非局限于程朱一家，但从其批评曹端、薛瑄才学不及宋儒，抨击阳明一派"纳降于佛老，流遁于杂霸"③等激烈言辞可以发现，他对明代的阳明心学实行全盘否定的态度。

至于如何处理阳明的传记问题，张烈倒是认可徐元文的意见，将王阳明排出《理学传》而"列之功臣传"④，如此一来，王阳明的一生功绩只凸显于"功在社稷，子孙世封"，至于其心学造诣，则渺无可寻了。为彻底封杀阳明心学，张烈还追溯其学说源头，指出：

> 宋元之世，天下方尊尚朱子，陆氏之学不行，故其害未著，而草庐吴氏尚以陆学不显为憾。及乎明之中叶，陆学大行于天下矣，何则？明之阳明，即宋之象山也。⑤

---

① 参见黄圣修：《一切总归儒林——〈明史·儒林传〉与清初学术研究》，第 59 页。
② 张烈：《读史质疑三》，《王学质疑》附录，北京：中华书局，1985 年，第 8 页。
③ 张烈：《读史质疑三》，《王学质疑》附录，第 8 页。
④ 张烈：《读史质疑四》，《王学质疑》附录，第 8 页。
⑤ 张烈：《朱陆同异论》，《王学质疑》附录，第 1—2 页。

直接将王阳明等同于宋代的陆九渊。既然张烈对阳明学视
如仇雠,其对象山心学自然一同批判。阳明的《朱子晚年定论》
曾提出朱、陆"早异晚同"说,其旨在推动学说建构与传播。张烈
对阳明的这一论断予以反驳,其云"朱陆得失,关乎(乎)治乱,彰
彰较著,而说者欲调停而两存之,不亦谬乎"?① 在张烈眼中,所
谓的"朱陆同论"纯粹是调停者建构出的假说,并非学术史的真
实,对于"挽朱陆而一之"的说法,他认为:"此不深究其本末,徒
为世俗瞻循之态,非所语于学也。"②为进一步催破朱陆合同说,
他从理学的"体"(内圣)与"用"(外王)的双重角度进行了深入
辨析。

　　他一方面称阳明与象山之学是"禅门直指人心之说",而"圣
门无是说也",从本体论上否定陆、王先提所谓的"本心""良知"
之论;另一方面,从社会治乱层面论衡程朱、陆王之学,认为前者
致"治",后者导"乱",声称:"弘治以前,天下谨守程朱之教,纲纪
肃于上,廉隅励于下,风俗号为淳美。"但阳明学兴起后,温良恭
让的风气以及读书修身的遗矩荡然无存,造成"人心乖张,发政
害事"的状况。③ 基于这样的判断,张烈反对立《理学传》,其背后
目的是只承认阳明的事功,否定阳明心学的意义。按照张烈的
思路,既然阳明学杂于"佛氏之学",不合圣贤之说,阳明自然无
缘于儒学道统,故他甚至提出将阳明从孔庙中罢祀的主张,发出
"有识者将黜阳明之从祀,何道学传之有"④的感慨。综合而论,
张烈反对《明史》设立《理学传》,其焦点在于否定"光芒横肆"的

---

① 张烈:《读史质疑四》,《王学质疑》附录,第9页。
② 张烈:《读史质疑四》,《王学质疑》附录,第11页。
③ 张烈:《读史质疑四》,《王学质疑》附录,第9页。
④ 张烈:《读史质疑四》,《王学质疑》附录,第11页。

王阳明及其后学，重新确立程朱理学为儒学正统，折射出张烈固守朱子学的门户与立场。

毛奇龄同样不主张设《理学传》，其还记录了自己在废置《理学传》中所发挥的"定论"作用，其云：

> 向在史馆，同馆官张烈倡言阳明非道学，而予颇争之，谓道学异学，不宜有阳明，然阳明故儒也。时徐司寇闻予言，问道学是异学，何耶？予告之，徐大惊，急语其弟监修公暨史馆总裁削道学名，敕《明史》不立《道学传》，只立《儒林传》，而以阳明隶勋爵，出《儒林》外，于是道学之名则从此削去，为之一快。当是时，予辨阳明学，总裁启奏，赖皇上圣明，直谕"守仁之学，过高有之，未尝与圣学有异同也"，于是众论始定。①

从其记载来看，毛奇龄与张烈在废置《理学传》的缘由上实非一路，如果说张烈废置《理学传》的目的在于销毁阳明学，而毛奇龄则是学宗陆王，力挺阳明学的价值。他反对设《理学传》的原因在于"道学"一名不符儒学，在他看来，"道学"是异端的称呼，"道学者，虽曰以道为学，实道家之学也"②。面对张烈的连连诋毁阳明学，毛奇龄从心即理、知行合一、格物致知等哲学命题逐一辩护，③肯定阳明学不悖于圣人之学。毛奇龄是否有意隐没

---

① 毛奇龄：《西河集》卷一百二十二《辨圣学非道学文》，文渊阁《四库全书》影印本，第 1312 册，台北：台湾商务印书馆，1986 年，第 322 页。

② 毛奇龄：《西河集》卷一百二十二《辨圣学非道学文》，第 321 页。

③ 雷平：《朱陆之辨在清初的延续——由〈明史〉"道学传"引发的争议》，《湖北大学学报》（哲学社会科学版）2011 年第 2 期。

黄宗羲在废除《理学传》中的作用，暂且不论，①其与馆臣争辩，积极为阳明学辩护，却得到了黄宗羲弟子邵廷采的赞誉："本朝大儒如孙徵君、汤潜庵，皆勤勤阳明，至先生而发阳明之学，乃无余蕴。而天下之人，或以微议朱学为先生病，窃见先生立身处家、细行大德，无悖于朱子家法，特欲揭阳明一原无间之学，以开示后觉。"②

从朱彝尊、汤斌、张烈、毛奇龄的案例，可以看出，当时在《明史》馆内，同样存在不少反对的声音。从学术立场来说，支持者多为程朱学者，而反对者则有不同的学术脉络，如汤斌、毛奇龄属陆王一派，而张烈却是极端的朱学护翼者。这也说明在《明史》是否设立《理学传》的问题上，牵连的并非只是纂修者之间"程朱－陆王"学术倾向的二元分歧，背后还涉及更复杂的因素。

二、黄宗羲编纂《明儒学案》的思想旨趣

康熙十八年（1679）重开《明史》馆时，总裁徐元文、叶方蔼等人均向朝廷积极举荐黄宗羲，康熙也欣然同意史馆聘之，但遭到黄宗羲的婉拒。不过，黄宗羲仍时刻关注《明史》的纂修，还派得意门生万斯同与季子黄百家北上修史。在得知徐元文等人欲拟《理学传》后，黄宗羲起草了《移史馆论不宜立理学传书》，表达了废除《理学传》的主张。

黄宗羲首先反对徐元文《理学传》所收的薛瑄、曹端、吴与

---

① 黄圣修认为全祖望撰写《梨洲先生神道碑文》是出于毛奇龄隐没黄宗羲的功劳，参见氏作：《"儒林"定论与〈梨洲先生神道碑文〉》，《一切总归儒林——〈明史·儒林传〉与清初学术研究》第六章第二节，第348—371页。

② 邵廷采：《思复堂文集》卷七《候毛西河先生书》，祝鸿杰点校，杭州：浙江古籍出版社，2012年，第313页。

弼、罗钦顺、顾宪成等明代程朱学者,认为这些醇儒实际上并未"滴骨程朱",如罗钦顺"论理气,专攻朱子",魏校极言"象山天资高,论学甚正,凡所指示,坦然如由大道而行",皆非固守朱学门户,而是兼采而融汇朱陆之学。因此在黄宗羲看来,朱陆之学并非如人所称的壁垒决然:

> 程朱格物,为学之要,景逸谓才知反求诸身,是真能格物者也。此即杨中立所说反身而诚,则天下之物无不在我。朱子九条中甚辨其非,颇与阳明之格物相近,而差排程、朱之下乎? 盖诸公不从源头上论,徒以补偏救弊之言,视为操戈入室之事,必欲以水济水,故往往不能尽合也。①

依梨洲之见,朱子与象山有关"为学之要"的论述在源头上并未有冲突,后人不断夸大朱陆的差异,主要是只关注两家后学的流弊而导致。他还以晚明诋訾阳明甚严的东林之学的顾宪成为例,称顾氏也十分认同王阳明的"致良知",认为阳明在"良知"前加一"致"字,是为了避免后人"光景玩弄,走入玄虚"。黄宗羲从明代宗程朱学者的思想内核出发,否定陆王心学与程朱理学的决然分歧,主张朱陆之同大于异。

对于"理学四款"中主张王阳明、刘宗周入名卿列传,而不入《儒林传》的说法,黄宗羲也以"高、顾功名,岂不盛乎? 朱子之功名,岂不及王、刘二先生乎?"②予以驳斥,显然,梨洲已洞知徐元

---

① 黄宗羲:《南雷诗文集·书类·移史馆论不宜立理学传书》,沈善洪主编、吴光执行主编:《黄宗羲全集》第 10 册,杭州:浙江古籍出版社,2012 年,第 220 页。

② 黄宗羲:《南雷诗文集·书类·移史馆论不宜立理学传书》,《黄宗羲全集》第 10 册,第 221 页。

文等人列王阳明、刘宗周入名卿传,实际上是要消解王、刘二人的思想史地位,否定阳明学的道统。这一名尊实贬的做法对黄宗羲来说,是断然不能接受的。

针对徐元文诟病浙中王门的流弊,黄宗羲也提出自己的看法。他承认王畿、周汝登等浙中王门近乎禅学一路,但他从明代学术演进史的角度来论衡阳明学,其云:

> 有明学术,白沙开其端,至姚江而始大明,盖从前习熟先儒之成说,未尝反身理会,推见至隐,此亦一述朱,彼亦一述朱。高景逸云:薛文清、吕泾野语录中皆无甚透悟,亦为是也。逮及先师蕺山,学术流弊,救正殆尽。向无姚江,则学脉中绝;向无蕺山,则流弊充塞。凡海内之知学者,要皆东浙之所衣被也。今忘其衣被之功,徒訾其流弊之失,无乃刻乎?[①]

不难看出,黄宗羲是从学说的"转进开新"层面来定位阳明学在明代学术的地位。对他而言,相对恪守程朱的明儒,陈白沙、王阳明之学才真正代表了明代学说的走向与精神,避免明学沦为"此亦一述朱,彼亦一述朱"的境地。尽管阳明后学产生了流弊,但刘宗周重倡"诚意""慎独",及时予以救补。更令梨洲忿激的是,徐元文以浙中王门滋生的流弊,故意扭曲并否定阳明学,并声称"程、朱门人必不至此",黄宗羲则考诸历史,一一举例二程门下不乏游酢"多流于禅"以及刘安上、贾易、邢恕、陆棠等或人品"皆在下中"或"且为奸臣盗贼"的史实,主张不能以门人

---

① 黄宗羲:《南雷诗文集·书类·移史馆论不宜立理学传书》,《黄宗羲全集》第 10 册,第 221 页。

弟子之恶否定祖师的荒唐做法,令徐元文颠倒历史之说不攻自破。

前文已提及徐元文站在官方立场设《理学传》,是为了实现学术"宜归一是"的目的。黄宗羲对这一独尊程朱的意图,更是严厉抵制,反唇相讥。他阐述己见云:

> 言学术流弊,宜归一是,意不欲稍有异同也。然据《宋史》所载《道学》,即如邵尧夫,程子曰:"尧夫犹空中楼阁。"曰:"尧夫豪杰之士,根本不帖帖地。"是则尧夫之学,未尝尽同于程子也。①

以《宋史·道学传》中程子仍包容邵雍之学,来回击徐元文仿效《宋史》立《道学传》达到定程朱于一尊,罢黜诸学的目的。

黄宗羲对徐元文的辩难并未就此搁笔,他又通过总结历代史书编纂得失,进而指出,《宋史》立《道学传》为"元人之陋",断不可因袭。他认为《宋史》以前并无《道学传》,只有《儒林传》,周、程、朱等宋儒继承的是孔孟以来的学说,一定意义而言,他们均属孔孟的弟子之列,如将他们从孔孟以来的儒学传统中单独抽离,无异有乖于"大一统之义"。在他看来,儒之义统天地人,其名目原自不轻,以"儒林"二字总括一切,正为允当,因此提出"一切总归儒林,则学术之异同皆可无论,以待后之学者择而取之"②,坚持废《理学传》而统归入《儒林传》。

---

① 黄宗羲:《南雷诗文集·书类·移史馆论不宜立理学传书》,《黄宗羲全集》第 10 册,第 221—222 页。
② 黄宗羲:《南雷诗文集·书类·移史馆论不宜立理学传书》,《黄宗羲全集》第 10 册,第 222—223 页。

　　如果将这一主张与黄宗羲在《留别海昌同学序》中,对儒林分裂为文苑、理学、道学、心学等名目所表现的不满相比,可以推知黄宗羲所谓的"一切总归儒林"是希冀历代"析之者愈精,而逃之者愈巧"的学术分歧能够复合为一。他所说的"三代以上,只有儒之名而已,司马子长因之而传儒林"①,除了对历代以来不断割裂儒学的批评外,也是在学术史的撰述上,对回归原始《儒林传》的呼吁。至于学派之间的差异,黄宗羲认为可以由学者自行择取。对黄宗羲而言,有明诸儒之学虽有深浅详略之不同,但均有见于道,不可偏废,因此与其"稍有异同,即诋之为离经畔道",不如听任自择,各取所需。当然,黄宗羲这一"自择"的学术态度,并不表示他无个人偏好,他的学术倾向还是在阳明心学。

　　尽管当时反对《明史》设《理学传》的有朱彝尊、汤斌、毛奇龄、王士禛等史馆纂修,亦有陆陇其、熊赐履等馆外朝臣,《明史》成书最终未立《理学传》的原因也是纷繁复杂,不能简单归结为黄宗羲的这封信,但毫无疑问,在反对者中,黄宗羲对"理学四款"的辩驳,可信可据,最为严密,在史馆内外产生巨大反响,加速了《理学传》的废弃进程。

　　分析徐元文与黄宗羲关于"理学四款"的交锋,可以发现,前者的目的在于通过设《理学传》并将阳明、蕺山剔除,以否定阳明学,从而建构程朱理学的独尊地位。而后者旨在《理学传》的废除,将程朱与阳明统归《儒林》,主张二者平等,以保存阳明之学。从双方的视角来看,徐元文是站在后世的立场评价阳明学,以官方崇程朱的姿态书写有明一代学术,故深究阳明后学所产生的流弊。而黄宗羲的论衡是基于《明史》自合从明"的宗旨,主张

————————————

① 黄宗羲:《南雷诗文集·杂文类·留别海昌同学序》,《黄宗羲全集》第 10 册,第 645 页。

在明代理学的历史脉络中客观评价阳明学,所以才夸赞"有明学术,白沙开其端,至姚江而始大明",从而批判徐元文漠视阳明学"衣被之功,徒訾其流弊之失",有违思想史的真实。

黄宗羲关于《明史》废立《理学传》的讨论,很容易让人联想起黄氏编纂的《明儒学案》。关于《明儒学案》的成书时间,梨洲并未凿言,只是在序言中提及"书成于丙辰之后"。至于如何理解这一句话,学界对此迄无定论,大体存在两种争议:一是陈祖武推测完稿时间在康熙二十三四年间(1684—1685);①二是吴光将成书时间向前推至康熙十七年至十八年之间(1678—1679)。②而黄宗羲的《移史馆论不宜立理学传书》的写作时间,据曹江红的考证,是在康熙二十一年(1682)二月。③ 因此,就《明儒学案》成书时间来看,无论哪一种说法,均与《移史馆论不宜立理学传书》一文的撰写时间相近,所表达的思想与宗旨亦相对一致。

关于《明儒学案》的编纂初衷,通过黄宗羲的《〈明儒学案〉发凡》略可推勘一二。在《发凡》中,梨洲一方面肯定了周汝登《圣学宗传》、孙奇逢《理学宗传》在史料上记载"诸儒之说颇备",但另一方面又诟病两书,称前者"扰金银铜铁为一器,是海门一人之宗旨,非各家之宗旨也",而后者则是"杂收,不复甄别其批注所及,未必得其要领"。④ 在他看来,周汝登所选只是一家之宗旨,有失客观。而孙奇逢所著却失撰述要领,均非其理想中的理

---

① 陈祖武:《清初学术思辨录》,北京:中国社会科学出版社,1992 年,第 114—123页;并见其《中国学案史》,上海:东方出版中心,2008 年,第 104—110 页。
② 吴光:《明儒学案考》,《黄宗羲全集》第 8 册附录,第 1004—1007 页。
③ 曹江红:《黄宗羲与〈明史·道学传〉的废置》,《中国社会科学院研究生院学报》2002 年第 1 期。
④ 黄宗羲:《〈明儒学案〉发凡》,《明儒学案》(修订本)卷首,沈芝盈点校,中华书局,2008 年,第 14 页。

学史著作。从后世历史编纂学的角度来看,两书是否真如黄宗羲所批评的"疏略"或"一偏之见",暂可不论,[①]但至少在黄宗羲心中,二者并非达到其所期待的"有宗旨"的明代理学史著作。

黄宗羲在《发凡》中,通过与前代的文章、事功、理学对比,认为:

> 有明文章事功,皆不及前代,独于理学,前代之所不及也,牛毛茧丝,无不辨晰,真能发先儒之所未发。程、朱之辟释氏,其说虽繁,总是只在迹上;其弥近理而乱真者,终是指他不出。明儒于毫厘之际,使无遁影。[②]

可以看出,黄宗羲对明代理学的定位是"牛毛茧丝,无不辨晰",在辨理的深度上胜于程朱。但"有明理学"或"明儒"究竟指哪家呢? 梨洲并未凿言,不过他紧接着又说:"学问之道,以各人自用得着者为真。凡倚门傍户,依样葫芦者,非流俗之士,则经生之业也。……以水济水,岂是学问!"[③]显然,黄宗羲欣赏的是"自得"之学,而非"依样葫芦"的窠臼。而明代的程朱理学基本步踱宋儒旧说,在理学体系创新上的确无多突破。前期的朱子

---

① 陈祖武认为,就其历史编纂学的渊源而言,《明儒学案》直接导源于《理学宗传》,前者在体例上对后者"有一个继承或者至少说是借鉴的关系",见氏著:《中国学案史》,第 94 页。佐藤炼太郎则从阳明学所处的不同历史背景中,比较《圣学宗传》与《明儒学案》,指出前者编纂于左派王学为主流的晚明,代表的是万历末年的阳明学观。而后者完成于阳明学被激烈批判的康熙年间,表现的是以有善有恶说派为正统、无善无恶派为异端的阳明学观。认为两书各有千秋,均应重视,参见佐藤炼太郎:《明末清初相反对立的阳明学派史——周汝登〈圣学宗传〉与黄宗羲〈明儒学案〉的比较》,《湖南大学学报》(社会科学版)2017 年第 1 期。
② 黄宗羲:《〈明儒学案〉发凡》,《明儒学案》(修订本)卷首,第 14 页。
③ 黄宗羲:《〈明儒学案〉发凡》,《明儒学案》(修订本)卷首,第 15 页。

学者薛瑄就声称："自考亭以还，斯道已大明，无烦著作，直须躬行耳。"①中期的章懋也反复告诫弟子："经自程朱后不必再注，只遵闻行知，于其门人语录芟繁去芜可也。"②寥寥数字，已大致表明了明代程朱学者的自我定位，矩矱程朱、躬行践履成为他们恪守的人生信念。由此观之，黄宗羲心中的"有明理学"有异于程朱之学，其指向阳明心学则昭然若揭了。黄宗羲以阳明学指代"有明理学"，固然有其学术卓识，但并非孤明先发，而是延续了晚明以来关于明代"理学"的理解。

有明一代，虽不乏官方修史的活动，但纂修本朝国史却只在万历年间短暂展开。从结果来看，此次纂修国史后来亦属失败，不过，仍留下诸多关于纂修的讨论记载，其中就有涉及如何定位明代理学的问题。当时参修国史的晚明史家焦竑，就对明代理学的发展有自己的看法。他在《国朝从祀四先生语序》中曾云：

> 汉、唐、宋以来，学术有明若晦，而莫盛于国朝。河东薛先生实始倡之，虽学主复性，而孤倡于久晦之余，其说犹郁而未畅。至白沙、阳明两先生，横发直指，孔孟之宗豁然若揭日月而行诸天，弗可尚已。③

在焦竑的叙述中，明代理学虽始于薛瑄，但要到陈献章、王守仁时，才正式畅达豁然，他甚至抛出"国朝理学开于白沙，大明

---

① 张廷玉：《明史》卷二百八十二《儒林一》，北京：中华书局，1974年，第7229页。
② 黄宗羲：《明儒学案》卷四十五《诸儒学案上三·章懋学案》，第1075页。
③ 焦竑：《澹园集》卷十四《国朝从祀四先生要语序》，李剑雄点校，北京：中华书局，1999年，第131页。

于文成"①或"国朝理学开于阳明先生"②之类的言论。换言之，焦竑认为在白沙、阳明手里，明代理学才独树一帜，能与汉、唐、宋之学抗衡。尽管他所纂修的《正史理学名臣传》可能兼收程朱与阳明学者，③但在他心中，阳明学在明代理学中无疑处于核心位置。

焦竑的门生陈懿典也参与了当时的国史纂修。关于明代理学，他特撰写《理学》一文，称：

> 儒而以理学名，自宋始也。宋儒谓仲尼不得志于东周，乃删述六经，而曾子、子思、孟子相与。析微言，论心性，仿而效之。……然宋儒之理学，实不足以闭豪杰之口而折其心也。我朝理学，始于河汾，畅于余姚王文成，特揭良知，尽解宋儒之缠缚。④

与焦竑一致，陈懿典同样认为"我朝理学"与"宋儒理学"虽均以理学命名，但二者是相对而非继承的关系，意义与造诣亦有高下。在他看来，宋儒之学不足以折服豪杰之口，只有阳明学兴起后，才尽解过去的束缚。陈懿典虽提及"我朝理学，始于河汾"，但其论述重点，恰恰在于王阳明的良知学，而非宋儒的程朱学。陈懿典的这一论点，表明阳明学当为明代理学的核心，同时彰显了明代理学不同于宋代理学的独特性。

---

① 焦竑:《澹园集》卷三十三《资德大夫正治上卿总督仓场户部尚书赠太子少保谥恭简天台耿先生行状》，第 532 页。
② 焦竑:《澹园集》卷十四《刻传习录序》，第 132 页。
③ 黄圣修:《一切总归儒林——〈明史·儒林传〉与清初学术研究》，第 97 页。
④ 陈懿典:《陈学士先生初集》卷二十一《理学》，《四库禁毁书丛刊》据明万历四十八年曹宪来刻本影印，集部第 79 册，北京:北京出版社，2000 年，第 390 页。

从学术渊源来看，焦竑从学于泰州学派的耿定向，属于阳明一派。而陈懿典是焦竑门生，二人力挺阳明学，固然与学术倾向息息有关，但背后亦有政治因素的考虑。终明一代，本朝儒者入祀孔庙的仅薛瑄、胡居仁、陈献章、王守仁四人，而陈、王二人的入祀，对两家学说尤其是阳明学的发展至关重要。尽管在王阳明身后，其学在朝野弟子后学的努力下，得到长足的发展，但关于其学说的真伪，仍受到众多质疑与批评，嘉靖年间就发生桂萼等朝廷阁臣攻击王学的事件。① 而王阳明入祀孔庙，意味着其学不仅不再被斥为"伪学""邪说"，甚至在科举考试中可以被视为圣贤之言作为征引对象，成为朝廷钦定的"万世真儒"，得以进入"道统"之列。考察焦竑等人的言论与主张，正是发生在王守仁入祀孔庙后，如此便可以理解他们为何敢于认定阳明心学为"我朝理学"了。而且，从现今所留存的史料而论，部分纂修官对本次正史纂修的篇目排列未能尽合，但对焦竑废除《儒林传》，改置《理学传》，且凸显阳明学在《理学传》中的地位，并未出现大量的反对声音，这也说明，阳明学是明代理学的核心这一论点，至少得到了众多国史馆臣的认可与支持。

相较焦竑对阳明学的服膺，同样参与万历年间修史的何乔远在学术上偏向程朱，他对晚明王学空谈心性颇为不满，"及乎今日，而始讲性命以为高，扣玄虚以为归，求之躬行实际之际，茫然背驰，不见其影响，而去诸先正之学远矣"②。万历年间国史纂修失败，何乔远以一人之力修史，撰成《名山藏》。书中专设《儒林记》一卷，记载明代理学人物。《儒林记》上卷收录曹端、薛瑄、

① 参见《明史》卷一百九十六《桂萼传》，第 5184 页。
② 李清馥：《闽中理学渊源考》卷七十五《司徒何镜山先生乔远学派》，徐公喜、管正平、周明华点校，南京：凤凰出版社，2011 年，第 781 页。

周桂、刘观、吴与弼、胡居仁、陈献章、贺钦、李承箕、张诩、林光、陈真晟、蔡清、丁玑、陈琛、罗钦顺等 16 人，下卷则列王守仁、王艮、邹守益、欧阳德、刘文敏、徐爱、薛侃、钱德洪等 8 人。从学术倾向而言，下卷清一色为阳明学人物，上卷则颇显杂糅，既有如薛瑄、蔡清等程朱学者，亦包括与朱子学明显不合的陈献章师徒。从上下卷的安排来看，与《明史·儒林传》的设置颇为相似，但考察《儒林记》所收录人物的生卒年，何乔远的排序基本按照时间顺序进行，故对上下卷的人物态度，并没有明显的高下之分，这无疑与《明史·儒林传》尊朱辟王的态度迥然有别。何乔远将下卷全部列为阳明一派，凸显的正是阳明学近乎垄断整个晚明思想界的局面。从上下两卷的安排可以看出，明代思想的重要转捩点是王守仁，完成了从程朱向心学的历史演进。①

与何乔远相似，广东的尹守衡同样"学不尊王"，其所撰明代纪传体私史《皇明史窃》设有《道学传》，从传名来看，自晚明以降，学者即已鲜用带有强烈门户色彩的"道学"一词，而改用"理学"之名。不过，尹氏的《道学传》并非延续《宋史·道学传》只记载程朱一系，而是同样收录陈献章、王守仁等被与程朱理学相异的"心学"人物，他甚至还推崇胡居仁、陈献章、王阳明等三四君子为"当代大儒"。②

为何何乔远、尹守衡在学术上抵触阳明学，却在明代儒学传记中为阳明学留下重彩的一笔。这种现象的发生，起决定性的因素恐怕仍是王阳明的入祀孔庙。毕竟王阳明及其后学，已得到官方的认可，可以与程朱共享"道统"荣光，成为后世学习的圣

① 参见黄圣修：《一切总归儒林——〈明史·儒林传〉与清初学术研究》，第 124—125 页。
② 黄圣修：《一切总归儒林——〈明史·儒林传〉与清初学术研究》，第 129 页。

贤榜样。是故，何乔远虽对阳明学有微议，但在史书撰写上不能
不考虑，以阳明学作为明代理学的重要环节。这些均表明，随着
王守仁的入祀孔庙，官方对阳明学的态度由排斥到接纳，这也极
大影响了史家对阳明学的认识。黄宗羲在《明儒学案》中以阳明
学指代"有明理学"，是对晚明学术共识的响应。

但是，在王阳明受史家重视的同时，王门左派兴起的无善无
恶论与讲学旋风，呈现出流入狂禅的迹象，逐渐偏离阳明宗旨，
因此从晚明开始，又出现訾议阳明学的声音，其中以顾宪成、高
攀龙为首的东林书院学者最具代表性。到了清初，民间的这种
绌王运动与官方的尊朱风气互为响应，共同排击阳明学。一时
间，朝野内外涌现出众多专门辟王的著作，如张烈的《王学质
疑》、熊赐履的《学统》等，张烈、熊赐履等人甚至提出王阳明罢祀
的请求，希望通过重建道统，将陆王心学剔除出道统之列。① 在
阳明学大本营的浙江，也形成张履祥、陆陇其、吕留良等尊朱辟
王的浙西朱子学。如陆陇其语气激烈地指出，"夫朱子之学，孔
孟之门户也。学孔孟而不由朱子，是入室而不由户也"②，"阳明
之学不熄，则朱子之学不尊"③，大有灭之而后快的急切心境。

在朝野一片欲废弃阳明学的浪潮中，作为阳明后学的黄宗
羲自然是心急如焚的。既然在政治上抬升阳明学的空间极为逼
仄，黄氏只能从学说的内在层面为阳明学争道统，回应辟王尊朱
的言论。一方面，针对阳明后学产生的流弊，梨洲极力撇清其与

---

① 张烈、熊赐履请求罢祀阳明的言论，分别见于张烈《王学质疑》、熊赐履《学统·
杂统·王阳明》。

② 陆陇其：《三鱼堂文集》卷五《答嘉善李子乔书》，《清代诗文集汇编》景印康熙四
十年琴川书屋刻本，第 117 册，第 376 页。

③ 陆陇其：《三鱼堂文集》卷五《上汤潜庵先生书》，第 377 页。

阳明本来学说的关系。在《明儒学案》中，他将本属于浙中王门的周汝登归入泰州学派，以尽可能弱化浙中王门流入狂禅的非议；①对泰州学派的颜钧，黄宗羲又通过抽取、曲解并窜改文献记载，重塑颜钧的正面历史形象，以反驳当时对阳明学的猛烈批判；②同时，又抹去薛应旂为学的变化，且擅改其师承脉络，以"强化"王门后学对于东林学术的直接影响；③对于聂豹，黄宗羲同样通过删选史料，舍弃与聂豹相关的负面记载，塑造聂豹"精明强干"的政治形象，以确保江右王门在传记中的正面形象。④ 又如被后世视为晚明"启蒙"思潮人物的李贽，黄宗羲竟然不为其立传。作为深谙史家精神的黄宗羲，为何汲汲作出有悖史实的系列举动，其中的缘由恐怕在于他当时的急切愿望。在梨洲看来，只有调整甚至窜改这些饱受诟病的阳明后学的学派归属或传记，撇清阳明学与佛学的关系，才能重塑阳明学"是儒非禅"的正面形象。

另一方面，黄宗羲反复强调朱陆合流，论证阳明与朱子之学并不抵牾。鉴于程朱一派攻讦阳明学是"伪学"、"邪说"，黄氏在"朱陆异同"的问题上坚持二者并重的原则，他在回复东林书院主讲秦松岱的函中称：

① 彭国翔：《周海门的学派归属与〈明儒学案〉相关问题之检讨》，台湾《清华学报》新31卷第3期，2002年。
② 刘勇：《黄宗羲对泰州学派历史形象的重构——以〈明儒学案·颜钧传〉的文本检讨为例》，《汉学研究》第26卷第1期，2008年。
③ 吴兆丰：《明儒薛应旂的生平及其学术思想的演进》，《燕京学报》新27期，2009年。
④ 庄兴亮：《黄宗羲对聂豹政治形象的构建——以〈明儒学案·贞襄聂双江先生豹传〉为探讨中心》，《国学学刊》2016年第3期。

非尊德性则不成问学，非道问学则不成德性，故朱子以复性言学，陆子戒学者束书不观，周、程以后，两者固未尝分也。未尝分，又何容姚江、梁溪之合乎？此一时教法稍有偏重，无关于学脉也。①

在梨洲看来，朱陆只是在为学、教学上有所不同，二者同样重视德性涵养与读书识理，并无偏废。他还对秦氏提出的"姚江致和之说，即忠宪（案：顾宪成）格物之说"的论断，大加赞赏，称："明眼所照，千门万户，锁钥齐堕，始知东林自有真传。"因为顾宪成是晚明排辟阳明学重要的领袖之一，而身为东林书院主讲的秦松岱认同顾氏的"格物"与阳明的"致知"无异，表明程朱与陆王在学说本源上并无二致。按照黄宗羲的思路，既然阳明学与朱子学无根本差别，故二者均属儒家正学。所以黄宗羲在《吴与弼学案》中对陈建《通纪》诋詈阳明学是"佛禅""阳儒阴释"之论，称其是"拾世俗无根之谤而为此，固不足惜"②。在《崔铣学案》中，对于崔铣攻诋阳明学不遗余力之举，征引孙奇逢的评论，称崔铣"议象山、阳明为禅学，为异说"③。

黄宗羲曾表示，他所欣赏的学问是"以各人自用得着者为真"，结合上文的分析，可清晰知晓黄氏为何在《明儒学案·发凡》中强调这一句话的用意。因为相对宋代的程朱理学，明代朱子学并无理论创新，只是恪守践履。而阳明学正是在理学的哲学体系上获得重大突破，形成别开生面的"致良知"说。要论证阳明学在明代理学史上超越朱子学，以理学创新与否的"自得"

---

① 黄宗羲：《南雷诗文集·书类·复秦灯岩书》，《黄宗羲全集》第 10 册，第 210 页。
② 《明儒学案》卷一《崇仁学案一·吴与弼学案》，第 16 页。
③ 《明儒学案》卷四十八《诸儒学案中二·崔铣学案》，第 1154 页。

为预设标准,正有利于凸显前者的独特地位与意义。相反,"倚门傍户,依样葫芦"的明代朱学守旧者,在黄宗羲的话语中,成了"流俗之士""经生之业"。所以,《明儒学案》最终呈现出以阳明心学为主轴的明代理学史,尽管其中仍收录朱子学者,但重心已在此不在彼了。后人一味诟病《明儒学案》存在门户偏见,有回护阳明学之嫌,实在是不明梨洲之用意,致使评论与真相旋走旋远,南辕北辙。

总而言之,《明儒学案》的编纂有继承刘宗周《皇明道统录》思路的一面,①但在清初朝野尊朱辟王的历史语境下,黄宗羲编纂的初衷,很重要的是极力保护阳明学。朱陆互同、"自得"标准等观点的提出,以及窜改《明儒学案》部分人物传记,均是为了论证阳明心学与程朱理学同属儒学正学,二者不可偏废。是故,所谓的黄宗羲"听学者从而自择"②的说法,或"一本万殊""万派归宗"的学术史观,或许是这一旨趣的表征而已。

第二节　从《理学录》到《宋儒学案》《元儒学案》：黄宗羲对宋元理学史的建构

在《明儒学案》竣稿后,黄宗羲开始编纂《宋儒学案》与《元儒

---

① 《明儒学案》在许多内容上继承了刘宗周的《皇明道统录》,参见姚名达:《刘宗周先生年谱》,上海:上海商务印书馆,1934 年,第 125 页;刘述先:《黄宗羲心学的定位》,台北:允晨文化实业股份有限公司,1986 年,第 1—3 页;陈祖武:《中国学案史》,第 125—126 页。

② 黄宗羲:《〈明儒学案〉序》,《明儒学案》(修订本)卷首,第 8 页。

学案》,①而且在《明文案》外,"又辑《宋文鉴》《元文抄》,以补吕、苏二家之阙",可惜均"未成编而卒"。② 其实,在编纂两部学案之前,黄宗羲于康熙六年(1667)辑有一部《理学录》③,只是现存书稿乃残本。但从内容来看,这部《理学录》涵括宋元明诸儒的内容,是后来两学案的雏形,对我们了解黄宗羲对宋元明理学思想的认识有重要价值。④ 在《理学录》中,关于宋元诸儒的学案与收录人物,见表 1-1:

表 1-1 《理学录》中收录的宋元诸儒内容

学案名	人物	备注
濂溪学派	周敦颐 程颢、程颐、张载	以周敦颐开首,其后注明"周氏门人",录程颢、程颐、张载。
康节学派	邵雍	

① 关于黄宗羲开始编纂《宋元学案》的时间,没有明确记载,据吴光考证,不会早于康熙二十五年(1686),参见氏作:《〈宋元学案〉成书经过、编纂人员与版本存佚考》,《杭州师范学院学报》(社会科学版)2008 年第 1 期。
② 全祖望:《鲒埼亭集》卷十一《梨洲先生神道碑文》,《全祖望集汇校集注》上册,第 222—223 页。
③ 黄宗羲同门友姜希辙亦有《理学录》同名作,因此处不涉及姜氏,故下文《理学录》均指梨洲《理学录》。
④ 彭国翔于 2003 年在中国社科院文学研究所发现这一部梨洲《理学录》,并撰文介绍其内容与价值,见彭国翔:《黄宗羲佚著〈理学录〉考论》,田浩编:《文化与历史的追索:余英时教授八秩寿庆论文集》,台北:联经出版事业股份有限公司,2009 年,第 185—243 页。

学案名	人物	备注
河南学派	杨时、尹焞、谢良佐、游酢、吕大钧、吕大临、侯仲良、吕希哲、范祖禹、杨国宝、朱光庭、刘狗(《宋元学案》作"绚")、李吁、吕大忠、苏昞、刘安节、张绎、马伸、王蘋、谯定、袁溉、王岩叟、刘立之、林大节、张闳中、冯理、鲍若雨、周孚先、唐棣、谢天申、陈经正、李处遯、孟厚、范文甫、畅中伯、畅大隐、郭忠孝、李朴、周行己、邢恕、刘安上、吴给、许景衡、范冲、贾易、杨迪、邹柄、时紫芝、潘旻、赵彦道、林志宁	开篇注明"程氏门人"。
关中学派	吕大忠、吕大钧、吕大临、苏昞	开篇注明"横渠门人"。
浙学派	袁溉、薛季宣、陈傅良、蔡幼学、曹叔远、吕大亨、章用中、陈端己、陈说、林渊叔、沈昌、洪霖、朱黼、胡时、周行己、郑伯熊、吴表臣、叶适、周南、孙之宏、林居安、赵汝铎、王植、丁希亮、滕宬、孟猷、孟导、厉详、邵持正、陈昂、赵汝谠、陈耆卿、吴子良、舒岳祥、陈亮、喻偘、喻南强、陈颐、钱廓、郎景明、方坦、陈桧、金溥、凌坚、何大猷、刘范、胡括、章椿、徐硕、刘渊、孙贯、吴思齐	袁溉后,注明"程氏门人已见"。
道南学派	杨时、罗从彦、萧颚、廖刚、胡理、徐俯、陈渊、李郁、喻樗、高闶、卢奎、王庭秀、宋之才、王师愈、邹柄、郑枀、林宗卿、黄锾、廖衢、李侗、朱松、罗博文	杨时后注明"程子门人"。

续表

学案名	人物	备注
湖南学派（残）	胡安国、朱震、曾恬、胡寅、胡宏、曾几、范如珪、曾渐、张栻、赵师孟、胡寔、吴翌	胡安国、朱震、曾恬三人前注明"谢氏门人"。不过,吴翌部分分录其《澄斋问答》语录三条,第三条未完即残缺,下页人物即为金华学派的吴师道。
朱子学派（佚）	朱熹	据后面"辅氏学派"的辅广后,注"朱子门人",可知当有朱子学派,只是这一部分已亡佚。
金华学派（残）	周敬孙、闻人诜、柳贯、吴师道、周润祖、泰不华、吴履、唐以仁、唐元嘉、戴良、郑涛	吴师道之前残缺,但梨洲注周润祖、泰不华为"周氏门人",吴履、唐以仁、唐元嘉为"闻人氏门人",戴良、郑涛为"柳氏门人"。据后来的《宋元学案》,所谓的周氏、闻人氏、柳氏即周敬孙、闻人诜、柳贯。

续表

学案名	人物	备注
辅氏学派（残）	辅广、魏了翁、韩翼甫、熊禾、吴泳、游似、牟子才、程掌	程掌以下缺页。辅广前注明"朱子门人"。
江右学派（残）	范奕、吴锡畴、元明善、虞集、鲍恂、蓝光、赵宏毅、揭傒斯、赵孟頫、陈旅、王守诚、苏天爵、吴澄	"辅氏学派"的程掌后即接范奕、吴锡畴等人，据下一学派"北方学派"苏天爵后注"见江右学派"，可知此案名"江右学派"，另该学派最后有一案语评论吴澄，则此案当有吴澄。
北方学派	赵复、姚枢、窦默、许衡、刘因、姚燧、耶律有尚、吕域、刘宣、王遵礼、杜肃、郝庸、李道恒、安熙、苏天爵	

《理学录》的学派次序基本按时间先后编排，因书稿中《湖南学派》与《金华学派》之间的内容直接亡佚，具体记载了哪些学案不得而知，不过按推测，应当是朱熹、吕祖谦、陆九渊等不少不可绕过的宋儒学派。就从现存残稿及推断来看，《理学录》中关于宋代的学派有八个（濂溪、康节、河南、关中、浙学、道南、湖南、朱子），涉及元代的学派有四个（金华、辅氏、江右、北方）。

关于《宋元学案》的梨洲原本，今已无存，无法直接得知其学案设置的状况。不过，《宋元学案》最终纂修者王梓材、冯云濠在校定时，均会标注学案设置的原创者与修改者，还有学案的名称改动状况,如出于黄宗羲设置的,一般都会注明"黄氏原本",以与全祖望的"全氏修补本"相区别。学案的名称如有改动的,也会标出"梨洲本称某某,谢山《序录》始称某某"。所以,通行百卷本《宋元学案》中学案设置的名称、顺序虽完全依据全祖望的《序录》,但结合全书王梓材、冯云濠的案语,以及黄宗羲裔孙黄璋、黄征乂校补形成的余姚本《宋元学案》、中研院史语所《宋儒学案》的目录,①仍可大致还原《宋元学案》梨洲原本的学案总目:

> 北宋学案:安定、泰山、徂徕、涑水②、康节、濂溪、明道、伊川、横渠、上蔡、道南、廌山、和靖、蓝田、永嘉一(元丰九先生)
>
> 南宋学案:武夷、横浦、艾轩、紫阳、南轩、东莱、永嘉二(薛季宣、陈傅良)、永嘉三(叶适)、永康、金溪一(陆九龄)、金溪二(陆九渊)、金溪三(甬上四先生)、勉斋、潜庵、潜室、鹤山、西山、金华、双峰、四明朱门一(史蒙卿)、四明朱门二(黄震)、新安(董梦程)
>
> 元代学案:草庐、北方(赵复、许衡、刘因)

从学案的目录来看,北宋部分有 15 个,南宋部分有 22 个,元代部分有 2 个,总计 39 个。就学案目录而言,《宋元学案》梨洲原本全部囊括了《理学录》的学派,而且有了大大增加,这种增

---

① 关于余姚本《宋元学案》、中研院史语所《宋儒学案》的状况,详见本书第三章。

② 王梓材在全祖望《涑水学案序录》后称:"《涑水学案》,梨洲原本已佚。谢山补定,分为两卷,稿亦无存。"王梓材称此案梨洲原本佚失,说明原稿存有此案。且在史语所藏《宋儒学案》黄璋稿本中,此案标作"梨洲原稿、百家纂辑、全氏续修",故在梨洲手里,有设《涑水学案》之可能。

加主要体现在两方面：一是增补了宋初三先生、司马光等人，设置《安定》《泰山》《徂徕》《涑水》等案；二是梨洲原本将众多《理学录》中的学派门人或后学单独立案，如《永嘉一》《永嘉二》《永嘉三》《永康》各案均从《浙学派》中分立，《上蔡》《道南》《鹰山》《和靖》《武夷》《横浦》等案则分自《河南学派》，《鹤山学案》也是从《辅氏学派》分出独立。

就学案的命名而言，《理学录》的宋元部分共 12 个学派，其中 9 个以地域命名，其余 3 个以字号或姓氏命名（康节、朱子、辅氏）。在《明儒学案》中，黄宗羲则兼顾学派的学术宗旨与地域色彩，以这两点来命名学案，如前者有《止修学案》，后者有《浙中王门学案》，等等。而在编纂《宋元学案》时，黄宗羲改变了《明儒学案》的做法，主要依据人物字号（如明道、和靖）或地域（如永嘉、永康）来命名，重新选择《理学录》的方式，这可能也是黄宗羲基于宋元明理学的不同思想状况做出的调整。

而从学案的具体内容来看，《宋元学案》梨洲原本所收人物及人物论著选远比《理学录》丰富，《理学录》中所载宋元人物绝大部分被《宋元学案》吸收[1]，甚至众多人物小传的内容，《理学录》与《宋元学案》也是一字不异。[2] 当然，《宋元学案》也修正了《理学录》的不少观点，如张载在《理学录》中被列于濂溪门人，而

---

[1] 尽管有个别人物如唐元嘉、卢奎、郑棐不载于后来的《宋元学案》，但这种缺失很可能是文本传抄过程中的遗漏。彭国翔认为《理学录·浙学派》中的厉详，不见于今本《宋元学案》。而余姚本、傅图本、百卷本《水心学案》均有厉仲方传，称其"原名仲详，东阳人也。从水心学，不远千里同行"。而《理学录》的厉传称其"不远数百里从学于叶适"（前揭彭文，第 237 页），相互对比，说明厉详、厉仲方当系同一人。

[2] 关于《宋元学案》与《理学录》在内容上的详细比较，可参见彭国翔：《黄宗羲佚著〈理学录〉考论》。

黄宗羲在《横渠学案》内标为"高平(范仲淹)门人",订正了前者的讹误。又如在《理学录》中,《濂溪学案》位于《康节学案》前,而在《宋元学案》中,黄宗羲以年齿为序(邵雍生于1011年,周敦颐生于1017年)将二者位置作了调整,无疑更符合历史事实。又如在《理学录》中,魏了翁被附于辅广门人,而在《宋元学案》中,黄宗羲对魏了翁与辅广的关系进行了考证:"旧志言魏文靖公出先生门。案文靖跋文公与先生帖云:'亡友汉卿,端方而沉硕,文公深所许也。'此可以证其非弟子矣。……志则本《宋史》而展转失实。文靖于先生与敬子皆友而非师也。"①因此在所立《鹤山学案》的魏了翁传前标为"潜庵讲友",订正了《理学录》的纰缪,黄百家在纂辑时进一步证实了梨洲的论断。

而从体例来看,在《理学录》中,黄宗羲对各人物的记载,大体分三部分:首先是列出人物相关著作的名称,其次是人物的生平介绍,最后是黄宗羲对该人物的评论。不过,在体例上,三部分均齐全的人物毕竟属于少数(稿中只有游酢、吕大临、侯仲良、吕希哲这四人是齐全的),更多的情况是人物著作有存目而无内容选录,甚至无文献存目而只有人物小传和案语,这也从侧面说明《理学录》是部未竟之作。而《宋元学案》对人物的处理也是遵循这一原则,先是人物小传,其次是人物著作的选录,最后附有案语评论。只是《宋元学案》的体例顺序与《理学录》稍有不同。相比《理学录》与《宋元学案》,《明儒学案》的体例则只有人物小传和文献选录,梨洲评论直接被融入人物小传中,没有单独列出。从编纂时间来看,《理学录》早于《明儒学案》,《宋元学案》晚于《明儒学案》,但在体例上,黄宗羲在始纂《宋元学案》时并没有

---

① 黄宗羲原著,全祖望补修:《宋元学案》卷六十四《潜庵学案》,陈金生、梁运华点校,北京:中华书局,1986年,第2054页。

延续《明儒学案》的"两段式"模式,而是重新回归《理学录》的体例,并稍加调整。因此从内容及体例来看,《宋元学案》是在延续《理学录》宋元诸儒的内容上的进一步完善与细化,后者可以说是前者的初稿与前期准备。

　　就宋代理学史的视野而论,《理学录》以周濂溪作为宋代理学开端,而在编纂《宋元学案》时,黄宗羲增设《安定》《泰山》《徂徕》三案,将宋学源头追溯到宋初三先生,从而突破了《伊洛渊源录》与《宋史·道学传》的程朱道统框架。在如何处理与程朱一系同时代的宋代思想家时,《宋元学案》梨洲原本又将《理学录》中的永嘉、永康等人物抽出单独设案,为之增补学派人物,肯定事功学派在宋代理学史中的意义,这一做法无疑彰显了梨洲洗刷事功学派"功利"恶名的学术勇气。更重要的是,表明了他站在史家精神的视野与关怀下,以客观的知识维度重新书写宋元理学史的努力与尝试。从人物的时段分布而言,《宋元学案》梨洲原本所收人物跨度长远,从宋初三先生开始,一直持续到元末明初的朱陆各派后学。就所设学案案主来看,梨洲原本已经具备今日宋元理学史的主体框架。由此看来,从康熙六年(1667)的《理学录》到康熙二十五年(1686)之后草创的《宋元学案》,黄宗羲对宋元理学的认识并非一成不变,而是延续与突破并存。

　　《理学录》中有众多黄宗羲的案语,通过对比《理学录》与《宋元学案》梨洲案语,可以寻绎黄宗羲对宋元理学的评价是否发生前后变化。如《理学录·江右学派》有一段评论吴澄的文字:

　　　　自考亭而下,深通经术者,未有过于草庐者。彼北溪、双峰之徒,嗤黜为尘土耳。然平怀论之,草庐终不能及金华一派者,何也? 金华一段刚毅之气,振拔污险,此考亭相传

> 之血路也。草庐学问未免流行坎止,廉隅尽化,其去俗也不
> 远。此尚同之病也。虽然,有元一代人物,其光明俊伟者,
> 尽在是矣。何可及哉!何可及哉!

在这里,黄宗羲赞赏宋末元初金华诸儒的"刚毅之气""振拔
污险",而鄙视吴澄以宋人仕元的气节有亏,批评他"廉隅尽化,
去俗不远",但又在理学史中高度肯定吴澄通经博学的学术成
就,反映其评论人物道德与学问兼顾的特点。

在《河南学派》的二程门人后,黄宗羲也有一总论性的案语:

> 右二十二人,《伊洛渊源录》所载。无记述文字者,忠义
> 如郭忠孝,奸邪如邢恕,不妨并列。来者不拒,去者不追,顾
> 人之自处何如耳。大冶之内,无分乎金银铜铁也。

在同一案中,他又有对刘安上、吴给、许景衡、范冲、贾易的
总评价:"右五人者,李心传《道命录》载其为程氏门人,而刘安
上、贾易人品皆在下中。"毫无疑问,黄宗羲对邢恕、刘安上、贾易
等二程门人的道德人品持否定态度,但并不因其品德有亏而将
他们摒弃,而是仍记录在编,并声称"来者不拒,去者不追",透露
出黄宗羲更多从学术而非道德的维度来叙述理学史。

在《宋元学案》梨洲原本中,黄宗羲对宋元人物的评价也涉
及道德与学术的总体考虑。如黄宗羲从宋学发展的脉络出发肯
定"宋初三先生"的贡献,为三人单独立案。而在全祖望续修时,
只将胡瑗、孙复单独设案,石介被归入孙复案,取消其独立设案
的资格。究其原因,在于全祖望认为石介论学统,"则曰'不作符
命,自投于阁',以美扬雄,而不难改窜《汉书》之言以讳其丑,是

一怪也",论治统,"则曰'五代大坏,瀛王救之',以美冯道,而竟忘其长乐老人之谬,是一怪也"①,与全祖望强调的忠义人伦大相径庭。又如永康学派陈亮及其弟子,在《理学录·浙学派》中就有记载,黄宗羲还以袁溉作为浙学派开首,其中的寓意颇耐人寻味。因为袁溉属二程门人,如此安排,无疑在强调被朱熹诟病的"浙学"(包括永康之学)同属洛学传人,"亦伊川别出一脉也"。在梨洲原本中,永康学派也是单独立案,这也表明在黄宗羲眼中,永康之学所谓的"功利",并非一味追逐功利的俗学,其事功的展开是以洛学的心性义理为根柢的,并非儒学异端。后来的全祖望虽保留《龙川学案》,却批评陈亮"皆欺人无实之大言"②。对于世人热衷讲论的陈亮中状元一事,全祖望取信《宋史》的记载,称其"不惜枉道以求合,又恶知巍科大第,固自有以人重者乎"?③ 在全祖望眼中,陈亮夺魁是"阿光宗嫌忌重华之旨"④,实在有亏道德,其学术与朱熹、张栻、陆九渊相比,自然流于"未甚粹"⑤的地步。可以看出,全祖望对人物的评价从学术与道德的双重维度展开,甚至表现出道德重于学术的倾向。而黄宗羲对宋元理学人物的评价,更多从学术而非道德来定位。

黄宗羲这一评价原则在辑选《明文海》《明文案》中,也有体现。全祖望在《梨洲先生神道碑文》中记载了黄宗羲如何看待侯

① 全祖望:《鲒埼亭集外编》卷三十一《读〈石祖徕集〉》,《全祖望集汇校集注》中册,第 1370—1371 页。
② 全祖望:《鲒埼亭集》卷第十二《亭林先生神道表》,《全祖望集汇校集注》上册,第 227 页。
③ 全祖望:《鲒埼亭集》卷第二十四《宁波府儒学进士题名碑》,《全祖望集汇校集注》上册,第 458 页。
④ 《宋元学案》卷五十六《龙川学案》,第 1843 页。
⑤ 全祖望:《鲒埼亭集》卷第十二《亭林先生神道表》,《全祖望集汇校集注》上册,第 227 页。

方域的一段故事:

> 初在南京社会,归德侯朝宗每食必以妓侑,公曰:"朝宗
> 之尊人尚书尚在狱中,而燕乐至此乎? 吾辈不言,是损友
> 也。"或曰:"朝宗赋性不耐寂寞。"公曰:"夫人而不耐寂寞,
> 则亦何所不至矣。"时皆叹为名言。及选明文,或谓朝宗不
> 当复豫其中,公曰:"姚孝锡尝仕金,遗山终置之南冠之列,
> 不以为金人者,原其心也。夫朝宗亦若是矣。"乃知公之论
> 人严,而未尝不恕也。①

在当时众多士人心中,侯方域狎妓燕乐、投靠清廷为人不
齿,黄宗羲也对其"不耐寂寞"甚有微词。但当有人提出侯氏品
德有疵不当入有明一代文学时,黄宗羲并未接受,而是表现出宽
恕的态度。因为在他眼中,侯氏文学斐然,屈身清廷亦有难言苦
衷,不能以此抹杀其在明代文学中的地位。因此,从梨洲案语来
看,从《理学录》到《宋元学案》梨洲原本,即康熙初年(1662)到康
熙二十五年(1686)之后,黄宗羲对宋元理学史的评价标准似乎
未有大的变化,大体呈现出学问与道德兼顾,但又以学问为先的
准则。

就学术倾向与旨趣来说,黄宗羲偏向陆王心学一路,这在
《宋元学案》的梨洲案语中亦有所体现,如他称:"程门高弟,予窃
以上蔡为第一。……语者谓'道南'一派,三传而出朱子,集诸儒
之大成,当等龟山于上蔡之上。不知一堂功力,岂因后人为轩
轾! ……上蔡固朱子之先河也。"因为谢良佐更多继承了程颢

---

① 全祖望:《鲒埼亭集》卷第十一《梨洲先生神道碑文》,《全祖望集汇校集注》上册,
第 224 页。

"先立大本"的为学方式，开启了后来的象山心学。所以全祖望指出："梨洲先生天资最近乎此，故尤心折于谢。"①但黄宗羲并未将自己的这种学术偏向作为编纂宋元理学史的标准。

如果说为护翼阳明学，黄宗羲在《明儒学案》中表现出凸显心学而存在门户的倾向，那么在《宋元学案》中，黄宗羲的宗派意识已大大减弱。从设案来看，《宋元学案》不仅为朱陆及其后学立案（朱子后学的学案数量甚至多于陆学门人），而且为朱陆以外的关学、永嘉、永康之学设案，还时时可见调和朱陆的言论，这些均表明黄宗羲已跳出门派之争，更多着眼于学术史的知识视野来梳理、总结宋元理学史。道光年间，程朱学者唐鉴在《国朝学案小识》中对黄宗羲的"学案体"有评论，称黄氏"辑有《宋儒学案》《元儒学案》《明儒学案》，数百年来醇者、驳者、是者、非者、正者、偏者合并于此三编中。学者喜其采之广而言之辨，以为天下之虚无怪诞无非是学，而不知千古学术之统纪由是而乱，后世人心之害陷，由是而益深也。"②毫无疑问，唐鉴是站在程朱一派的立场发出的感叹，他对黄宗羲的大加贬抑，固然表示了程朱学者的不满，但从"醇者、驳者、是者、非者、正者、偏者合并于此三编"以及"学者喜其采之广"等语中，正反向透露出梨洲编纂学案兼容并蓄的特点。

黄宗羲的这一学术史观，也正印证了其晚年"一本万殊"的哲学史观。在黄宗羲看来，儒学所体现的圣人之道是"一本"，后世对圣人"微言天义"的理解和阐发各有殊别，形成所谓的"万殊"。他说：

---

① 　《宋元学案》卷二十四《上蔡学案》，第 917 页。
② 　唐鉴：《国朝学案小识》卷十二《余姚黄先生》，上海：中华书局，1936 年，第 1 页。

> 夫圣学之难，不特造之者难，知之者亦难。其微言大义，苟非工夫积久，能见本体。则诸儒之言，有自得者，有传授者，有剽窃者，有浅而实深者，有深而实浅者。①

要认识圣学的"微言大义"，须赖工夫，工夫积久，方见圣学本来之意。而后世儒者由于所花工夫不同，对微言大义的理解、发挥就有浅有深，但他们均属儒学精神内对"道"的求索。既然理解、阐发不同，也就不能以一家一派之论取代众家之说。

他将这一原则贯彻到对宋明理学史的考察中，认为宋明诸儒对孔孟之道的理解各有千秋，但均能体现圣人之道，以一派否定另一派的门户攻讦实在不可取。他在编撰《明儒学案》时强调，儒学的真理是在各种"一偏之见，相反之论"的讨论和争鸣中求得的。因此，要兼容各家各派，不可以某家某派之言为标准，执定成局。所以尽管在力求为阳明学辩护而编纂《明儒学案》的语境中，梨洲还是收录了大量朱子学人物。在《宋元学案》内，他以宽容开放的态势，为程朱系统、象山心学之外的横浦、南轩、东莱、永嘉、永康单独立案，同样显示了他"万殊"的学术宗旨。

当然，黄宗羲所谓的"一本万殊"并非泛滥无归，而是最终要实现"会众合一"，即"一本散于万殊，万殊总为一致"。对于溺佛老、近杨墨，已失儒学本色的俗儒，他站在维护儒家"真理"的立场，展开严厉排辟。对于自己胞弟黄宗会晚年的好佛，黄宗羲"为之反覆言其不可"，所以全祖望评价梨洲"于异端之学，虽其

---

① 黄宗羲：《南雷诗文集·书类·移史馆论不宜立理学传书》，《黄宗羲全集》第 10 册，第 219 页。

有托而逃者,犹不肯少宽焉"①。如此汲汲于辟佛拒老,正表现了梨洲所谓的儒学内部的"万殊",是以维护儒学真精神的"归一"为前提的。可以说,"一本万殊"进而"会众合一",才是贯穿黄宗羲哲学体系的基本线索,也是他处理学术史的基本方法。正如李明友指出,黄宗羲"一本万殊"的哲学史观,是将中国哲学的发展看作是以儒学原理为本而形态万殊的发展过程,以学派言,则是以儒学为本而各宗各派发展的过程。②

第三节　黄百家与《宋儒学案》《元儒学案》的纂辑

一、黄百家纂辑过程中的文献增补与史料考订

康熙三十四年(1695),黄宗羲病逝,所纂《宋元学案》只是眉目粗具,"才十之四五"③,并未竣稿。康熙三十七年(1698)春,万斯同自京南归,过余姚访黄百家,转达《明史》馆总裁王鸿绪之意,希望其能再次赴京参修《明史》,万斯同还称:"吾学博于汝,而笔不及汝,《明史》之事乐得子助。"④但黄百家表示,黄宗羲遗留多部书稿未完,自己拟承父命,续纂书稿,婉拒了北上修史的邀请。

---

① 全祖望:《鲒埼亭集》卷第十一《梨洲先生神道碑文》,《全祖望集汇校集注》上册,第 224 页。
② 李明友:《一本万殊:黄宗羲的哲学与哲学史观》,第 11 页。
③ 黄坤良、黄庆曾等:《竹桥黄氏宗谱》卷十一《列传人物》,民国十五年惇伦堂活字本,第 41 页。
④ 黄百家:《万季野先生斯同墓志铭》,钱仪吉纂:《碑传集》卷一百三十一,《碑传集》第 11 册,北京:中华书局,1993 年,第 3908 页。

关于续纂《宋元学案》的时间，黄百家在康熙三十八年（1699）十月撰写的《眼镜颂》中曾提及：

> 遗献学案，止完《明儒》。《宋元》有稿，尚未削觚。整补残缺，实属先志。今可赖汝，绝筋从事。有《明文海》，逾四百卷。一代成书，无庸编纂。宋元文集，吕苏未睹。备贮我家，可云极富。甲乙过半，亦未成选。今遵遗命，有力可勉。①

从这段话中可知《明儒学案》《明文海》在梨洲生前均已完稿，《宋元学案》《宋文案》《元文案》等稿仍然未竟。从"今可赖汝，绝筋从事"等句可判断，黄百家在康熙三十八年（1699）已开始续编《宋元学案》。

考黄百家晚年，除在家再撰《明史·历志》外②，其大部分时间均孜孜于续补、校刻梨洲文稿。其中，大半精力则是瘁心于《宋元学案》的校补与续纂。但直到康熙四十八年（1709）黄百家逝世，《宋元学案》仍未竣稿。其中的原因，除书稿本身卷帙浩繁外，很大程度与黄家的遭遇与处境有关。黄家藏书硕富，黄百家曾不无自豪地宣称："吾家贮宋文，东莱多未睹。吾家贮元文，天

---

① 黄百家：《眼镜颂》，《学箕三稿丙编》，《黄竹农家耳逆草》不分卷，《清代诗文集珍本丛刊》影印清康熙刻本，第 128 册，北京：国家图书馆出版社，2017 年，第 420—421 页。

② 黄百家已于康熙二十九年（1690）南归前，在京完成《明史·历志》的纂修，并上呈《明史》监修张玉书，他认为《明史》馆已有清册，遂不自存稿。康熙三十九年（1700），黄百家听闻《明史》馆所藏清册遗失，自己又未存底稿，故只能重新撰写。参见黄百家：《上王司空论明史历志书》，《学箕三稿乙编》，第 389 页。

爵何曾识。明文三百年,遍访无遗粒。"①但自明末动乱,黄家为抗清避祸,徙家不定,藏书亦随之迁离,后来黄百家追忆这一心酸过程,"(丙戌)迁徙至中村,几为山兵夺。丁亥还于家。戊子迁双瀑,担头及舱底。每为莞儿窃,数年又数徙。山堂火忽烈。遑遽出焰中,灰烬差毫发。自后徙老柳,又徙蓝溪阃。……于今将十年,止有蠹鼠齿。"②他在《捣书赋》中又记载:"庚午之秋,余姚大水。水入余家。过寻书之藏于楼下者,尽溺焉。水落暴之,其硬如砖,其黑如漆,已成弃物矣。"③可见在辗转过程中,黄家藏书遭受盗窃、鼠啮、火燹等众多劫厄,已是零星狼藉,损失惨重,这给黄百家续辑《宋元学案》不啻造成极大困难。

又据黄百家自述,其伯兄百药(康熙三十三年卒)、仲兄正谊(康熙三十二年卒)均先梨洲病殁,随后梨洲又逝世,黄家"食指甚繁,家无遗产,老稚嗷嗷,俱仰食于百家一身"④。但黄百家并无稳定收入,常常飨食无给,其描述自己著书的情形是"瓮无剩粒,囊不留钱,水笔一枝,颠毛秃尽,运于楮上,如蚕食叶,索索有声。"⑤晚年生活之窘迫,可见一斑。虽然他一直以完成梨洲遗志为己任,绝意出仕,"甘心忍饿,禁足杜门,誓志不复再至长安"⑥。不过,据现有史料显示,黄百家晚年曾几度赴京。一次是在康熙四十四年(1705),黄宗羲门人杨开沅记载自己于"(康熙)甲申乃得归而就学于顾夫子。次年牵率聚京师,又值黄主一、刘蕺香不期而会。……而余与顾、黄两先生晨夕过从,未尝不亹亹心性之

① 黄百家:《担书行》,《竹桥黄氏宗谱》卷十四《诗文集》,第63页。
② 黄百家:《担书行》,《竹桥黄氏宗谱》卷十四《诗文集》,第65页。
③ 黄百家:《捣书赋》,《学箕三稿丙编》,第405页。
④ 黄百家:《上王司空论明史历志书》,《学箕三稿乙编》,第396页。
⑤ 黄百家:《秃笔赋》,《学箕三稿丙编》,第410页。
⑥ 黄百家:《上王司空论明史历志书》,《学箕三稿乙编》第396页。

学也。"①康熙甲申(四十三年,1704)之次年即康熙四十四年,杨开沅在京遇黄百家,并从之游;另一次则是在康熙四十六年(1707),据黄百家子黄千人给全祖望弟子卢镐的诗中透露"吾父奉兢兢,岁月忘迈逾。垂成已什八,咸具有规模。苦以祠墓迫,风尘重驰驱。舍田芸人田,赍志归梼舆",其在诗中注:"先子以曾王父祠、王父墓倾圮,举修无力,于丙戌(康熙四十六年)春复至京师。"②从表述来看,黄百家恐是因经济窘境从而曾一度入京谋职并寻求援助。

黄百家的辑纂,虽以梨洲原稿为本,但从现存余姚梨洲文献馆的《宋元学案》黄璋校补本、中研院史语所傅斯年图书馆所藏《宋儒学案》稿本,以及《宋元学案》王梓材、何绍基校定本来看,与黄宗羲以及后来的全祖望相比,黄百家在《宋元学案》成稿过程中同样发挥了重要的作用。

一方面,他在梨洲旧稿的基础上大量增补学案内容。这些增补内容,有一部分是新设的人物小传,如《安定学案》中,黄百家案语称:"当时安定学者满天下,今广为搜索,仅得三十四人。"这三十四人,据后来校补者王梓材称,指的是罗适、范纯祐、吕希纯、苗授、卢秉、张巨等人,只是"有目而无传"③,可知黄百家在梨洲旧稿之外新增众多安定弟子条目,只是内容暂缺。在人物小传部分,黄百家还在案语中增补人物的事迹。梨洲原稿中,许多人物传记内容已定,黄百家考虑有些传记过于简略,但又不适合

---

① 杨开沅:《乙未论自序》,《山阳艺文志》卷三,周钧、段朝端等纂:《续纂山阳县志》附录,《中国方志丛书》据民国十年刊本影印,第 415 号,台北:成文出版社,1983年,第 296—297 页。

② 黄千人:《东卢配京孝廉索还先子〈宋元儒学案〉底本》,《竹桥黄氏宗谱》卷十五《诗文集》,第 27 页。

③ 《宋元学案》卷一《安定学案》,第 56 页。

直接补入传中，便在传后或附录中，补入人物的相关事迹，以反映传主的学术与生平。如《安定学案》孙觉传后，黄百家有案语：

> 先生之《春秋经解》多主《穀梁》之说，而参以《左氏》、《公羊》及汉、唐诸家之说。义有未安者，则补以所闻于安定及己之独悟。晁公武称其议论最精，诚哉斯言！初，王介甫颇与先生交好，《三经义》外，原欲解《春秋》以行天下，见先生之解，其心知不复能胜，遂举圣经而废之，且诋为"断烂朝报"。其始由于忮刻，而终之以无忌惮。先生既与介甫异议，连遭贬斥，不以介意。介甫退居钟山，先生远访道旧；迨其死，又诔之。嗟乎，学问之德量不同如此！①

解读这一案语，可以看出，这并非可有可无的生平描笔，而是关涉安定之学与荆公新学的关系，孙、王之间虽学术相诋，并不影响二人的日常交谊，学术论敌同样可以是生活知己。黄百家通过增补这一史事，意在告诫世人，学术乃天下公器，"必以相商而愈出"②，但论争只限于学术本身，不可越界沦为学术之外的意气攻讦。

他的增补还包括对学者论著的选辑。如《百源学案》中，黄百家案语称："今去其问答浮词并与《观物篇》重出者，存其略焉。"③可以推测，现今学案中，邵雍的《渔樵问答》《观物内外篇》均为黄百家增补删略而成。同样，《百源学案》中，附有归有光的

---

① 《宋元学案》卷一《安定学案》，第 44 页。
② 黄百家：《学箕初稿》卷二《复陈言扬论勾股书》，《四库存目丛书》据清康熙箭山铁镫轩刻本影印，集部第 257 册，济南：齐鲁书社，1997 年，第 778 页。
③ 《宋元学案》卷九《百源学案上》，第 382 页。

《先天图辩》、黄宗羲的《易学象数论》、黄宗炎的《周易象辞先天卦图辩》等文，据黄百家称："康节《先天卦位》，崇奉之者莫如朱子，至举其图架于文王、周公、孔子之上。然而辩之者亦不少。兹略采辩图之说于后，以俟千秋论定焉。"①说明这些内容的选辑亦出于黄百家之手。

另一方面，黄百家又按照自己的理解，撰写了大量案语。这些案语除了纯粹征引前人文献外，还涉及大量对史实、字词的考证与订误。

宋元理学家事迹，不少出于亲友、门人、后学之手，史实多有隐讳尊贤之失。如秦桧早年受胡安国举荐的始末，在后世学者中存在争议。宋代朱熹对二人厚善的解释是："京城破，虏欲立张邦昌，执政而下，无敢有异议，惟会之抗其所以为不可，康侯亦义其所为，力言于张德远诸公之前。后会之自海上归，与闻国政，康侯属望尤切，尝有书疏往来，讲论国政。康侯有词掖讲筵之召，则会之荐也。然其雅意坚不欲就，是必已窥见其微隐有难处者，故以老病辞。后来会之做出大疏脱，则康侯已谢世矣。"②按朱熹的解释，当初秦桧在金人立张邦昌时，奋力抗争，表现出慷慨忠直的气节，胡安国举荐秦桧乃景仰其忠义而主动与之相交，属胡氏识人之举。至于后来秦桧擅权打压理学，已与胡安国无关，因为胡氏已过世。黄百家通过征引当时史料，对朱熹之说提出质疑：

靖康金议立邦昌，马时中伸抗言于稠人曰："吾曹职为

---

① 《宋元学案》卷十《百源学案下》，第 398 页。
② 黎靖德编：《朱子语类》卷一三一《本朝五·中兴至今日人物上》，《朱子语类》第 8 册，王星贤点校，北京：中华书局，1986 年，第 3153 页。

争臣,岂可缄默坐视,当共入议状,乞存赵氏。"秦桧不答,时
中即自属稿,就呼台吏连名书之。桧既为台长,则当列于
首。以呈桧,桧犹豫。时中帅同僚合辞力请,桧不得已,书
名。是桧迫于马时中,以台长列名,何尝抗论。乃知当时无
论贤愚,尽为桧欺矣。幸文定宦情如寄,天下后世亮之。因
叹知人之难也![①]

　　与朱熹建构的主动抗论俨然"赵宋"忠臣的形象相比,黄百
家所记载的秦桧,不仅在反对金人立张邦昌中犹豫不决,而且签
名亦是被迫,根本不存在"乞立赵氏"的光辉大节。黄百家这一
史料来自宋人王明清的《挥麈余话》。据今人考证,秦桧乞立赵
氏、反对张邦昌的事迹源于《御史中丞秦桧状》,朱熹、《三朝北盟
会编》编者以及《宋史》纂修者等即沿袭了这一状文的记载。而
依据《大金弔伐录》中的《秦桧状乞立赵氏》、秦桧孙子秦埙所藏
的《御史中丞秦桧第二状》、王明清《玉照新志》收录的《马伸上张
邦昌状》等文献,《宋史》等书记载的《御史中丞秦桧状》乃秦桧彻
头彻尾捏造的伪状。当时真正上书给金人的《秦桧状乞立赵氏》
的实际作者乃马伸等人,秦桧只不过连名而已。[②] 此外,朱熹称
"后来会之做出大疏脱,则康侯已谢世矣",极力为胡安国与秦桧
撇清关系,这并不符合事实,[③]这些表明黄百家的质疑不仅卓有
学术勇气,其推断更具有较高的可信度。

---

① 《宋元学案》卷三十四《武夷学案》,第 1179 页。
② 冒志祥:《秦桧"乞立赵氏"状真伪考辨》,《南京师范大学文学院学报》2011 年第
　 3 期。
③ 高纪春:《秦桧与洛学》,《中国史研究》2002 年第 1 期;聂立申、赵京国:《南宋胡
　 安国与秦桧关系探析》,《山东社会科学》2015 年第 4 期。

在《豫章学案》中，黄百家对罗从彦师承杨时的时间亦有考证，其通过《龟山全集》，判断罗氏在杨时任余杭令时已师承龟山，从而推翻了《豫章年谱》与《宋史》中所称的罗从彦于杨时任萧山令时师从龟山的记载。清代李清馥的《闽中理学渊源考》以及当今中华书局版《宋元学案》的点校者均肯定了黄百家的考证，①从而彰显了黄百家考证的学术价值。

黄百家的考证还涉及对文本具体字词的纠谬。如张载《乐器篇》第十五有一句："苟造德降，则民诚和而凤可致，故鸣鸟闻，所以为和气之应也。"黄百家认为此句出自《尚书·君奭》："耇造德不降，我则鸣鸟不闻。"其意大抵是谓："言耇老成人之德，下及于民也，则鸣鸟有声。此周公留召公之意。"②故他判断"苟"当作"耇"。后来清代王植在《正蒙初义》中详细考证，指出"苟当作耇"③，今中华书局点校本《张载集》即依据《尚书》将《正蒙》原文的"苟"改为"耇"④，同样印证了黄百家考证的准确。

二、黄百家对宋元理学史的认识

如果说上述从原典中辑选史料，以及对人物事迹、史实及师传关系的考证，展示了黄百家的文献考索功力，那么其对宋元理学的精到评论，则体现了深厚的理论素养。《宋元学案》共收录黄百家案语212条（包括附录文章《识仁篇》1篇，以及附在其独立案语之后以"百家案"开头的段落案语1条），这些案语分布在

① 连凡：《〈宋元学案〉中黄百家的案语及其学术价值——兼论宋元儒学思想史的建构》，《史学月刊》2017年第12期。
② 《宋元学案》卷十七《横渠学案上》，第740页。
③ 王植：《正蒙初义》，文渊阁《四库全书》影印本第697册，第671页。
④ 张载：《张载集》，章锡琛点校，北京：中华书局，1978年，第58页。

全书 24 个学案中,但主要集中于 5 个学案,分别是《横渠学案》59 条、《伊川学案》49 条、《濂溪学案》32 条、《明道学案》29 条、《百源学案》25 条,5 个学案的黄百家案语共 194 条,占总数的约 92％。这 5 个学案的案主即理学史上著名的"北宋五子",透露出黄百家对"北宋五子"在理学史地位上的高度重视。不可否认,这一做法是对宋代以来的学术共识的沿袭,但在宋元理学的诸多层面,黄百家更多继承了梨洲的学术理路。

关于宋代理学的叙述,宋代以来的许多理学史著作纷纷以"道学传"或《道学志》冠名,黄百家表示反对,主张以"儒林"取代"道学",他称:

> 《十七史》以来,止有《儒林》。至《宋史》别立《道学》一门,在《儒林》之前,以处周、程、张、邵、朱、张及程、朱门人数人,以示隆也。于是世之谈学者动云周、程、张、朱,而诸儒在所渺忽矣。①

很明显,这段话裁自黄宗羲的《移史馆论不宜立理学传书》。在黄宗羲看来,《宋史》只以北宋五子以及少数程朱学者立《道学传》,容易湮没程朱以外其他理学诸儒的地位,从而导致程朱理学"定于一尊"的态势,因此主张以"儒林"取代"理学"或"道学",通过突破程朱理学的叙述体系,重新肯定"宋初三先生"的意义。黄百家在梨洲的思路下继续发挥此说,并从文献中寻找出朱熹、黄震的言语作为佐证,他称:

---

① 《宋元学案》卷二《泰山学案》,第 121 页。

先文洁曰:"本朝理学,实自胡安定、孙泰山、石徂徕三先生始。"朱文公亦云伊川有不忘三先生之语。即考诸先儒,亦不谬也。①

如果说梨洲是在"去门户之见"的脉络下肯定宋初三先生,那么黄百家还以黄震之论为线索,从理学史的外围观察三先生的意义。黄震盛赞三先生在宋初"始以师道明正学,继而濂、洛兴矣。故本朝理学虽至伊洛而精,实自三先生而始"②,是从"师道正学"的视域表举三先生的倡教活动。黄百家在学案中亦采取了这一视野。他在孙复小传的《附录》后,大段征引石介的《泰山书院记》,并推崇孙复的传道授徒之功,其云:

今先生之书不可尽见,但以徂徕之学问而为其尊戴如此,即可以知先生矣。嗟乎,师道之难言也!视学问重,则其视师也必尊;视学问轻,则其视师也自忽。……呜呼,观于徂徕事师之严,虽不见先生之书,不可以知先生之道之尊哉?③

一般理学史的论说,常侧重内在的命题概念辨析,凸显宋代理学在宇宙、心性、修养论上度越汉唐诸儒。不可否认,以哲学范畴去标示宋代理学的高度完全是必要的,但也应该看到,宋学的兴起,并不只是一些文化精英"大传统"内的形而上的思辨,它还体现为一场自中晚唐以来更为广泛的文化乃至社会运动。这

---

① 《宋元学案》卷二《泰山学案》,第 121 页。
② 《宋元学案》卷二《泰山学案》,第 73 页。
③ 《宋元学案》卷二《泰山学案》,第 102—103 页。

场运动的社会实践就是讲学兴教,重新确立儒家师道之传统。[①]
黄百家在这里感叹"师道之尊"、"学问之重",正是有感北宋理学
高峰的到来,并不是从不毛之地冒出来的,而是有着长期的社会
文化酝酿,这些酝酿的代表即是宋初三先生的兴学讲道,后来全
祖望在黄百家这一理路的指引下,进一步突破理学史的哲学视
野,新增范仲淹、陈襄、士建中等人学案,即是从地方兴学与理学
实践的脉络下肯定濂、洛学派兴起以前,即"儒学草昧"时代的
意义。

　　关于二程是否师承周敦颐的问题,自宋代以来就存在争议,
成为理学史上的一桩学术公案。一派如吕希哲、吕本中、汪应辰
等人认为二程虽游于濂溪之门,然"伊洛所得,实不由于濂溪";
另一派如朱熹、张栻就强调濂溪"为二程子所自出",肯定周、程
之间存在师承关系。[②] 黄宗羲在《宋元学案》中列二程为濂溪门
人,认同朱熹、张栻之说。《宋明理学史》一书依据黄百家在《安
定学案》中的案语"(伊川)于濂溪,虽尝从学,往往字之曰'茂
叔';于先生,非'安定先生'不称也",认为黄百家与梨洲见解不
同,否定二程师承濂溪。[③] 其实,这一说法有待商榷。黄百家在
学案中多处言及二程与濂溪的师承问题。如在《濂溪学案》的李
初平小传后,有案语:"先生为元公上官,有谓不当列弟子者。夫
学以传道为事,岂论势位。自古至今,有弟子而不能传道多矣。
以先生之虚怀问业,悉心听受,二年有得,与二程同列诸弟子之

----

①　有关宋学初兴与唐宋师道运动,可参见钱穆:《中国学术思想史论丛》卷五,合
　　肥:安徽教育出版社,2004 年,第 1—3 页;陆敏珍:《宋代永嘉学派的建构》,杭
　　州:浙江大学出版社,2013 年,第 33—48 页。
②　《宋元学案》卷十一《濂溪学案序录》,第 480 页。
③　侯外庐、邱汉生、张岂之主编:《宋明理学史》(下卷),第 753 页。

班,足见先生之盛德,又何嫌哉!又何嫌哉!"①在《豫章学案》中,他又称:"程太中能知周子而使二子事之,二程之学遂由濂溪而继孟氏。朱韦斋能友延平与刘、胡三子,而使其子师之,晦翁之学遂能由三子而继程氏。卓哉二父,钜眼千古矣。"②毫无疑问,在两处均肯定二程为濂溪门人,观点与梨洲并无二致。黄百家在第一条称"学以传道为事,岂论势位",正是激赏李初平能不顾世俗之见,向位卑的周敦颐请教,表达出不以仕宦显微论学问的态度。倒是后来的全祖望"于稿底濂溪门人抹去李先生之名,是仍列讲友而不列弟子"③,修改了黄百家之意。不过,在周、程学统的问题上,全祖望综合了两派之说,既肯定周、程之间的师承关系,又指出谓二程之学"不尽由于周子,可也;谓周子竟非其师,则过也"④,较全面梳理了这一公案。

朱陆异同是理学领域的又一大公案,百年来争论不休,难以诹定。在这一点上,黄百家继承了从王阳明到黄宗羲的阳明学传统,主张调和朱陆。他肯定朱陆两家学术各有所长,并且可以调和。在他眼中,朱陆之学并无本质之殊,只是在为学方式上"从入之途,各有所重"而已。他认为朱陆二人至晚年各悔早年学术之偏,从而反对朱陆"终身不能相一"的观点,指出这"岂惟不知象山有克己之勇,亦不知紫阳有服善之诚"⑤。关于朱熹与陆九渊对《太极图说》的论辩,黄宗羲认为"所争只在字义、先后之间,究竟无以大相异也"。黄百家也站在调和朱陆的立场,称

① 《宋元学案》卷十二《濂溪学案下》,第 529 页。
② 《宋元学案》卷三十九《豫章学案》,第 1297 页。
③ 《宋元学案》卷十二《濂溪学案下》,第 529 页。
④ 全祖望:《鲒埼亭集外编》卷三十八《周程学统论》,《全祖望集汇校集注》中册,第 1535 页。
⑤ 《宋元学案》卷五十七《梭山复斋学案》,第 1873—1874 页。

周敦颐、二程、朱熹、陆九渊诸人"即或有大纯小疵处,亦只合平心参酌,必无可死守门户,先自存心于悖躁,而有诋毁之理"①。对于"周子之学",他主张应居中持平,反对后世学者"尊之者未免太高",或"抑之者未免过甚"②的偏向。

当然,在调和朱陆的同时,黄百家并非一味居中,而是有自己的学术倾向。

在《濂溪学案》的论著选辑中,他一反明代《性理大全》列《太极图说》于《通书》之前的做法,而是将其"止附于《通书》之后"③,表明在《太极图说》与《通书》之间,他更推崇后者。在梨洲选编《朱陆太极图说辩》的资料后,黄百家又增补了叔父黄宗炎论《太极图说》的重要观点。黄宗炎认为周敦颐的《太极图》"创自河上公,乃方士修炼之术",周敦颐得之而"穷其本","反于老庄"。很明显,黄百家移录于此,表达了对黄宗炎的认同。他自己亦有案语,云:"此无极之太极,绝无与夫子所云之'《易》有太极',宜乎为二陆所疑,谓非周子所作。"他的依据是:

> 盖周子之《通书》,固粹白无瑕,不若《图说》之儒非儒、老非老、释非释也。况《通书》与二程俱未尝言及无极,此实足征矣。④

这些观点显然与陆九渊、黄宗炎之说一脉相承,表明在这一问题上,他倾向陆学的迹象。其实,黄百家对朱陆异同的调和,

① 《宋元学案》卷十二《濂溪学案下》,第 514 页。
② 《宋元学案》卷十二《濂溪学案下》,第 523 页。
③ 《宋元学案》卷十二《濂溪学案下》,第 518 页。
④ 《宋元学案》卷十二《濂溪学案下》,第 518 页。

其要旨在于批判学术的门户之见。他认为朱陆之争,就是学派后人过于固守门户偏见的结果,在他看来:"道理本公共之物,诸君子即或有大纯小疵处,亦只合平心参酌,必无可死守门户,先自存心于悖躁,而有诋毁之理。"①因此提倡为学当博采众家,进而融会于己。对于自己所宗之学,黄百家更主张创新发展而非株守抱残的理念,所以他对金华朱学王柏、金履祥的疑经精神以及二人解经与朱熹相抵牾,反而大加赞赏,称王柏"岂有心与紫阳异哉"②,论金履祥"其所以抵牾朱子者,非立异以为高,其明道之心,亦欲如朱子耳"③,这对今日学术研究如何处理继承与创新的关系仍有借鉴价值。

理学家对文与道的关系,常常持"道本文末"的观点,认为"文"只是"道"的载体,自身并无价值。黄百家对此问题则主张"文道合一"论。他认为:"学道不能文,不可以为道。"④针对世人一味溺守科举用书,出现"语诗文则曰:此词章也而已,可不学矣"⑤的行径,他大加批判,认为这非为学之道。

他这种"文道合一"的观点,也贯穿于对宋元理学史的评价中。如他评价程颢上宋神宗的《陈治法十事》,云:"观其文彩,似乎不足,案其时势,悉中肯綮,无一语非本此中至诚之流露也。此真明体达用之言。"⑥一般人对政论的理解,多关注其具体策论是否具有可行性,而黄百家能注意到策论同样当有"文彩",反映了他重视文藻的特点。他在《宋元学案》中为陈亮的学术被朱熹

① 《宋元学案》卷十二《濂溪学案下》,第 514 页。
② 《宋元学案》卷八十二《北山四先生学案》,第 2733 页。
③ 《宋元学案》卷八十二《北山四先生学案》,第 2738 页。
④ 黄百家:《感遇诗》,《竹桥黄氏宗谱》卷十四《诗文集》,第 70 页。
⑤ 黄百家:《学箕初稿》卷一《〈人谱补图〉序》,第 759 页。
⑥ 《宋元学案》卷十四《明道学案下》,第 573 页。

等人视为功利之学深为不满，并且，他对陈亮的诗文同样推崇备至，"文中龙虎称同甫，不出家庭我有师"①，表达了师法龙川的汲汲心迹。在《北山四先生学案》中，他虽承认许谦以下柳贯、黄溍、宋濂等人理学创新不足"流而为文人"的趋势，但又重点强调："夫文与道不相离，文显而道薄耳，虽然，道之不亡也，犹幸有斯文之在也"②，肯定"道"的传承需要"文"的依托。

当然，与沉溺词章、专注饾饤的文人不同，黄百家所谓的"文"必须是本于经术的，换言之，"文"应当蕴藏"道"的精神，而非那些用于进身的科举时文。所以他又强调"文章不本之经术，则学王李者为剿，学欧曾者为伪。学问不本之经术，非矜集注为秘经，则援作用为轵传"③。他对"立德、立言、立功"的关系有一清晰的说明：

> 夫古今来，虽云三立要，无不本于立德者，立言不本于德，则为剽窃之词章。立功不本于德，则为侥幸之事业。即如震川之文，所以称为有明第一者，亦因其得庄渠之学，而其文始至宁可，将三者截然分判乎，然非空谈本心便可为学术也。必实实穷经通史，读破万卷，识见始高，胸襟始阔，故孔子教人，必由博而归约，盖不博无所为约也。④

---

① 黄百家：《十月二十六日三十初度杂怀十首》，《竹桥黄氏宗谱》卷十四《诗文集》，第 62 页。
② 《宋元学案》卷八十二《北山四先生学案》作"道之不亡也，犹幸有斯"，而成书于《宋元学案》前的黄宗羲《理学录》，后半句作"犹幸有斯文之在也"，相较而下，后者的意思更加完整准确，可知《宋元学案》此句有脱。
③ 黄百家：《学箕初稿》卷二《赠陈子文北上序》，第 769 页。
④ 黄百家：《学箕初稿》卷二《上徐果亭先生书》，第 773 页。

　　强调词章要以学术与道德为指归,这一点,亦继承了黄宗羲学问当"以六经为根底"①的理念。梨洲父子强调文本于经术,其实有其现实语境。当时阳明后学尤其是左派王学空谈本体,无视工夫,高读《语录》却荒废经学,甚至盲目诋毁前人,黄百家认为"此风渐以成俗,是非得一二大人敦实学鹄,圣贤以为之倡,未易挽其茅靡波流也"②,因此汲汲呼吁通经治学的传统,折射出黄百家的"文道合一"表面上是文道并重,实质是"文以载道"的思想。

　　自魏晋玄学兴起后,就一度出现儒释道"三教合一"的说法。到了晚明,阳明后学利用阳明的"四句教"谈空说玄,"三教合一"说大行其道。刘宗周就曾指出,当时不少王门末流"入门不免借途于释氏,一时从游之士多以禅起家"③,表达了斥责的态度。黄宗羲对这一风气亦甚为不满,认为他们"杂以因果、僻经、妄说,而新建之传扫地矣"④。在刘、黄二人看来,这种弃儒入禅、空谈心性而不务实学的行径,不仅有害儒学传统,对晚明浇漓的社会道德以及衰颓的国家时事也毫无裨益。因此刘宗周、黄宗羲一脉对同属王门后学的管志道、周汝登、陶望龄进行论辩,批驳他们以"三教合一"为论调的信佛宗禅,将阳明学引向空谈无用之学。

　　黄百家对三教的态度,继承了刘宗周、黄宗羲的辟佛理论。他指出,儒、佛皆言"心",但佛学所谓的"心"是虚空的,"其视天

---

① 黄百家:《学箕三稿巳编·先遗献文孝公梨洲府君行略》,第 511 页。
② 黄百家:《学箕初稿》卷二《上徐果亭先生书》,第 773 页。
③ 刘宗周:《刘宗周全集·文编三·书·答王生士美书》,吴光主编:《刘宗周全集》第 5 册,杭州:浙江古籍出版社,2012 年,第 311 页。
④ 黄宗羲:《子刘子行状》卷下,《黄宗羲全集》第 1 册,第 253 页。

地万物,人世一切,皆是空中起灭,俱属幻妄"①,从而否认现实的实有,这种以"空无"为宗旨的佛学理论,必定给道德伦理带来危害。而儒学的"心"是具有实理的,其论学的落脚点在于维护社会秩序、拯救世道人心。依他所见,儒佛之辨,最重要的并非修养工夫,而是在本体论上是否承认现实的实有,所谓"儒、释之辨,只在有理与无理而已"②。因此,当有人指出程颢与佛学在工夫论上共同强调"反求诸己",进而怀疑明道近于禅学,黄百家对此回复称:"非必凡内求诸己,务求自得者便是禅;懵懂失向,沿门乞火者便是儒也。"③他还进一步指出,正是程颢以体贴"天理"为学问宗旨,穷理尽性,虽然"出入老、释者几十年",仍不为所染,与孔孟之学契合,推动理学的发展。因为在黄百家心中,程颢的"天理"是作用于日用彝伦的,其学不仅有体,而且有用,"于兴造礼乐,制度文为,下及兵刑水利之事,无不悉心精练",完全可以实现开物成务的淑世目标,黄百家甚至认为"使先生(程颢)而得志有为,三代之治不难几也"④。

这一严儒、佛之辨的坚决态度,也深深贯彻到他对宋代理学的评价中。如他赞赏横渠之学,很重要的一面是张载"以'虚能生气'、'有生于无'为诐淫,足见先生之学粹然,可为吾道大中之准"⑤。在《荥阳学案》中,黄百家虽肯定吕希哲"谨厚性成",但对吕氏的好佛颇有微词,不无遗憾地说:"惜其晚年更从高僧游,尽究其道,斟酌浅深而融通之曰:'佛氏之道,与吾圣人吻合。'夫圣

---

① 《宋元学案》卷十七《横渠学案上》,第 710 页。
② 《宋元学案》卷十四《明道学案》,第 580 页。
③ 《宋元学案》卷十四《明道学案》,第 580 页。
④ 《宋元学案》卷十四《明道学案》,第 580 页。
⑤ 《宋元学案》卷十七《横渠学案上》,第 670 页。

人以尽伦理为道，种种相背，不啻冰炭。是先生于师门之旨不无差谬也。"①不难发现，黄百家对佛学的批判，基本是着眼于本体论的，而非修养工夫与为学方式。这一点，其实可以与其调和朱陆说相对照。黄百家强调朱陆之同，是因为看到两家学说在弥纶经世、治平天下的终极目标上存在一致性。而佛学的宗旨正与之相反，是寻求超脱人世、放弃人伦。

在《宋元学案》中，亦可隐约发现黄百家排辟道家的迹象。关于邵雍的学问来源，黄百家一方面承认前人之说，认为："《先天卦图》传自陈抟，抟以授种放，放授穆修，修授李之才，之才以授先生。"②但另一方面，他又强调："顾先生之教虽受于之才，其学实本于自得。"并大肆描述邵雍刻苦自学的场景："始学于百源，坚苦刻厉，冬不炉，夏不扇，日不再食，夜不就席者凡数年。大名王豫尝于雪中深夜访之，犹见其俨然危坐。盖其心地虚明，所以能推见得天地万物之理。"③可以推勘，黄百家如此着墨，是为了使邵雍摆脱与道家的关系，努力塑造邵雍之学为儒家正学，其对道家的态度可见一斑。

从黄百家的辟佛内容可以看出，与其他学者热衷道问学、尊德性的纷争相比，他对这一路径分歧的辨析兴趣已大大减弱，其更关注的是儒学自身内圣外王的传统。他对民间风水、鬼神信仰的批判，也是基于恢复儒家的忠孝人伦的旨趣。换言之，他的视野已转向对学问与现实的关系的讨论，致力于社会秩序的重建。

此外，在宋代理学的诸多问题上，黄百家不人云亦云，有自

---

① 《宋元学案》卷二十三《荥阳学案》，第 906 页。
② 《宋元学案》卷九《百源学案上》，第 367 页。
③ 《宋元学案》卷九《百源学案上》，第 367 页。

己的创见。如历来对张载的理学思想评价甚高,尤其是气论与礼学成为后世评价横渠之学的两大标杆。黄百家对气论甚为推崇,赞赏张载"覃测阴阳造化,其极深至精处,固多先儒所未言",但同时认为张载气论有不少"凭心臆度处,亦颇有后学所难安者"①,尤其对张载的恢复周礼制度持批评态度,其云:

> 至于好古之切,谓《周礼》必可行于后世,此亦不能使人无疑。夫《周礼》之的为伪书,姑置无论。圣人之治,要不在制度之细。窃恐《周官》虽善,亦不过随时立制,岂有不度世变之推移,可一一泥其成迹哉!况乎《周官》之繁琐,黩扰异常。先生法三代,宜不在《周礼》,是又不可不知也。②

黄百家站在历史演进与变迁的立场,否定泥古《周礼》的现实可行性。从北宋的政治、经济及社会历史来看,完全照搬三代之《周礼》模式建制,并不符合社会现实,黄百家的评判不无道理。

又如在《武夷学案》中,黄宗羲颇为赏识胡安国的政论,特采录胡氏《时政论》数则,对胡安国"虽诸葛复生,为今日计,不能易此论"的自负之语并未提出疑义,表示认可。但黄百家认为胡安国之计策不切实际,其案语云:"细观之,亦尚多泛论,不十分切要。当日事势,只要高宗复仇之心切,则此气自然塞两间,自反有何患不直乎!"③与梨洲的见解不同。而且,黄百家还在《横渠学案》中以科学知识注解经文、断其正误,如他引用哥白尼日心

---

① 《宋元学案》卷十七《横渠学案上》,第 665 页。
② 《宋元学案》卷十七《横渠学案上》,第 665 页。
③ 《宋元学案》卷三十四《武夷学案》,第 1175 页。

地动说、沈括关于月相变化的实验说明、西方气象学理论等内容，对以张载为代表的中国传统左旋说提出批评。这些案语均反映了黄百家在继承前人论说的同时，又形成自己的卓识与创见。

小　结

明清之际的"天崩地解"以及引发的社会危机，极大地刺激了当时士人对学术真伪的判断与辩驳。中晚明盛行的阳明学不可避免地成为社会动荡的学术"替罪羊"，在朝野一片尊朱辟王的打压浪潮中，阳明学自晚明确立的"真儒"地位岌岌可危。代表清廷官方意志的《明史》总裁官徐元文等人，欲通过《理学传》的设立，排斥陆王而独尊程朱，其实质是为了达到官方整齐思想，实现"一学术，同风俗"的目的。作为王学一脉以及地方遗民，黄宗羲以王学为主线编纂《明儒学案》，并调整、窜改甚至舍弃周汝登、李贽等饱受诟病的阳明后学的学派归属或传记，努力撇清阳明学与佛学的关系，重塑阳明学"是儒非禅"的正面形象，正是为了在打倒王学的浪潮中维护阳明学的儒门正学地位。他在《〈明儒学案〉序》以及《发凡》等处屡屡强调学术的"一本万殊"与"贵在自得"，其内在目的也凿凿指向清廷对学术的垄断与专制。后人却从明代学术史的维度诟病《明儒学案》是"王学大本营"，无异于缘木求鱼。

如果说《明儒学案》在思想宗旨上呈现出朱、王之争的迹象，那么从《理学录》的宋元部分到《宋元学案》梨洲原本，黄宗羲对理学史的认识，已不断突破道统，并超越程朱、陆王的学术之争，站在了"合一代之公评"的角度整体考衡宋元理学的得失。与乃父相比,黄百家纂辑《宋元学案》大体继承梨洲的思路,并通过大量辑补文献以及考证史料,旨在呈现宋元理学的客观历史,从而实现了从"学谱"到"学案"著作的跨越。因此,如以四部分类来划分,《明儒学案》更像是一部"子"书,而《宋元学案》梨洲原本更接近于"史部"。

在宋元理学人物的评价上,梨洲父子虽强调学术与道德的兼顾,但更多偏学术一路,对道德有亏而学术有得之人照样收录,表明二人更多从学术史的内在轨辙评判学术的演变。梨洲父子对朱陆以及事功之学的重视,折射出他们对儒学各家的包容并蓄,但对儒学以外的佛老之学,又表现出谨慎排辟的态度。他们否定阳明以来的三教合一论,对流入狂禅的周汝登、李贽等人大加贬斥,再次说明他们的学术旨趣是维护儒学的正统,更确切地说,是要彰显儒学的内圣外王精神,进而实现道德人心的复振与明清之际动乱后的社会秩序的重建。

第二章　全祖望与《宋元学案》的补修

黄宗羲父子初纂《宋元学案》未完而殁,遗稿亦历经水火劫难,后辗转藏于甬上郑氏二老阁。全祖望在二老阁主人郑大节的嘱托下,接手续补《宋元学案》。

以往对全祖望补修《宋元学案》初衷的讨论,多归于其不满《宋史·道学传》的狭隘视野,或延续黄宗羲未竟事业的简单解释,认为他续补的目的在于表彰"六百年来儒林所不及知"①者。至于为何要表彰"儒林所不及知"者,学界未作出清晰的解释。其实,全氏的续补有他自己的语境与旨趣。考察全氏补修《宋元学案》的前后问题,才能理解全氏续补的真意。其中,雍正、乾隆之际的《明史》纂修对全祖望的补修有重要影响。

第一节　《明史·儒林传》纂修与
全祖望续补《宋元学案》的历史语境

康熙十九年(1680),《明史》总裁官徐元文等人欲设《理学传》,将明代"学术源流,宜归一是"。但出乎他们意料的是,这一设想竟遭遇了巨大的阻力,除了史馆内部言人人殊之外,馆外的民间学者黄宗羲也对此提出强烈的质疑,以至于纂修工作一度

---

① 　全祖望:《鲒埼亭集》卷第三十《戴山相韩旧塾记》,《全祖望集汇校集注》上册,第580 页。

暂停。在立《理学传》计划失败后，徐元文重新考虑明代学术尤其是阳明心学的安排问题。最后，他决断将王守仁列入《勋臣传》，虽"无立道学名，但立儒林"，但"屏阳明之徒于其中"①，即将阳明后学摒弃于《儒林传》之外。从现存的《明史纪传·儒林传》稿本来看，这一做法的确得到了落实。该《儒林传》共收录 118 位明代学者，但属阳明心学一派的仅有 25 人，至于陈献章及其门人也只有 6 人入传，二者总计也才 31 人，只占全传的四分之一左右。② 原本在中晚明门徒遍天下，几压倒程朱之学的阳明后学群体，在《明史纪传·儒林传》中，反而成为弱势的存在。这也说明，徐元文等人尊朱抑王、整齐学术的纂修理念并未随着《理学传》的废置而消散，而是仍保留其中。

康熙二十九年（1690）左右，《明史》初稿编成前后，总裁徐元文、徐乾学兄弟先后告归，参与纂修的万斯同则被张玉书、陈廷敬挽留，继续参与史稿修订。但此时距康熙朝《明史》开馆已逾十年，当初被任命的纂修总裁或去或卒，在馆者寥寥无几，史馆工作实际上处于停顿状态。

康熙三十三年（1694），康熙再次诏令续修《明史》。担任监修总裁的张玉书、陈廷敬和王鸿绪等人商定，将初稿本纪、列传、志表分开，各专其职，分别审定，最后汇总定稿。陈廷敬负责本纪，张玉书负责志表，王鸿绪则负责列传。万斯同又应王鸿绪之聘，寓居于王氏京邸，参与修订列传史稿。康熙四十一年（1702）四月，《明史列传》脱稿，尚未订正，万斯同病卒于王鸿绪府邸，订正列传史稿的任务则由王鸿绪承担。康熙四十七年（1708），王鸿绪因参与议立皇太子案，遭到康熙的斥责，并于次年以原官解

---

① 　毛奇龄：《西河集》卷一百二十《折客辨学文》，第 306 页。
② 　黄圣修：《一切总归儒林——〈明史·儒林传〉与清初学术研究》，第 157 页。

职归乡。但王氏并未中辍《明史》的纂修,而是将其所负责的《明史列传稿》携归,独自进行修改,并于康熙五十三年(1714)初步完成书稿。康熙五十四年(1715),王鸿绪特召还朝,编修《御纂诗经》,又充《省方盛典》的总裁官。与此同时,他仍进行《明史稿》的修改,最终完成三百一十卷的《明史稿》,并于雍正元年(1723)进呈朝廷。①

在《儒林传》序文中,王鸿绪也表达了对程朱、阳明之学的看法:

> 明代二百七十余年间,能昌明理学者颇众,顾堪与程朱鼎峙,殆难其人。国初诸儒,乃朱氏门徒何、王、金、许之苗裔也。虽稍式微,而矩矱绳墨,俨然具在。其后曹端、薛瑄、吴与弼、胡居仁辈,持论最笃,造诣亦纯,庶几希风伊洛矣。学术之分,则自陈献章始,至王守仁而别立宗旨,显与朱氏枘凿。宗献章者曰江门之学,孤行独诣,教未宏而弊亦少。宗守仁者曰姚江之学,以颖悟为主,聪明才智之士,争相倡和,门徒遍天下,流传逾百年,其教大行,其弊滋甚。考夫正嘉以后,笃信程朱,不迁异说者,无复几人。如吕柟、罗钦顺、高攀龙、顾宪成辈,乃其卓卓者。盖明代诸儒,原不逮宋,故不别标道学之名,而止核其品诣无疵者,作《儒林传》。②

在他看来,明初笃信程朱的学者虽不能与程朱本人相比,但

---

① 黄圣修:《一切总归儒林——〈明史·儒林传〉与清初学术研究》,第166—167页。
② 王鸿绪:《明史稿》列传第一百五十八《儒林一·序》,景印敬慎堂刊本,第6册,台北:文海出版社,1962年,第147页。

可以"希风伊洛"。而从陈献章开始,学术分裂,其学流弊不少。到阳明心学风靡天下后,"其弊滋甚"。言下之意,阳明心学不仅无法与明代程朱学者相比肩,更无缘接续伊洛道统的传授,崇朱抑王的态度在此显露无遗。这一倾向在《儒林传》的具体人员安排中也有清晰的体现。

对比康熙五十三年《明史列传稿》与雍正元年《明史稿》的《儒林传》,王鸿绪将许多原本分散于不同列传的程朱学者,例如阎禹锡、周瑛、潘府、邵宝、杨廉、罗钦顺、吕柟、崔铣等人补入《儒林传》。与康熙本相比,王鸿绪对《儒林传》关于程朱之学实际上作出了重要的处理。因为康熙本的《儒林传》,虽然在某种程度上排挤了王阳明及其后学,却也因为收录人物繁杂的关系,无法凸显出程朱之学的主流地位。透过大量删除与程朱之学无关系的人物,以及补入原本分散在各列传的信奉程朱之学的官员,一方面使得《儒林传》的收录人物更加单纯,另一方面,也增加了程朱之学人物的比重,因此在王鸿绪的删改之下,雍正本《明史稿·儒林传》的收录人物减少了三十人,但程朱之学人物所占比重以及重要性,却反而出现显著的提升。①

不过,与康熙本相比,雍正本《儒林传》卷三中增加了不少白沙弟子(贺钦、陈茂烈等)与阳明后学(如欧阳德、王时槐、许孚远、李材等)的人物。为什么王鸿绪在增补程朱之学人物外,又对白沙与阳明的后学也进行了增补?康熙本《儒林传》中的人物排序,基本按照生卒年作为依据,但在雍正本中,王鸿绪舍弃了按时间先后排序人物的方式,采用以"学术脉络分卷"的方式来处理明代学术的争议,将学术上与程朱之学相近的人物置于卷

---

① 黄圣修:《一切总归儒林——〈明史·儒林传〉与清初学术研究》,第 177 页。

一、卷二,至于程朱以外的学派则统一安置在卷三。所以,从设置的用意来说,王鸿绪虽然增加了白沙、阳明一派的人物,但以学术脉络分卷,将程朱之学与白沙、阳明之学相分,作出更清楚的分隔,并通过分卷的前后次序,进一步强化了程朱之学的道统地位。此外,如过分删减白沙、阳明在《儒林传》中的比重,反而会使《儒林传》远离史实,招来门户之见的骂名,惹来学术争议。而在康熙五十一年(1712)后,朱熹在康熙的主导下,升祀十哲之末,使得程朱之学的地位在朝廷中达到前所未有的高度,消除了阳明学对程朱之学的道统地位的威胁。① 王鸿绪在这种学术氛围下,透过人物增删与分卷次序的调整,一方面提升了程朱之学在《明史稿·儒林传》中的地位,另一方面,也顺应史实,增加阳明一派的记载,作了巧妙的安排。

王鸿绪于雍正元年(1723)上呈《明史稿》后,雍正帝便下旨重开《明史》馆,在监修、总裁等官的选任上,虽先后有隆科多、王顼龄、徐元梦、张廷玉、朱轼等人,但这些人物因获罪或死、或外派他任,只有张廷玉究其始终。换言之,在雍正元年至乾隆四年(1739)《明史》纂修的最后阶段,都是由张廷玉领衔具奏,张氏也成为《明史》定稿阶段最关键的人物。与康熙相比,雍正只在即位之初对《明史》的纂修有过关心,之后便完全交由《明史》馆的纂修官自行处理,以致出现雍正元年重开《明史》馆后,"未几,他任四出,留馆者数人而已",而且"开馆五年,尚未一卷进呈"的惨淡景象。②

作为雍正最信任的大臣之一,对总裁官张廷玉而言,《明史》

① 黄圣修:《一切总归儒林——〈明史·儒林传〉与清初学术研究》,第177—179页。
② 杨椿:《孟邻堂文钞》卷二《上明史馆总裁书》,《清代诗文集汇编》景印清嘉庆二十四年红梅阁刻本,第238册,第22页。

纂修已历经数十年，却迟迟未能完成，其内心的焦急程度可想而知。因此，如何在短时间内快速有效地完成史稿，成为他的首要任务。但受限于人员与史料等问题，要纂修出符合朝廷意旨，让雍正满意，且不引起朝野争论的《明史·儒林传》，最快速且可行的方法就是采用现有的王鸿绪《明史稿》，进行《明史·儒林传》的最后定稿。雍正十三年（1735）十二月，《明史》全书告成，乾隆四年（1739）七月正式刊刻，即今日通行的《明史》武英殿本。从结果来看，武英殿本确实只是对王鸿绪史稿作简单的修订润色，然后对史事加以褒贬和论赞，对史实准确与否，则并未多加考虑。

不过，在《儒林传》的处理上也有一定的改动。在武英殿本中，除了少数儒学人物以事功改入列传，以及赵扬谦等人于《儒林》《文苑》两传中调换，其余人物几乎与徐乾学、徐元文的《修史条议》所列入传建议相同。可以说，张廷玉在纂定《明史·儒林传》时，在底本上虽采用了王鸿绪的《明史稿·儒林传》，体例上却是以《修史条议》"理学四款"作为调整的标准。武英殿本虽舍弃了《理学传》之名，却保留了《理学传》之实，使得原本在王鸿绪《明史稿·儒林传》中已经出现的"学术脉络分卷"方式，得到了进一步的完善，从而加强了程朱理学在明代儒学中的道统地位，使理学人物能够超越年齿、师承或是其他学术分类的方式，占据《儒林传》首传的位置，成为国家所认定的学术正统。① 张廷玉的处置虽略显隐讳，但崇朱抑王的主张而是得到进一步的增强。

对总裁张廷玉等人直接采用而不改动王鸿绪史稿的编纂方针，参与纂修的杨椿颇持异议，他几度上书申述己见。首先，他

---

① 黄圣修：《一切总归儒林——〈明史·儒林传〉与清初学术研究》，第 193 页。

对王鸿绪稿基本持否定态度,称王氏"深文巧诋,罗织为工,而名臣事迹则妄加删抹,往往有并其姓名不著者"①,导致史实舛漏百出,不足征信。因此,杨椿极力主张对王氏史稿详加考证。同时,他又主张在考证过程中,对史料更要细致辨析、鉴别,因为"明代国史未修,所存者只有《实录》,洪、永两朝语多忌讳,其事略而不详。洪、宣而后,史官好恶常颇不得不采之于稗史。稗史中,传信纪实者固有;剿闻剽见,私骋胸臆,览之若瑰奇可喜,考之茫无根据者,亦不少。若遽以为凭,则是非必将颠倒,真伪必致混淆"②。然而,尽管杨椿多次上书抗争,但其专注于史实考据的主张基本未被张廷玉采纳。甚至杨椿曾因在史馆多发此种议论,遭到张廷玉的斥责。因为对张廷玉来说,杨椿的提议只是喋喋不休的迂腐之见,只会延迟《明史》的最后纂修及完稿。

《明史》于乾隆四年(1739)七月刊刻完成,八月初七日,乾隆帝即下谕编纂《明纪纲目》,谕旨:"(朱熹)《通鉴纲目》书法谨严,得圣人褒贬是非之义。……今武英殿刊刻《明史》将次告竣,应仿朱子义例编纂《明纪纲目》,传示来兹。"③以大学士鄂尔泰、张廷玉为总裁官,组建《明纪纲目》馆,杨椿仍被召入《明纪纲目》馆任纂修官。

与纂修《明史》的情景相比,杨椿在编纂《明纪纲目》时同样多被掣肘,有志难伸。总裁鄂尔泰、张廷玉一味迎合乾隆帝仿朱熹"褒贬是非之义"的修史旨趣,对是书的书法、义例和编排方式颇费心机,史事记载则完全以《明史》为本,而不论是否讹误。如

---

① 杨椿:《孟邻堂文钞》卷二《再上〈明鉴纲目〉馆总裁书》,第 26 页。
② 杨椿:《孟邻堂文钞》卷二《上〈明史〉馆总裁书》,第 23 页。
③ 《清高宗实录》卷九八"乾隆四年八月辛巳"条,《清实录》第 10 册,北京:中华书局,1986 年,第 486 页。

张廷玉等就主张"《明史》已成,是非已定。馆中虽有《实录》及名人撰述,无庸再为考核。但当据《本纪》为纲,《志》《传》为目,掇拾成之足矣"①。但杨椿对总裁官制定的这种编纂方针深表不满,先后两次上书提出异议,对《明史》史实舛漏提出尖锐的指摘,希望能如实地辨别、考证史料。然而,总裁对杨椿的建议根本不予理睬。杨椿再次上书,然仍未能改变既定的修纂方针。乾隆十一年(1746)闰三月,《明纪纲目》按照既定纂修方针而告成。

从思想取向来说,自康熙时期徐元文、徐乾学以《修史条议》"理学四款",作为《儒林传》最初的纂修纲要,经王鸿绪的中间修订,再到张廷玉的最后纂定,《明史·儒林传》崇朱抑王的思想特征并未停止,而是进一步增强,反映了清代官方企图以程朱之学作为正统的明代学术史论述,以重建本朝的思想基调,实现学术源流的"归于一是",因此清廷官方虽未封杀阳明心学,但对其态度是可想而知的。

而从总裁与纂修者的关系来看,如果说自康熙十八年(1679)至雍正元年(1723)王鸿绪进呈《明史稿》为止,可以视为学者与学者型官员共同主导纂修的时期,在这段时间内,不论是任职于馆内的纂修官员,还是身处江湖的民间学者,都相当关注《明史》的纂修动态,并提出诸多意见。总裁、监修官也积极向朝野学者征询相关问题,呈现出相对自由开放的学风。而从雍正元年再次开馆后,在张廷玉的主导下,否决了杨椿关于重订明代史事的建议,采用王鸿绪《明史稿》为底本,认为无须做大幅度的修订。因为张廷玉并非真有意于史学或学术,从而决定了此次

———————

① 杨椿:《孟邻堂文钞》卷二《上〈明鉴纲目〉馆总裁书》,第23页。

《明史》纂修不再具备学术性的史事或义例论辩,转而进入以政治型官员为主导的《明史》纂修阶段,参纂者的意见基本遭到搁置甚至反对,其学术空间更为逼仄。而对生活于雍乾之际的全祖望来说,参修《明史》一直是其毕生志愿。而与杨椿相比,他所受到的压制可谓有过之而无不及。

全祖望自幼博学多识,雍正十年(1732)一举中北京乡试,"一时名下俱愿纳交先生"①,并深得名儒方苞、李绂的赏识,名噪京城。但由于全氏性格狷介,不愿攀附青云,所愿交者,"李、万之外,惟灵皋先生、坦斋王侍郎、济寰曹给事、谢石林侍御、郑筼谷侍讲数人而已"②。据其弟子董秉纯记载,全祖望中举后,"时相之门虽屡招之",他却不赴,卒被"深嫉之"。在这里,董氏隐去了"时相"之名,全氏另一弟子蒋学镛则毫不讳言地指出,"时相"即大学士张廷玉③。据蒋学镛所述,全氏得罪张廷玉,还有一重要原因是"相国方与李阁学穆堂、方侍郎灵皋交恶,而先生于二公极欢"④。全祖望既不赴召,又与张氏交恶的李绂、方苞相契,自然进一步激怒了张廷玉。

随后的乾隆元年(1736),全祖望考中进士,入翰林院任庶吉士,旋又被荐应博学鸿词科,自以为可大展"有得而又有闻"的济世宏图。而此时执掌翰林院的张廷玉对全氏早怀恨在心,遂特

---

① 董秉纯:《全谢山年谱》,《鲒埼亭集内编》卷首,《全祖望集汇校集注》上册,第13页。
② 董秉纯:《全谢山年谱》,《鲒埼亭集内编》卷首,《全祖望集汇校集注》上册,第13页。
③ 蒋学镛:《樗庵存稿》卷二《书〈全谢山先生年谱〉后》,《清代诗文集汇编》第411册,第24页。
④ 蒋学镛:《樗庵存稿》卷二《书〈全谢山先生年谱〉后》,《清代诗文集汇编》第411册,第24页。

奏"凡经保举而已成进士入词林者，不必再与鸿博之试"，全氏结果自然阙试。就清代而言，博学鸿词科是《明史》纂修人才最重要的来源之一。乾隆元年的博学鸿词科，所举人才虽因《明史》纂修大体告竣，未能全部参与《明史》纂修，但仍有部分学者如夏之蓉等人先后参与。① 对全祖望来说，参修《明史》是其人生重要的志趣。在乾隆元年，他就移帖六通给当时的《明史》馆，与史馆商榷《艺文志》《史表》《隐逸传》《忠义传》的义例问题。全氏被取消参试博学鸿词，等于参修《明史》之路被封杀，这对他而言，不啻梦想之破灭。全祖望不得与试，心有怨恨，竟仍以博学鸿词科考题"六五天地之中合"拟赋一篇，以示其才，其在序中言"予因词科出是题拟作进卷"②，明显透露出自己对强权压制的愤懑。然而，就当时政治形势而言，得罪甚至激怒张廷玉，无异于自断前程。全氏这一意气轻率之举，果然很快遭到张廷玉的报复。

散馆考试后，张廷玉竟直接列全祖望为下等，甚至连其"舅氏蒋季眉先生亦同被黜"③。按旧例，即使散馆列为下等，仍可留任翰林院，但张廷玉再次施压，令全氏外补知县。全祖望实在无法接受这一近乎侮辱式的遭际，一怒而弃职选择南归。即使恩师方苞屡屡劝慰，并盛邀其入三礼馆之荐，全氏仍一再辞谢，带着满腹愤懑，于当年十月出都返里。相较入京时的"声誉腾起"，以及"一时名下俱愿纳交"，出京南归后的全祖望可谓贫病且饔飧不给。在这犹如天壤的顺逆之间，其心境之落差可想而知。

---

① 黄圣修：《一切总归儒林——〈明史·儒林传〉与清初学术研究》，第 356 页。
② 全祖望：《鲒埼亭集》卷第二《五六天地之中合赋》，《全祖望集汇校集注》上册，第 66 页。
③ 董秉纯：《全谢山年谱》，《鲒埼亭集内编》卷首，《全祖望集汇校集注》上册，第 16 页。

故每当日后触及此事，全祖望屡用"放黜""放废"之词来指代，一方面固然是自我解嘲，另一方面又何尝不是对朝中权臣的忿恨。

在论杜牧一文中，他为杜牧的怀才不遇而鸣不平：

> 天下之难得者才也，仅而生之，而或有人焉抑之，或又不能随时知进退得丧，急求表见，而反自小之，是非特其人之不幸也，天下之不幸也。吾愿操大钧之柄者，其无以成见为用舍，春容而陶铸之；而负瑰奇之器者，其无以一掷不中遂蕉萃而丧其天年，其庶几乎。①

所谓的"操大钧之柄者，其无以成见为用舍"，正是对权臣压制人才的抨击，故其弟子蒋学镛称"此文末数行，盖先生方为桐城张相国所抑，殆自喻也"②。

全祖望为何不赴张廷玉之招纳，一方面与方苞、李绂二人与张氏不合有关，另一方面亦与其个人持守有关。他对当时门生攀附座主的奔竞风习深为鄙斥，在他眼中：

> 古之事师也，如君如亲，不为不厚，然特左右服勤心丧而已。今世之事师，主于报恩，其子弟至数世，犹责望其汲引，勒索其财帛，苟不称所求，谓之负德。呜呼！吾不解世风之坏至此，直谓之丧其心可也。③

---

① 全祖望：《鲒埼亭集外编》卷三十七《杜牧之论》，《全祖望集汇校集注》中册，第1513页。

② 全祖望：《鲒埼亭集外编》卷三十七《杜牧之论》蒋学镛注，《全祖望集汇校集注》中册，第1513页。

③ 全祖望：《鲒埼亭集外编》卷三十八《门生论》，《全祖望集汇校集注》中册，第1541页。

　　原本以道德、学问传授为纽带的师徒关系竟沦落成钱财、利益之交易，纯粹成为利益的胶漆盆，这对素负气节的全氏来说，绝对是无法容忍的。全氏还称他将此观点告知他人，结果是"群然骇之"。他们反而告诫全氏，认为此举无异于"自绝其进取之阶"①。全氏对这些无耻之举，愈加嫉之如仇。对康熙朝许多士人攀附李光地之门墙，他不畏时论，怒斥他们"震于其门墙之盛，争附其学统，殊为可悲"。可以想象，在全氏的视域中，当时人已默然形成一种官场潜规则：门生依附座主，以谋取自身利益；而座主招罗门生，以羽翼势力。全祖望不愿卷入其中，故对张廷玉之招，拒绝不赴。

　　此前曾述，全祖望对当时的《明史》纂修给予高度关注，曾移帖史馆，阐说自己对《明史》的见解。考察全氏六帖，其重要内容是期冀《明史》能如实反映有明一代之史实：一是在《艺文志》上，要旁搜博采，广加著录。于史部，"有系于一代之事"，皆当详载。别集以下，幕府微僚、通人德士，甚至草野孤行之人，都应该"详其邑里，纪其行事，使后世读是书者，得有所据，以补列传之所不备"②。当然，在博摭人物、书名的同时，全氏也强调，必须辨别真伪，防止疏漏；二是主张将明遗民列入《忠义传》，不以殉国作为衡量士人报国的标准。他说："士之报国，原自各有分限，未尝概以一死期之"，驳斥"非杀身不可以言忠"的言论。③ 因此，在他看来，《明史·忠义传》应"博讨于忠义、卓行、隐逸之科，而归之于

① 全祖望：《鲒埼亭集外编》卷三十八《门生论》，《全祖望集汇校集注》中册，第1543页。
② 全祖望：《鲒埼亭集外编》卷四十二《移明史馆帖子二》，《全祖望集汇校集注》中册，第1646页。
③ 全祖望：《鲒埼亭集外编》卷四十二《移明史馆帖子五》，《全祖望集汇校集注》中册，第1651页。

至是"①。言下之意,不应泯灭明清之际那些遗民苦心亮节的忠义、卓行。

全祖望的这些建议虽有见识,但尤其是第二条,触及当时政治忌讳,自不被纂修者纳用。总裁张廷玉对馆内纂修者的意见已表现出不屑甚至斥责,对馆外全祖望的建议,自然更是厌烦有加。一系列挫败的叠加,使得全祖望对《明史》的态度较他人更为复杂。

而从学术旨趣来看,全祖望与力主陆学的李绂互为挚交,思想深受后者的影响,对陆王心学甚抱好感。他自己又私淑黄宗羲,而梨洲正是阳明学统一脉。是故,对于《明史·儒林传》这一"崇朱抑王"的布局,其内心自然是无法接受的。但《明史》是朝廷钦颁之巨典,其《儒林传》是对有明一代学术的盖棺定论。全氏虽有间言,然受制于外在的政治,自不能直接流露自己的心迹,只能借助其他渠道隐讳表达。

在清初,面对异族的统治以及残酷的现实,明遗民不能直接描述明清之际的史事,但又深怀亡国之痛,不忍泯没这段抗争史尤其是其中的忠义事迹与精神。在这两难的困局中,他们常借与明清鼎革相似的宋元之际历史为隐喻,将《宋史》改修或补撰作为寄托。如顾炎武、黄宗羲等均有重修《宋史》的意愿,当然,二人大多聚焦于抗击异族的英烈与宋元之际的历史。万斯同对《宋史》记载史事的评论,也多集中于宋遗民。朱子素、李长科、朱明德、万斯同、邵廷采等人亦编纂了大量关于宋遗民的史籍,以补《宋史》不足。这些人重修、编纂《宋史》的目的,可谓不言自

① 全祖望:《鲒埼亭集外编》卷四十二《移明史馆帖子五》,《全祖望集汇校集注》中册,第1652页。

明。正如赵园所说:"'宋'一向被作为明代以及明清之际士人参验考察明世、明士、明政的重要文本。士人以说'宋'为有关自身的存在描述,说宋也即其时故明批评得以展开的形式。"①简而言之,借诸宋史来观照当代已成为清初明遗民的文化自觉。

全祖望身处雍正、乾隆之际,政治环境与时代背景已然与明遗民有别,②亦不存在亡国之痛,②但在文化表达上却自觉延续了这一内在传统。全祖望移帖明史馆,主张将明遗民归入《忠义传》,即是对万斯同思路的延续。万氏主张以《宋史》《元史》为例,将明末遗民列入《忠义传》,原因是《宋史》从理论上把"忠义"之人分为四种,其中就涵括"毁迹冥遁、保厥初心,……布衣危言,婴鳞触讳"的旧朝遗民。③ 其在《宋季忠义录》中也提出"周之顽民即商之义士"的忠义原则。尽管万氏之说曾引起"论者龁之"的非议,但全祖望在深知这一点的情况下仍继续采用,表明其对黄宗羲、万斯同思想的继承。全氏的观点既然已无法在《明史》纂修上发挥效力,他便把话语转移到《宋史》上来。因此,在得知二老阁有《宋元学案》的残稿后,他便毫不犹豫地接受郑大节的建议,孜孜续修学案,并不断增订,直到逝世。

① 赵园:《明清之际士大夫研究》,北京:北京大学出版社,1999 年,第 444 页。
② 关于全祖望是否"素负民族气节",学界形成迥然不同的两派观点。刘师培、梁启超、陈垣、谢国桢、方祖猷、徐光仁等人认为全祖望有出于故国之思的民族思想。而仓修良、高国抗、侯若霞、吕建楚、陈永明认为全祖望因仰慕先贤才写下大量的南明人物传,其着眼点不再是政治上认同明朝,也未继承他们的反清观念,而是从道德、儒家观念歌赞气节,以正人心,他们中有的甚至指出全氏有歌颂清朝的文字。其实,对于全祖望是否"素负民族气节"的争议,与其说是史料依据的不同,不如说是解读者自身语境的表达。
③ 朱端强:《万斯同〈明史〉修纂思想条辨》,《南开学报》(哲学社会科学版)1996 年第 2 期。

第二节　从梨洲原本到全氏补本：
全祖望眼中的宋元儒学史

一、全祖望补修《宋元学案》的过程

翻检目前与全祖望相涉的文献，关于其补修《宋元学案》最早的明确记载，是全氏于乾隆十年（1745）所作的《仲春仲丁之鹳浦，陪祭梨洲先生》诗。① 诗中云：“《宋元儒案》多宗旨，肯令遗书叹失传。”后注：“时临之属予续成先生《宋元学案》。”② “临之”即宁波二老阁郑氏后人郑大节。因黄宗羲孙黄千人将所抄录的《宋元学案》梨洲稿本藏至二老阁，故全祖望有机会得见。他感慨原稿残缺，并在郑大节的嘱托下开始补修。也即在是年后，有关全氏补修的记载逐渐增多，据门人董秉纯《全谢山年谱》记载：

① 当然，全祖望关于宋元儒学的讨论，还可以追溯到更早的时间。据全氏弟子董秉纯记载，雍正十一年（1733），全祖望居北京紫藤轩，与李绂论《陆氏学案》，四次致书李绂，提出自己意见。乾隆元年（1736），全氏中进士后在翰林院又与李绂共读《永乐大典》，所抄书有“高氏《春秋义宗》、荆公《周礼新义》、曹放斋《诗说》、刘公是《文钞》、唐说斋《文钞》、史真隐《尚书》《周礼》《论语解》、《二袁先生文钞》《永乐宁波府志》”，这些书“皆世所绝无，而仅见之《大典》”（《全谢山年谱》，《鲒埼亭集内编》卷首《全祖望集汇校集注》上册，第 15 页）。这些很可能是为重修《宋元学案》做准备，因此王梓材认为：“忆昔谢山翁，好学真无匹。论儒及宋元，补案鲜暇日。发源自穆堂，相投如胶漆。”（王梓材：《醉经书屋文稿·题寿藤图并序》，《清代诗文集汇编》第 574 册，第 716 页。）指出全氏补《宋元学案》是受李绂的影响。此外，据王梓材所见，卢镐所藏《宋元学案》全祖望修补稿中有全氏早期的手稿，认为“陆门诸子小传，谢山笔迹稍异，盖与临川李氏论陆氏学案时所茸”（王梓材、冯云濠：《宋元学案考略》，《宋元学案》前辅文，第 18 页）。

② 全祖望：《鲒埼亭诗集》卷四《仲春仲丁之鹳浦，陪祭梨洲先生》，《全祖望集汇校集注》下册，第 2117 页。

　　（乾隆十一年）自苕上至吴门，……舟中取南雷黄氏《宋儒学案》未成之本编次序目，重为增定。……夏过维扬，再馆马氏畲经堂，编纂《学案》。①

　　（乾隆十二年）二月至湖上，上巳后，重过水木明瑟园，谋刻《宋儒学案》。……夏，返武林，修《宋儒学案》。②

　　（乾隆十九年）（赴扬州）仍居畲经堂，……仍治《水经》，兼补《学案》。③

　　据这些记载可判断，尽管不排除全祖望此前曾闻知此书之可能，但其真正有意识并着手续补，绝不会早于乾隆十年（1745）。董秉纯称乾隆十二年（1747），全祖望曾有"谋刻《宋儒学案》"的计划。不过，从不断"编次序目，重为增定"的记载来看，全祖望此时的《宋儒学案》规模不会太大，远未达到"六百年来儒林所不及知，而予表而出之者"④的目标，故又取消刊刻的念头，并于同年夏继续修补。由于在补修学案的同时，全祖望又忙于笺疏《水经注》诸著述，故直到乾隆二十年（1755）病逝，仍未完成学案续补。综全祖望生前，仅《序录》一册及第十七卷《横渠学案》上卷已刊刻，第十八卷"已刻数版而辍"⑤。

　　今日所见王梓材、冯云濠校定的《宋元学案》百卷通行本，内

————————

① 董秉纯：《全谢山年谱》，《鲒埼亭集内编》卷首，《全祖望集汇校集注》上册，第20页。
② 董秉纯：《全谢山年谱》，《鲒埼亭集内编》卷首，《全祖望集汇校集注》上册，第20页。
③ 董秉纯：《全谢山年谱》，《鲒埼亭集内编》卷首，《全祖望集汇校集注》上册，第24页。
④ 全祖望：《鲒埼亭集》卷第三十《截山相韩旧塾记》，《全祖望集汇校集注》上册，第580页。
⑤ 王梓材、冯云濠：《宋元学案考略》，《宋元学案》前辅文，第17页。

容编排皆按全氏《序录》进行。其实,在编定《序录》之前,全祖望还曾有设置其他学案的计划。如全氏曾预设《盱江学案》(李觏)①、《微之学案》(李心传)②、《潘王诸子学案》(潘良贵、王居正)③、《澹庵学案》(胡铨)④、《习庵学案》(陈埙)⑤、《定宇学案》(陈栎)、《仲子学案》(胡翰)⑥、《东山学案》(赵汸)⑦、《滏水学案》(赵秉文)⑧,只是后来取消,并入其他案中。而《序录》所定的学案名,许多亦有原称,如《沧洲诸儒学案》原名《朱子弟子学案》⑨,《平江学案》后改《震泽学案》⑩,《王张诸儒学案》原名《康节弟子

---

① 王梓材案语:"卢氏所藏《学案》原底,于先生门人孙介夫传标云《盱江》,知谢山尝立《盱江学案》。检原底《序录》,《士刘诸儒学案》条有'江楚则有李觏'句,后定刊本又节之,盖以《盱江》并入《高平》尔。"(第155页)

② 李心传传后有王梓材案语:"卢氏藏底,谢山于是条标云'入《微之学案》',是谢山本为先生立一《学案》,而《序录》无之,故以其家学并入于此。"(第1088页)

③ 潘良贵传后有王梓材案语:"谢山原底标目,以先生与王先生居正、廖先生刚、高先生闶、喻先生樗为《潘王诸子学案》。盖龟山门下最盛,默堂、豫章、横浦而外,诸子将别为《学案》,后又归并龟山尔。"(第964页)

④ 胡铨传后有王梓材案语:"谢山底本标题有《澹庵学案》之目,知其于《澹庵集》与其学派必多采录,惜经并入武夷,而其稿不全。"(第1188页)

⑤ 《宋元学案》卷八十六《东发学案》陈著传末有王梓材案语引谢山《学案札记》云:"陈本堂当入《习庵学案》,以其为习庵侄也。"(第2901页)

⑥ 王梓材在四十二卷本《宋元学案补遗》卷首胪列了全氏《序录》定本未载的学案名:"《盱江学案》《潘王诸儒学案》《澹庵学案》《微之学案》《定宇学案》《仲子学案》《东山学案》《滏水学案》。"并附有案语:"卢氏所藏学案底本,标题札记有诸学案名目,今据谢山定次《序录》,皆当附入百卷之中。……《定宇》入《沧洲诸儒学案》,《仲子》入《北山四先生学案》。"见《稿本宋元学案补遗》卷首《学案序录附识》,北京:北京图书馆出版社,2002年,第18页。

⑦ 《草庐学案》赵汸传后有王梓材案语:"谢山原底标题有《东山学案》之目,《序录》无之,而并失其稿,兹从姚江补本增入。"(第3089页)

⑧ 《屏山诸儒集略》赵秉文传后有王梓材案语:"卢氏所藏原底,谢山本为滏水别立学案,而百卷《序录》无之,盖已归并屏山之后矣。"(第3320页)

⑨ 《宋元学案》卷二十五《龟山学案》,第984页。

⑩ 《宋元学案》卷二十九《震泽学案》,第1047页。

学案》①,《豫章延平学案》定《序录》时省称《豫章学案》②,《赵张诸儒学案》原作《赵张二公学案》③,等等,正反映出全祖望"旁搜不遗,重为增定"的过程。

　　值得一说的是,在全祖望手上,《宋儒学案》与《元儒学案》开始合为一书,称为《宋元儒学案》或《宋元学案》。全祖望所作《梨洲先生神道碑文》载,黄宗羲晚年"于《明儒学案》外,又辑《宋儒学案》《元儒学案》,以志七百年来儒苑门户。于《明文案》外,又辑《续宋文鉴》《元文抄》以补吕、苏二家之阙,尚未成编而卒"④。可知,黄宗羲晚年所纂著作,关于宋元儒学方面的是《宋儒学案》《元儒学案》,宋元文学方面的是《续宋文鉴》《元文抄》,这也说明《宋儒学案》《元儒学案》与《续宋文鉴》《元文抄》是相对应的,作为两部书进行编纂。黄百家在纂辑时,继承了梨洲的思路,分《宋儒学案》与《元儒学案》两书进行续补。在全祖望补修学案时,也多次提及《宋儒学案》与《元儒学案》之名。

　　对于《宋儒学案》与《元儒学案》是否为一书的问题,冯云濠作出的判断是"《明儒学案》六十二卷,而《宋儒学案》《元儒学案》不言卷数,未知其画为二书否也。观谢山所定《序录》,自宋及元,合为百卷,宜合称《宋元学案》。其专称《宋儒学案》者,举宋以概元也。"⑤冯氏不能确定《宋儒学案》《元儒学案》是否为两书,

---

①　《宋元学案》卷三十三《王张诸儒学案》,第1160页。

②　王梓材在《豫章学案序录》小字注云:"李文靖以下,谢山始称《道南学案》,后改延平与文质合称《豫章延平学案》,定《序录》则专称豫章,故延平亦不别为标目云。"(第1270页)

③　《宋元学案》卷四十四《赵张诸儒学案》,第1411页。

④　全祖望:《鲒埼亭集》卷第十一《梨洲先生神道碑文》,《全祖望集汇校集注》上册,第222页。

⑤　冯云濠案语,《宋元学案》前辅文《宋元学案考略》,第16页。

又猜测全祖望所提及的《宋儒学案》是"举宋以概元",即《宋儒学案》包括《宋儒学案》与《元儒学案》两书,值得商榷。我们来看全祖望所提及的《宋儒学案》或《元儒学案》的相关诗文。如在《戴山相韩旧塾记》中称:"予续南雷《宋儒学案》,旁搜不遗余力,盖有六百年来儒林所不及知,而予表而出之者。"①此处描写的是宋代戴山韩氏家族。在《北窗炙輠题词》中,全祖望云"予续修《宋儒学案》,是书引用独多"②,评论对象是南宋施德操的《北窗炙輠》。在《游景叔墓志跋》一文中,全氏称得到北宋游师雄的墓志,"予方修《宋儒学案》,得之,为之喜而加飡"③。《广平先生类稿序》也提及称:"时南雷方辑《宋儒学案》,为撮其论道之精者,以及常平义仓、盐法、茶法、保长、学政诸科,可以见之施行者,其辑《宋文钞》亦录其尤。"④所论人物是南宋舒璘。另外,全氏有一诗歌咏修补《学案》,篇名《舟中编次南雷〈宋儒学案〉序目》,其编次的内容是"关洛源流"⑤。梳理这些诗文中提及的《宋儒学案》,其针对的对象都是宋代人物,无一是元代诸儒。而在《书〈刘文靖公退斋记〉后》中,全祖望记载的是"适校《元儒学案》,因表此

---

① 全祖望:《鲒埼亭集》卷第三十《戴山相韩旧塾记》,《全祖望集汇校集注》上册,第580页。

② 全祖望:《鲒埼亭集》卷第三十一《北窗炙輠题词》,《全祖望集汇校集注》上册,第594页。

③ 全祖望:《鲒埼亭集》卷第三十八《游景叔墓志跋》,《全祖望集汇校集注》上册,第733页。

④ 全祖望:《鲒埼亭集外编》卷二十四《广平先生类稿序》,《全祖望集汇校集注》中册,第1194页。

⑤ 全祖望:《鲒埼亭诗集》卷五《舟中编次南雷〈宋儒学案〉序目》,《全祖望集汇校集注》下册,第2151页。

案,附之于后,以存先儒异同之故焉"①,因为题跋的内容是关于
元代儒者刘因,所以全祖望提及的是《元儒学案》,而非《宋儒学
案》。综合这些可以判断,全祖望提及的《宋儒学案》并不包括
《元儒学案》。

从现存《宋元学案》藏稿来看,全祖望一开始的确也是分《宋
儒学案》《元儒学案》两部书展开修补,如余姚博物馆所藏《宋元
学案》黄璋校补本的底本是卢镐所藏全氏修补稿,该稿中保留有
全祖望的补修手迹,如在第十九册草稿本《鸣道学案》,卷首题
"梨洲先生宋儒学案卷一百,后学全祖望续修,郑大节、毛德基
校",黄直垕判断"此系全榭山续修,郑义门校订"②。第二十册各
学案前又有"元儒学案"等字样。至于《宋儒学案》与《元儒学案》
何时开始合为一部书? 虽无史料明确记载,但王梓材在介绍二
老阁郑氏刊本时有所透露:

> 谢山先生盖又以《学案》谋刻于郑氏,第所刻止《序录》
> 与第十七卷《横渠学案》上卷,《序录》为谢山先生定本,百卷
> 之次首尾完密。③

从二老阁刊刻的《序录》定本"百卷之次首尾完密",可知在
《序录》中,有关宋元诸儒的学案是合在一起叙述的,共有百卷的
规模,《宋儒学案》与《元儒学案》也合为一书,由此还可以推测,
在全祖望手定《序录》时,书名也改为《宋元儒学案》,或简称《宋

---

① 全祖望:《鲒埼亭集外编》卷三十三《书刘文靖公退斋记后》,《全祖望集汇校集
　注》中册,第1419页。
② 余姚本《宋元学案》第十九册《鸣道学案》。
③ 王梓材、冯云濠:《宋元学案考略》,《宋元学案》前辅文,第17页。

元学案》。但是黄璋父子在校补学案时,并未采用全氏的《序录》,而是大体以恢复梨洲原本为目标,又重新将《宋儒学案》与《元儒学案》拆开,作为两部书校补,只是在卷首的《发凡》《序录》中标示《宋元儒学案》。王梓材、冯云濠在校定时,起初并未确定统一条例,所以出现《宋元学案》《宋儒学案》并立的现象。今浙江图书馆藏的冯云濠、王梓材手抄校稿本是目前所知最接近冯云濠、王梓材道光十八年醉经阁刻本前的手稿本,其对书名的题署也出现不同的写法。如在第一册中,有《宋元学案考略》《校刊宋元学案条例》《宋元学案总目》等以《宋元学案》为名的书名,但在第一册到第四十一册中,书名却题为《宋儒学案》,第四十二册至第四十五册则又称《宋儒学案备览》。直到后来,王、冯二人才正式确定体例,完全采用全氏《序录》的编排样式,对全书进行校定,形成《宋元学案》百卷本,从而将《宋儒学案》与《元儒学案》正式合为一书,成为今日的通行本。

在《宋元学案》百卷刊本中,关于孰是梨洲原稿,孰是谢山增补,王梓材皆有清晰说明。其《校刊条例》云,"梨洲原本所有,而为谢山增损者"标为"黄某原本,全某修定";"梨洲原本所无,而为谢山特立者"标为"全某补本";"梨洲原本,谢山唯分其卷第者"标为"黄某原本,全某次定";"梨洲原本,谢山分其卷第而特为立案者"标为"黄某原本,全某补定"。[①] 因此,所谓标"全某修定""全某次定"的,均只是对梨洲原稿略作内容修改、重新分卷,学案非全氏所创。而标"全某补本""黄某原本,全某补定"者均是全祖望新立的学案,二者的区别在于前者是梨洲原稿无传,后者则指梨洲稿中有传,但附于他案,全氏予以单独立案。所以王

---

① 王梓材:《校刊宋元学案条例》,《宋元学案》前辅文,第21页。

梓材又说:"盖次定无所谓修补,补本无所谓原本,修定必有所由来,补定兼著其特立也。"①

按王梓材的判断及统计,《宋元学案》有关黄、全各自部分的状况是:

1.梨洲原本,全氏修定、次定的学案:安定、泰山、百源、濂溪、明道、伊川、横渠、上蔡、龟山、鸢山、和靖、武夷、豫章、横浦、艾轩、晦翁、南轩、东莱、梭山复斋、象山、勉斋、潜庵、木钟、北溪、鹤山、西山真氏、北山四先生、双峰、介轩、鲁斋、草庐。

2.梨洲原本、全氏补定的学案:华阳②、荥阳、兼山③、刘李诸儒、吕范诸儒、周许诸儒、王张诸儒、紫微、汉上④、衡麓、五峰、刘胡诸儒、艮斋、止斋、水心、龙川、西山蔡氏、南湖、九峰、沧洲诸儒、岳麓诸儒、二江诸儒⑤、丽泽诸儒、慈湖、絜斋、广平定川、槐堂诸儒、深宁、东发、静清、静修、静明宝峰。

---

① 王梓材:《校刊宋元学案条例》,《宋元学案》前辅文,第21页。

② 在《宋元学案》刊本中,王梓材标《华阳学案》为"全氏补本",然范祖禹在《宋元学案》成书前的黄宗羲《理学录·河南学派》中有传,且传文内容相同,说明此传为梨洲原稿,全氏单独立案,按王梓材"校刊条例",《华阳学案》当标"黄氏原本,全氏补定"。

③ 在《宋元学案》刊本中,王梓材标《兼山学案》为"全氏补本",然郭忠孝在《宋元学案》成书前的黄宗羲《理学录·河南学派》中有传,且传文内容相同,说明此传为梨洲原稿,全氏单独立案,按王梓材"校刊条例",《兼山学案》当标"黄氏原本,全氏补定"。

④ 在《宋元学案》刊本中,王梓材标《汉上学案》为"全氏补本",然朱震在《宋元学案》成书前的黄宗羲《理学录·湖南学派》中有传,且传文内容相同,说明此传为梨洲原稿,全氏单独立案,按王梓材"校刊条例",《汉上学案》当标"黄氏原本,全氏补定"。

⑤ 《岳麓诸儒》《二江诸儒》在刊本中分别标"黄氏原本、全氏补定""全氏补本",然两案同为南轩弟子学案,两卷弟子原先多附于梨洲原本《南轩学案》(如《二江诸儒学案》的范仲黼、陈平甫传,均是"梨洲原本在《南轩学案》,自谢山修改,以入是卷"),按"校刊条例",《二江诸儒》亦当标"黄氏原本、全氏补定"。

3. 全氏补本的学案:高平、庐陵、古灵四先生、士刘诸儒、涑水、范吕诸儒、元城、景迂、震泽、陈邹诸儒、默堂、赵张诸儒、范许诸儒、玉山、清江、说斋、徐陈诸儒、张祝诸儒、丘刘诸儒、存斋晦静息庵、巽斋、师山、萧同诸儒、元祐党案、庆元党案、荆公新学略、苏氏蜀学略、屏山鸣道集说略。

从全书整体架构来看,全氏补本虽以梨洲原本为基础展开,但与梨洲原本的 31 个学案相比,"全氏补定""全氏补本"的学案有 60 个,确定了全书 91 个学案共 100 卷的规模,大大拓展了黄宗羲对宋元理学史的认识视域。作为黄氏的私淑弟子,全祖望为何增补大量学案,其背后究竟反映了他什么样的思想史观以及学术诉求?

二、超越朱、陆与合"道""儒""文"于一的儒学史

从学术渊源与交谊网络考察,无论是私淑黄宗羲,还是与李绂、方苞等人的契合,全祖望的学术思想和倾向与阳明学更为接近。而当时朝野的学术思潮是尊朱辟王,对陆王心学一派基本持否定态度,以致李绂等人当时虽欲为陆王心学回护却均受到不同程度的抵制。《明史》虽不立《理学传》,但以程朱为尊的处理态度即是最明显的反映。

朝廷尽管在政治领域并不抹杀阳明学的意义,但尊朱辟王的学术立场,仍加速了陆王心学的沉寂式微。这一境况,无论对学术发展而言,还是以阳明学为重心的甬上学统来说,均是全祖望难以接受的。从《宋元学案》梨洲原本来看,黄宗羲父子已经为陆学辩护,并设置象山及其后学的学案,力图改变以程朱为一尊的学术偏见。全祖望延续梨洲父子的思路,同样为陆学正名,主张折衷朱、陆,反对"门户之病"。在他看来,"陋儒门户妄相

攻,言朱言陆总朦胧"。①对于朱子学学者,他激赏"宗朱而不尽合于朱"的治学理念,严厉批判那些墨守朱学传注,"不敢一字出于其外"②的治学路径。在他眼中,当时注朱学经籍的学者,其心胸与风气狭隘专固,"于今述朱遍天下,经师心气阀不扬"③,严重阻碍学术发展。他认为:"善读朱子之书者,正当遍求诸家,以收去短集长之益。若墨守而屏弃一切焉,则非朱子之学也。"④按全氏之意,要跳出墨守朱子学之桎梏,为朱学发展注入活力,必须要向朱子学以外的学说汲取精粹,以补自身之不足。

宋代以降,世人常以理学的本体论为维度,判断程朱以理为本体,陆王以心为本体,将宋明理学划分为理学、心学两派。从哲学史内在理路而言,这的确是颇为合理的重要判识。但此判识过于强调两派之差异,以致两家后学形成门户壁垒,互相攻讦,学说日益走向极端。全祖望虽不否认程朱与陆王的思想差异,但不主张理学与心学的二分,他谓:"理学,心学之分为二也,其诸邓潜谷之不根乎?夫理与心,岂可歧而言乎?"⑤他综观明代理学发展史,认为理学与心学并非决然对立,而是互为前提,互相补充。其云:

当明之初,宗朱者盖十八,宗陆者盖十二,弓冶相传,各

━━━━━━━━

① 全祖望:《句余土音》卷中《杨文元公旧里》,《全祖望集汇校集注》下册,第2394页。
② 全祖望:《鲒埼亭集外编》卷十六《横溪南山书院记》,《全祖望集汇校集注》中册,第1055页。
③ 全祖望:《鲒埼亭诗集》卷八《郝仲舆九经稿,今藏吾乡张氏》,《全祖望集汇校集注》下册,第2249页。
④ 《宋元学案》卷四十八《晦翁学案序录》,第1495页。
⑤ 全祖望:《鲒埼亭集》卷第二十八《陆桴亭先生传》,《全祖望集汇校集注》上册,第512页。

守其说,而门户不甚张也。敬轩出,而有薛学;康斋出,传之敬斋,而有胡学,是许平仲以后之一盛也。白沙出,而有陈学;阳明出,而有王学,是陈静明、赵宝峰以后之一盛也。未几,王学不胫而走,不特薛、胡二家为其所折,而陈学亦被掩,波靡至于海门,王学之靡已甚。敬庵出于甘泉之后,从而非之,而陈学始为薛、胡二家声援。东林顾、高二公出,复理格物之绪言,以救王学之偏,则薛、胡二家之又一盛也。蕺山出于敬庵之后,力主慎独,以救王学之偏,则陈氏之又一盛也。①

全祖望认为明代的理学、心学之争,其实是理学内部的此消彼长,而非完全对立的两派。朱学、阳明学与白沙学,三者之间互相倚重,构成各自发展的动力。故从学说渊源来看,"白沙未始不出于康斋,而阳明亦未尝竟见斥于泾阳也,是乃朱子去短集长之旨也"②。这篇论明代理学之文,出自全氏的《陆世仪传》,其称撰此传的原因是有感陆氏之学深邃而世人知之甚少。其实,全氏的意涵远不止此。在他看来,陆世仪的学问邃密,虽体现于知识的精密及思想的深造自得,但他更欣赏的是"其最足以废诸家纷争之说,而百世俟之而不易者,在论明儒"③。为何特意强调

---

① 全祖望:《鲒埼亭集》卷第二十八《陆桴亭先生传》,《全祖望集汇校集注》上册,第512—513页。
② 全祖望:《鲒埼亭集》卷第二十八《陆桴亭先生传》,《全祖望集汇校集注》上册,第513页。
③ 全祖望:《鲒埼亭集》卷第二十八《陆桴亭先生传》,《全祖望集汇校集注》上册,第516页。

这一内容，据全祖望自述，是缘于"顾《明史·儒林传》中，未尝采也"①。而所谓的"未尝采"，除了是对《明史》未立陆世仪传抱有微议外，更多的是全祖望对《明史》未继承陆世仪"无门户之见"的学术思想观的遗憾。所以他感慨：

> 朝廷之修官书，足以为害，不足以为益。魏崔浩注群经，勒石国中，而先儒之说几废，幸其被毁而止。唐修正义，而百家之师传折而归一。宋之三经亦幸其行之不久，盖天下之足以废弃一切者，莫有若官书也。②

批判的对象正是官修史书"整齐学术"后带来的"狭隘僻陋之私"，这也反向印证了全祖望在论述历代学术的脉络中，主张"不名一家"的学术史观，才能认识思想史的真相。

在评价历代学术时，全祖望对包容各家学术之人物亦深加赞赏，如评价"欧阳兖公之学，而原父、介卿皆不甚服之，古人正不以苟同为是也"③。冯明远之学未必足以匹梨洲，"要其所以角逐于膏肓墨守之间，自有不可泯灭者"④。全氏虽较少谈论纯哲学命题的义理辨析，但他对理学的本体有深刻认识，他回复弟子提问时，明确表示："故万物一太极，一物一太极，一本万殊，一实

---

① 全祖望：《鲒埼亭集》卷第二十八《陆桴亭先生传》，《全祖望集汇校集注》上册，第516页。
② 全祖望：《鲒埼亭集外编》卷四十一《与谢石林御史论古本大学帖子》，《全祖望集汇校集注》中册，第1611页。
③ 全祖望：《鲒埼亭集外编》卷七《冯丈南耕墓碣》，《全祖望集汇校集注》上册，第872—873页。
④ 全祖望：《鲒埼亭集外编》卷七《冯丈南耕墓碣》，《全祖望集汇校集注》上册，第873页。

万分。"①这是理学家用来诠释世界中"理"(本体)与"事"(现象)关系的重要概念,即"理一分殊"。黄宗羲以之来梳理宋元理学的源流、分衍史,形成"一本万殊"的学术宗旨。从全祖望的学术史观来看,其亦自觉绍承了黄宗羲的"一本万殊"说,主张各家之学均是"理"的体现,不可偏废一端。因此在补修《宋元学案》时,贯彻他一向强调的"去短集长,不名一师"的宗旨,对宋元诸家持兼容并蓄的态度,为各家立案,跳出或主朱、或守陆的狭隘之见。而他这种和会诸家的无门户意识,其实是寻求"真历史"的反映。由此也可看出,全祖望对宋元思想史的态度,已经从理学内部的门户纷争转向对理学整体历史的客观梳理,以理性知识取代不合史实的主观价值。换句话说,在全祖望手里,理学内部的朱、陆道统纷争得以终结,宋元儒学整体而客观的面向逐渐浮现,呈现出"打破道统,重建学统"的趋势。

在《宋元学案》全氏补本中可以发现,全祖望收录了大量诸如欧阳修、黄庭坚、杨万里等通常被视为文学的人物,这其实亦反映了全祖望对"道""儒""文"关系的思考。对《宋史》划分《儒林传》(学人)与《文苑传》(文人)的做法,明初宋濂、王祎等《元史》总裁颇为不满,云:

> 儒之为学一也,《六经》者斯道之所在,而文则所以载夫道者也。故经非文则无以发明其旨趣;而文不本于六艺,又乌足谓之文哉。由是而言,经艺文章,不可分而为二也明矣。②

① 全祖望:《经史问答》卷六《论语问目答范鹏》,《全祖望集汇校集注》下册,第1940页。
② 宋濂等:《元史》卷一百八十九《儒学一》,北京:中华书局,1976年,第4313页。

纂修者认为经学与文学融为一体,不可分裂,故《元史》合《儒林》与《文苑》,只立《儒学传》。在全祖望眼中,黄宗羲也是理学、文章合一的坚守者,他称:"有明以来,学术大坏,谈性命者,迂疏无当,穷数学者,诡诞不精;言淹雅者,贻讥杂丑;攻文词者,不谙古今;自先生合理义象数名物而一之,又合理学气节文章而一之,使学者晓然于九流百家之可以返于一贯。"①全祖望延续了宋濂、黄宗羲的文道观,认为裂"儒林"与"文苑",容易导致"学人不入诗派,诗人不入学派"②。他认为黄庭坚、杨万里等人兼具"学者"与"文人"双重身份,故将《宋史》中划为"文人"而收入《文苑传》的黄庭坚、杨万里等人收入《宋元学案》,从而在梨洲父子合"道"(《道学传》)与"儒"(《儒林传》)为一的视野基础上,扩展为合"道""儒""文"(《文苑传》)为一的思想史视域。③

正因为坚守文、道合一,所以全祖望所理解的"文"有其自己的意涵。其在《宋元学案》中不收入柳永、李清照、元好问等文学人物,很重要的原因是,全氏所谓的"文"必须是以"道"(道德)与"经"(学术)为根柢的。他认为文学徒有词章,不足为文,"尝谓东汉以后无文章,诸葛公《出师表》足以当之;六朝无文章,渊明《止酒》诸诗及韩显宗《答刘裕书》足以当之,而《归去来辞》尚非其最;唐初无文章,义乌之檄足以当之,皆天地之元气,而不以其

---

① 全祖望:《鲒埼亭集外编》卷十七《二老阁藏书记》,《全祖望集汇校集注》中册,第1064页。
② 全祖望:《鲒埼亭集》卷第三十二《宝瓿集序》,《全祖望集汇校集注》上册,第607页。
③ 连凡:《道统论的突破与〈宋元学案〉的思想史构建——兼论"宋初三先生"思想史地位的确立》,《首都师范大学学报》(社会科学版)2017年第6期。

文之风调论也"①。诸葛亮、陶渊明、骆宾王的诗文何以当之真正的"文章"，在全氏看来，因为其文饱含天地元气，蕴藏了道德、气节与精神，可振发人心。至于陈子昂等人虽才高千古，却降志辱身，献谀于武则天，在全祖望眼中，其文便不足为观，只能称为"秽笔"。对于金元大家元好问，全祖望尽管承认其文学、史学的贡献，但只目为"文章之士"，不入《宋元学案》，其原因同样是元好问志节有亏，不仅为叛乱的崔立撰碑志，还"委蛇于元之贵臣，……以故国之逸民而致称于新朝之佐命者如此，则未免降且辱也"，全祖望甚至感慨："宁为圣予、所南之介，不可为遗山之通。"②除作文之人具备道德醇洁外，全氏的"文"又必须本于《六经》，"文章不本于《六经》，虽其人才力足以凌厉一时，而总无醇古之味，其言亦必杂于机变权术，至其虚憍恫喝之气，末流或一折而入于时文。有宋诸家，庐陵、南丰、临川，所谓深于经者也"③。言下之意，文学家的文章只有"文以载道"，才能跻身儒者之流。

　　在儒学与佛、道学之间，全祖望表现出固守儒学而严辟佛、道的坚定态度。他自言"生平不喜佛书"④，对沾染禅学的学者深加诋詈，如《宋元学案》末卷立《屏山鸣道集说略》，并非如其他学案意在表举各家之学，而是"略举其大旨，使后世学者见而嗤之。

---

① 全祖望：《鲒埼亭集外编》卷十九《唐陈拾遗画像记》，《全祖望集汇校集注》中册，第 1104 页。

② 全祖望：《鲒埼亭集外编》卷三十一《跋遗山集》，《全祖望集汇校集注》中册，第 1378 页。

③ 全祖望：《鲒埼亭集外编》卷二十四《公是先生文钞序》，《全祖望集汇校集注》中册，第 1189 页。

④ 全祖望：《鲒埼亭集外编》卷三十四《跋四明尊者教行录》，《全祖望集汇校集注》中册，第 1454 页。

其时河北之正学且起,不有狂风怪雾,无以见皎日之光明也"。①
显然,立李纯甫之学是为了反衬许衡、刘因之"河北正学"的意
义。之所以如此诋詈李纯甫之学,是因为在全祖望眼中,"屏山
援儒入释,推释附儒,……实未尝不心折于老佛"②。他严辟屏山
的焦点正在于其佞佛,表现出"援儒入释"的迹象。他对道家之
学亦大力抨击,如在《宋元学案》中虽承认二程少师周子,但否认
周程的学统传承,称二程"长而能得不传之秘者,不尽由于周子
可也"③,极力撇清二程与周敦颐的学术渊源,很重要的原因是周
敦颐《太极图说》"原于道家者流"④。对邵雍评价亦不高,认为邵
雍"纯乎黄、老者也,而著书则图纬居多"⑤。这些均清晰透露出
全祖望所建构的《宋元学案》是宋元儒学史,而非涵括佛道在内
的学术思想史。

　　就思想史的视域而言,全祖望旨在书写一部宋元儒学史。
一方面,其对宋元儒学人物的取舍,表现出极为宽泛的态度。全
氏补本所收人物,已跳出理学内部或唯朱是尊,或推尊陆学的门
户视野,将王安石、苏轼、唐仲友、陈亮等被朱学诟病的人物纳入
《宋元学案》,甚至大量文学之士亦被归入儒学范畴。不过,入选
者必须具备两重标准:一是立身行事符合儒家道德;二是文学根

---

①　《宋元学案》卷一百《屏山鸣道集说略》,第 3316 页。
②　全祖望:《鲒埼亭集》卷第三十八《雪庭西舍记跋》,《全祖望集汇校集注》上册,第
　　739 页。
③　全祖望:《鲒埼亭集外编》卷三十八《周程学统论》,《全祖望集汇校集注》中册,第
　　1535 页。
④　全祖望:《鲒埼亭集外编》卷三十八《周程学统论》,《全祖望集汇校集注》中册,第
　　1536 页。
⑤　全祖望:《鲒埼亭集外编》卷三十八《三家易学同源论》,《全祖望集汇校集注》中
　　册,第 1534 页。

柢《六经》。另一方面，在儒学范围之外，全祖望又表现出极严的
去取标准。对于将儒学引向佛、道之"援儒入释"者，则坚决予以
排除。由此可以看出，全祖望心中的学术史即是儒学史，凡符合
儒学道德的人物，即可纳入学案。

至于特立《元祐》《庆元》两党案，其因主要在于受自身仕进
受挫遭际的刺激，全氏对朝廷能否实行百家齐鸣的政策极为重
视。故一改三段式的学案体例，在《元祐党案》中先谱"元祐党
籍"，并附"攻元祐之学者"和"攻专门之学者"；在《庆元党案》中，
先谱"庆元之党禁"，后附"攻庆元伪学者"和"晚宋诋詈诸儒者"。
在此卷《序录》，他称：

> 元祐之学，二蔡、二惇禁之，中兴而丰国赵公弛之。和
> 议起，秦桧又禁之，绍兴之末又弛之。郑丙、陈贾忌晦翁，又
> 启之，而一变为庆元之锢籍矣。此两宋治乱存亡之所关。
> 嘉定而后，阳崇之而阴摧之，而儒术亦渐衰矣。①

很明显，全祖望在这里以历史陈迹论说学术发展与政治的
紧密关系。两宋的两次党禁对宋代儒学发展无疑是劫难，关乎
宋代的治乱兴亡。在他心中，只有政治开明，才能真正促进学术
的发展。若以行政手段压制甚至祸害学术，必然导致学术的
衰落。

相反，他为范仲淹、欧阳修等人立案，除上述已论"儒"与
"文"合一的因素外，亦从扶植儒学的积极一面来论证良好的政
治环境对儒学繁荣的影响。全氏认为，濂洛兴起之前，戚同文、

---

① 《宋元学案》卷九十六《元祐党案》，第 3153 页。

孙复、胡瑗相互讲明正学，得以兴盛的缘由，很大程度是得到朝中大臣的荐举，"亦会值贤者在朝：安阳韩忠献公、高平范文正公、乐安欧阳文忠公，皆卓然有见于道之大概，左提右挈，于是学校遍于四方，师儒之道以立"①。

　　后世学者仅凭学案数量的多少，就遽然判断黄宗羲存有道统门户的痕迹，而夸赞全祖望"一点也没有"，还进一步追溯梨洲未脱道统窠臼的原因是"党人习气未除"。② 的确，就数量来说，全祖望增立了众多学案，反映了其恢宏的思想史视野。然而，正如前所示，许多全氏所增补的学案，其案主在梨洲原本中并非无传，只是被全氏单独抽出立案。梨洲原本中不载而全氏补本中立案的许多人物，亦非未进入梨洲的视野，而是因当时资料所限，未能及时补传。如黄宗羲在《理学录·康节学派》《宋元学案·百源学案》均说邵雍门人，"盖此学得其传者，有张行成、祝泌、廖应淮，今寥寥无继者。某尝有所师受，别著成书，兹不具载"③。对宋儒各派的弟子，他也表达了尽量网罗的愿望，如在搜

---

① 全祖望：《鲒埼亭集外编》卷十六《庆历五先生书院记》，《全祖望集汇校集注》中册，第 1037 页。

② 梁启超：《中国近三百年学术史》，第 97 页。

③ 只是《理学录》与《宋元学案》关于此句案语，文字有所差异，《理学录》原文是："康节谓学不至于乐，不可谓之学。此康节一生精神得力处也。后心斋《学乐歌》，颇得传此意。然康节工夫积久，进出一个乐来。心斋大段见其端倪，便从此做起，多却一番伎俩，不似康节之广大自然也。康节反似为数学所掩，而康节数学，《观物》外篇发明大指，今载之性理中者。注者既不能得其说，而所存千百亿兆之数目，或脱或讹，遂至芜不可理。盖此学得其传者，有张行成、祝泌、廖应淮，今寥寥无为继者。某尝有所师受，别著成书，兹不具载。"在《宋元学案》中，黄宗羲删除了《理学录》的前半段话，只保留"宗羲案：康节反为数学所掩。而康节数学，《观物外篇》发明大旨。今载之《性理》中者，注者既不能得其说，而所存千百亿兆之数目，或脱或讹，遂至无条可理。盖此学得其传者，有张行成、祝泌、廖应淮，今寥寥无继者。余尝于《易学象数论》中为之理其头绪，抉其根柢。"

辑龟山弟子时称："今姑存其可考见者，奉化章大定、衢州柴禹声、柴禹功，其问答中有周孚先，字伯忱。如郑季常、范济美、李似祖、曹令德，名字皆不可知矣。"后来在《宋元学案》中，也表示了同样的期冀。① 这似乎可以说明，对这些人物，黄宗羲并非未意识到他们的思想价值，而是更多受制于编纂时的年迈病衰以及文献乏征的客观条件。梨洲未立，而谢山特设的范浚、唐仲友等人学案，或许亦可作如是观。毕竟全祖望以其任职翰林院、客馆江南藏书家的机会，得以亲睹、抄写众多梨洲未见之典籍，在文献搜辑与利用上比梨洲更为富足。

至于《赵张诸儒学案》以及《元祐》《庆元》两党案的设立，确实能反映梨洲与谢山对宋元理学史的不同思考。因为前者非思想史人物，后两案则是政治事件。按梨洲原本的编纂思路考虑，应当不会立此类学案，因为他对理学史的梳理主要着眼于学术发展的内在理路，坚持学术盛衰主要取决于学问之醇驳，"道之行不行，岂以时位哉？何先生之牢落而自远有耀乎？"②在评论象山之学时，同样表示："是故学术之在今古，患其未醇，不患其不传。苟醇矣，虽昏蚀坏烂之久，一人提唱，皦然便如青天白日，所谓此心此理之同也。"③而与梨洲相比，全祖望对学术思想的理解、阐释则在更宽广、更深远的历史视野中展开。他认为宋元理学的发展，除了与学术思想的内核密切相关外，还受外在环境，特别是政治影响的制约。这也说明，梨洲原本与全氏补本，以及

---

① 《宋元学案》卷二十五《龟山学案》，黄宗羲有案语："林艾轩《与杨次山书》云：'龟山先生有一徒弟在永嘉，不知其存否。'今考之，当是宋之才也。是在当时已多不识，况至于后世乎？他如范济美、李似祖、曹令德，名皆不可知矣。"第 972 页。
② 《宋元学案》卷六十四《潜庵学案》，第 2057 页。
③ 《宋元学案》卷九十三《静明宝峰学案》，第 3107 页。

黄宗羲与全祖望的思想视野,的确存在差异,但并不能以此过度夸大二者之间的裂痕,正如彭国翔所言:"谢山修订增补的意义,较之梨洲而言与其说是另起炉灶,不如说是既有方向的有力推进与突破。"[①]

第三节　道德重于学术:
全祖望评价儒学人物的尺度

考察全祖望在梨洲原本外增设的学案及人物,许多是自成一家之门人后学。为此类人物单独立案,固然有清晰勾勒学派的后续传承及其多元性走向的考虑。而分检各案的设立初衷以及人物评价,亦能发现全氏强调忠孝道德的理路与用意。

一、全氏补本与《宋史》的关系

关于补修《宋元学案》的初衷,全祖望本人在修《甬上四先生学案》中曾透露:"《宋史》作舒沈传,寂寥短简,不足以见其底蕴。梨洲始求得《广平类稿》残编,其中有足资考证者,予因据之,别为《舒传》。又近得《定川言行录》,因据之,别为《沈传》。微特《学案》所关,他日有重修《宋史》者,亦将有所采也夫。"[②]点出修学案是重修《宋史》的准备。王梓材亦称全氏续补学案"兼为修《宋史》而作"[③]。后来学者不假思索,即延续这一说法,认为全祖望对《宋史》持全盘否定的态度。其实,仔细检点全氏对《宋史》

---

①　彭国翔:《黄宗羲佚著〈理学录〉考论》,田浩编:《文化与历史的追索:余英时教授八秩寿庆论文集》,第 227 页。

②　《宋元学案》卷七十六《广平定川学案》,第 2546—2547 页。

③　王梓材:《校刊宋元学案条例》,《宋元学案》前辅文,第 22 页。

的诟病言论,可以发现,这种诋訾基本集中于两大层面:一是批评《宋史》史事记载的讹误,如他认为沈焕师承陆九龄,沈炳从学陆九渊,而《宋史》"竟以端宪系之文安门下,误也"①;二是对《宋史》遗漏众多人物的不满,如称:"《宋史》乃为补之、咏之作传,而景迁失焉,陋矣!"②但全祖望并未否认《宋史》的意义,甚至可以说在诸多方面自觉延续了后者的史实与史法。

一是在史源上,全祖望所补的人物小传,尽管博采各方文献,为《宋史》阙如或记载不详的人物补立小传,但对比两者的内容,全氏补本小传仍有不少直接源于《宋史》人物本传,或者以《宋史》为主,兼采其他史料裁减而成。他对这类《宋史》人物本传,更多的只是作个别的纠谬、考订,在史料采集的范围上,并未有太多的突破。

二是在人物的评价原则上,全祖望更是与《宋史》的笔法如出一辙。众所周知,《宋史》的编撰原则是遵循"先儒性命之说","先理致而后文辞,崇道德而黜功利。书法以之而矜式,彝伦赖是以匡扶"③。欧阳玄为《宋史》定下的体例及其所撰论、赞、序以及《进宋史表》,都集中体现了推崇程朱之学的思想,最明显的例子即首创《道学传》。更严重的是,《宋史》将道学当作判断历史是非的标准。在程朱思想中,革私欲、正人心占据首要的位置。他们将正其心、正君心、正天下之心相提并论,反复强调正君心的重要性。《宋史》纂修者亦把北宋由治变乱以致亡国归结为"君心不宁""好大黩武之心一侈""系于人主一念虑之趣向""恃

① 全祖望:《鲒埼亭集外编》卷十六《竹洲三先生书院记》,《全祖望集汇校集注》中册,第1043页。
② 《宋元学案》卷二十二《景迁学案》,第862页。
③ 欧阳玄:《进宋史表》,脱脱等《宋史》附录,北京:中华书局,1985年,第14253页。

其私智小慧,用心一偏",明显是以程朱学说诠解历史的具体
体现。

　　除总结盛衰治乱的历史经验教训外,《宋史》论赞同样重视
历史劝善惩恶的垂训意义。总裁官之一的揭傒斯强调:"欲求作
史之法,须求作史之意。古人作史,虽小善必录,小恶必记。不
然,何以示惩劝。"①因此,对人物的臧否遵守道德原则。考察《宋
史》对将相、诸臣、官吏的褒贬可分作二部分,一是类传序,二是
诸臣传论。类传所选传主善恶分明,如循吏、忠义、孝义、列女、
卓行、佞幸、奸臣、叛臣,因而传序褒贬劝善惩恶之意十分明确。
如《忠义传·序》曰:"奉诏修三史,集儒臣议凡例,前代忠义之
士,咸得直书而无讳焉。……以类附从,定为等差。"②《孝义传·
序》:"冠冕百行莫大于孝,范防百为莫大于义。先王兴孝以教民
厚,民用不薄;兴义以教民睦,民用不争。率天下而由孝义,非履
信思顺之世乎。"③《奸臣传》曰:"然终宋之世,贤哲不乏,奸邪亦
多。方其盛时,君子秉政,小人听命,为患亦鲜。及其衰也,小人
得志,逞其狡谋,壅阏上听,变易国是,贼虐忠直,屏弃善良,君子
在野,无救祸乱。有国家者,正邪之辨,可不慎乎!"④纵观这些评
论,其价值取向的核心无不是对儒家伦理纲常和忠孝观的弘扬。
元史臣云:"君子之论人,亦先观其大者而已矣。忠孝,人之大节
也。"⑤在他们眼中,修史的重要目标就是"扶纲常,遏乱略"⑥。
因此《忠义传》所收人物,竟达十卷二百七十八人之多,如此卷帙

① 《元史》卷一百八十一《揭傒斯传》,第 4186 页。
② 《宋史》卷四百四十六《忠义一》,第 13150 页。
③ 《宋史》卷四百五十六《孝义》,第 13386 页。
④ 《宋史》卷四百七十《奸臣一》,第 13697 页。
⑤ 《宋史》卷三百九十四传末论,第 12043 页。
⑥ 《宋史》卷四百七十五《叛臣上》,第 13789 页。

在其他正史中亦颇罕见。

具体到人物传记方面,《宋史》纂修者将纲常、忠孝观念细化到每位人物的仕履、品德上,赞颂的对象多是范仲淹、包拯、曹彬等忠心辅国、为政爱民、鞠躬尽瘁的忠臣。被斥为"恶"的主要是那些心术不正、攀附显贵、结党营私的小人,"险诐忌前,酣豢少检,附势希荣,构谗谋己,皆无取焉"①。对王钦若、丁谓、夏竦等人,则采取全面斥责的态度,"世皆指为奸邪。真宗时,海内乂安,文治洽和,群臣将顺不暇,而封禅之议成于谓,天书之诬造端于钦若,所谓以道事君者,固如是耶?竦阴谋猜阻,钩致成事,一居政府,排斥相踵,何其患得患失也!钦若以赃贿干吏议,其得免者幸矣。然而党恶丑正,几败国家,谓其尤者哉。"②不难看出,《宋史》对宋代历史的"盖棺论定"是以统治者获得资政启示和进行教化为主要目的,其着眼点集中在一代成败兴亡的教训、总结典章制度的得失和褒贬历史人物的善恶上。而在品评原则上,集中体现了以儒家思想特别是理学思想的价值取向为圭臬。③ 而全祖望对《宋元学案》一些学案的设置,以及相关人物的评价,明显可见《宋史》道德史观的深深印记。

如为二程门人郭忠孝父子单独立《兼山学案》,其理据是"兼山以将家子,知慕程门,卒死王事。白云高蹈终身,和靖所记党锢后事,恐未然也。郭门之学虽孤行,然自谢艮斋至黎立武,绵绵不绝"④。平心而论,郭氏父子在儒学的思想造诣上远逊色于

---

① 《宋史》卷二百六十九传末论,第 9251 页。
② 《宋史》卷二百八十三传末论,第 9578 页。
③ 李华瑞:《〈宋史〉论赞评析》,《史学集刊》2005 年第 3 期。
④ 《宋元学案》卷二十八《兼山学案》,第 1026 页。

其他程门弟子，全氏却将其单独立案，其因是郭忠孝的"死王事"及郭雍的"高蹈终身"。在全氏心中，道德是思想的外在体现，光有内在的思想辨析，并不足以成为真正的儒者。所以对其他程门弟子，全祖望亦有高下之判，"程子弟子最著者，刘、李诸公以早卒故，其源流未广；晋陵周氏兄弟亦为和靖所许；其后马伸、吴给以大节见。亦有不称其薪传者，如邵溥之委蛇伪命，李处廉之以墨败。至于邢恕，则古公伯寮之伦也与！"①显然，全祖望对刘绚、李吁以外的伊洛门人评价不高，很大程度并非他们的学术造诣庸碌，而是道德品节存在亏污，显露出其评价人物学术与道德并重的迹象。

甚至在道德与学术之间，全氏一度表现出道德重于学术的取向。如他对宋末元初四明学者戴表元甚有微议：

> 予谓帅初以薄禄竟受教授之官，宜为黄、万二公所贬。其时流寓榆林者，曰舒阆风、刘正仲，高节可师也，帅初愧之矣。当立祠以祀舒、刘二子，而帅初姑置焉。②

戴表元与舒岳祥、刘正仲同属宋末元初的甬上先贤，一定意义上来说，戴氏的文学、学术成就还胜于舒、刘二人，然为何舒、刘可以立祠而戴表元遭罢黜，其因在全祖望看来，是戴氏曾出任元廷教授一职，未能坚守气节。而入祀乡贤祠的人物，其举动"所关在风教兮，不徒文章"③，言下之意，对历史人物的褒贬，不只是在表达对历史的态度，更重要的是借之实现对世俗

---

①　《宋元学案》卷三十《刘李诸儒学案》，第 1064 页。
②　全祖望：《鲒埼亭集》卷第五《剡源九曲辞》，《全祖望集汇校集注》上册，第 110 页。
③　全祖望：《鲒埼亭集》卷第五《剡源九曲辞》，《全祖望集汇校集注》上册，第 110 页。

的教化。

又如他对邹浩的学术颇抱訾议，讥讽其"特嗜禅理"，所撰"《括苍易传序》服膺荆舒之学。前后立论，不无岐出"，认为其思想夹杂禅学、新学，有害伊洛之学。但全氏最终未将其列入《荆公新学略》，仍归入"渊源伊洛"的范围，在于"然以大节观之，要为不负师承矣。文字小疵，未足为累，盖所学在此不在彼也"①。在选录邹浩的数条语录后，全氏对其学术的评价亦有"哥白尼式"的转向，不仅不见杂学之讥的痕迹，反而是"拈出谨独为宗旨，由其言，可以入圣矣"②的高度赞誉，两下判观，明显有夸饰的成分。与邹浩的例子形成鲜明对比的是，全祖望将晁说之的弟子王安中列入《荆公新学略》，而非《景迁学案》，他认为：

> 景迁弟子可考者，惟王太保安中、朱奉使弁二人而已。然安中当景迁令无极时，修长笺，执及门礼，自言"以新学窃一第为亲荣，非其志也"，景迁曰："为学当谨初，何患不远到！"安中所以筑室榜日初寮者，此也。议论闻见，多得之景迁。及既贵显，遂讳景迁之学，但称"成州使君四丈"，无复"先生"之号，君子丑之。且安中本由梁师成得大用，则亦辱其传矣。故不为立传，而但以曲洧附见。③

按旧例，晁说之门人仅王安中、朱弁二人，均当附《景迁学案》。全祖望却将朱弁附师案，将王安中移入《荆公新学略》。且

---

① 《宋元学案》卷三十五《陈邹诸儒学案》，第1216页。
② 《宋元学案》卷三十五《陈邹诸儒学案》，第1218页。
③ 《宋元学案》卷二十二《景迁学案》，第900页。

相较《朱弁传》,《王安中传》文字寥寥。其背后缘由,正在于全氏眼中的王安中为人首鼠,言语前后不一,又攀附梁师成,未能持守景迂之教,实在有辱师传,无异于儒门败类。

在《宋元学案》中,全氏重道德之论随处可见,有时甚至与梨洲原本形成相异观点。如黄宗羲、黄百家从宋学发展的脉络出发肯定石介作为"宋初三先生"之一的贡献,为三人单独立案。而在全祖望手中,只有胡瑗、孙复单独设案,石介被归入孙复案,取消其独立设案的资格,表现出崇胡、孙而贬徂徕的迹象。其背后重要的原因是,石介论学统,"以美扬雄,而不难改窜《汉书》之言以讳其丑,是一怪也",论治统"则曰'五代大坏,瀛王救之',以美冯道,而竟忘其长乐老人之谬,是一怪也"①。石介的这些言论,显然与全祖望强调的忠义人伦大相径庭。是故,在端溪书院时,全氏告诫士子"束身敦行,未有不守礼教而能至成立者。泰山、安定二先生所以能启两宋文明之盛,由于立教之有法也"②。在朱熹、黄宗羲等人眼中,"启两宋文明之盛"的"宋初三先生"自然是包括石介在内的,而全祖望只提胡、孙,抹去石氏,亦是缘于石介的行止不符合全氏"束身敦行"的儒者形象,故对石介评价不高。

还需一提的是,在《宋元学案》人物小传撰写上,全祖望亦有刻意凸显人物道德风节的痕迹。如《华阳学案》范祖禹小传,前半部分的生平事迹由全祖望裁剪《宋史》本传而来。而后半部分描写范祖禹的学行,因《宋史》阙遗,全氏依据《邵氏闻见录》《范

---

① 全祖望:《鲒埼亭集外编》卷三十一《读石徂徕集》,《全祖望集汇校集注》中册,第1370—1371页。

② 全祖望:《鲒埼亭集外编》卷五十《端溪讲堂条约·戒习气》,《全祖望集汇校集注》中册,第1857页。

太史遗事》《晁氏客语》等笔记拼凑而成。这种拼凑并非简单的删减，而是有其用意所在。如全氏为说明范祖禹与刘后之间的冲突，刻意抹去了范祖禹修史不恭敬等实际罪名，在记述范祖禹的立朝行谊时又提到"太后崩，先生益数上疏论时事，言尤激切，无所顾避，感太后之知也。张文潜、秦少游稍劝先生，以为宜少巽词，子冲亦乘间言之，先生曰：'吾出剑门，一范秀才耳！今复为布衣，有何不可！'其后远谪，亦由此。"①此段记载出自《晁氏客语》。事实上，在当时的政治斗争形势下，新党存心将旧党一网打尽，范祖禹一向与新党对立，即使在高后去世后稍稍收敛，亦难逃一劫。而全祖望却从未交代朝廷贬逐范祖禹的理由，反将"言尤激切"视为贬逐的理据，着重将范祖禹描绘成被权奸迫害的忠臣，凸显其仗义执言的忠臣形象，实未能全面客观反映史实，其记载失真程度，与范氏后人所作《范太史家传》相比，甚至有过之而无不及。② 这一史料处理原则，与全氏一贯倡导的实事求是的史家态度是扞格不入的。

由此可说，全祖望续修《宋元学案》在人物评价与价值导向上，重视忠义气节的表彰，这一点与《宋史》可谓一脉相承，而非全盘否定《宋史》的意义。这也反映了宋代以降受理学影响，史学中道德史观一路的强盛，同时也折射出全氏的《宋元学案》实寄寓了他扶植儒家伦理纲常的诉求，王梓材就指出"观谢山所修之学案，事功不废，忠义兼收，非徒空言夫性理，其为人心计者，

---

① 《宋元学案》卷二十一《华阳学案》，第 847 页。
② 梁思乐：《事实与记述：五种范祖禹传记的分析》，《中国文化研究所学报》第 50 期，2010 年。

亦良厚已"①,注意到全祖望修学案并非纯粹书写一部宋元理学史,而是兼表彰宋儒重事功、忠义的精神,以求改变人心,敦风化俗,这也与全氏对历史的态度若合符契。

二、从"自得"转向"躬行":全祖望重修《明儒学案》

全祖望在续补黄宗羲的《宋元学案》时,同样有补修《明儒学案》之计划,只是"有意修补《明儒》而未暇"②。他对明代儒学史有自己的思考,与黄氏的《明儒学案》有所差异。讨论全祖望重修《明儒学案》,有助于抉发其续补《宋元学案》的诸多意涵。

黄宗羲在《明儒学案·发凡》中称:"有明文章事功,皆不及前代,独于理学,前代之所不及也,牛毛茧丝,无不辨晰,真能发先儒之所未发。"③梨洲所指明代理学的"牛毛茧丝,无不辨晰",很大程度是谓阳明学思想的精致入微。其在《发凡》中又云:"学问之道,以各人自用得着者为真。凡倚门傍户,依样葫芦者,非流俗之士,则经生之业也。"④言下之意,列入《明儒学案》的人物是"自用得着"而非墨守前人之学者。在梨洲看来,阳明学在理学史上独树一帜,属于真正的标立宗旨而"自用得着"者,故其编纂的《明儒学案》呈现的是以阳明学为主轴的明代心学史。

但在全祖望心中,以阳明学为中心并不能反映明代儒学的

① 王梓材:《醉经书屋文稿·书全吉士〈鲒埼亭诗集〉后》,《清代诗文集汇编》第574册,第659页。
② 《宋元学案》卷九十三《静明宝峰学案》,第3098页。
③ 黄宗羲:《〈明儒学案〉发凡》,《明儒学案》(修订本)卷首,第14页。
④ 黄宗羲:《〈明儒学案〉发凡》,《明儒学案》(修订本)卷首,第15页。

实质。一方面，朱子学在明代仍吸引众多信徒；另一方面，只关注阳明学在哲学体系上与朱子学的殊异，容易偏离阳明学的宗旨，同时不利于改变阳明学"狂禅""误国"的学说形象，毕竟阳明学在全祖望生活的时代仍遭到朝野程度不一的抵制，生存环境颇为逼仄。因此，他跳出朱、王关于理学本体论的纷争，而从修养工夫论入手，重新审视明代儒学的实质。

他认为阳明学提倡"向心上用力""收拾本心"，有裨于破除沉溺章句训诂带来的支离弊病。至于堕于"狂禅"一路，是其后学"徒恃虚空知觉，而寡躬行"的缘故。依全祖望之见，阳明本人并不轻视躬行，相反，"夫阳明之所重者，行也"①，王门后学片面发挥阳明的"发明本心"之说，走向无善无恶之论，偏离了阳明学的宗旨。在强调学说的躬行理路中，全祖望对当时不归附阳明学或甘泉学，表现出"岸然不阿"的罗钦顺、吕柟、崔铣、张邦奇四人大为激赏，对张邦奇"至行愈熟，则知愈精"的说法，深为赞同，称"其说最平"②。

在黄宗羲的《明儒学案》中，明代朱子学大儒章懋的地位并不显耀。与吴与弼、湛若水、王阳明甚至李材等人相比，章懋不仅未单独设案，只列入《诸儒学案》中，而且梨洲还称"其学墨守宋儒"③，颇带几分讥讽的意味。全祖望不唯不苟同梨洲之说，甚至提出请祀章懋入孔庙之论，认为枫山无愧于"万世真儒"。他所持的理由是章懋之学以躬行为主，涵养深厚，力谏宪宗办元宵

---

① 全祖望：《鲒埼亭集外编》卷十六《槎湖书院记》，《全祖望集汇校集注》中册，第1058页。

② 全祖望：《鲒埼亭集外编》卷十六《槎湖书院记》，《全祖望集汇校集注》中册，第1058页。

③ 黄宗羲：《明儒学案》卷四十五《诸儒学案上三·章懋学案》，第1074页。

灯火遭贬谪,可谓"临大节而不可夺"。在他看来,与当时大儒相比,"白沙似康节,而先生则涑水、横渠一路人,先生之地步,较之白沙为平正而无疵"①。其日常居行,一本圣人之教,清洁自守,可称"三代以上人也"。陈献章既已在晚明入祀,章懋自不当遗漏。

而从金华之学的传统来看,全祖望认为章懋同样具有入祀的资格,他称:

> 金华之学,昌于吕成公、忠公兄弟。二吕之躬行,角立张、朱,而又兼以中原文献之传,则为史学。……(后学)渐趋于三者之学,而躬行少减。四先生起而中振之,躬行者醇矣。……及门之士,如潜溪、华川、仲子,又变而为文章之学,而躬行益疏。天顺、成化之间,枫山先生出而中振之。②

全祖望强调章懋与吕氏兄弟、北山四先生"躬行醇正",而批判吕氏后学与宋濂、王祎等人"躬行益疏",明显有夸饰章懋的意味。其实,就躬行程度而言,宋濂、王祎、胡翰与吕氏兄弟、北山四先生相比,并不存在遥远的距离。但吕祖谦、北山四先生当时已入祀孔庙,其余人则无此优遇。全氏在这里凸显章懋重振金华之学,接续吕氏兄弟、北山四先生的传统,正是以入祀者的条件比拟章懋,无不是为请祀章懋寻求理据。

---

① 全祖望:《鲒埼亭集外编》卷三十九《章文懿公从祀议》,《全祖望集汇校集注》中册,第 1553 页。
② 全祖望:《鲒埼亭集外编》卷三十九《章文懿公从祀议》,《全祖望集汇校集注》中册,第 1552—1553 页。

而且，请祀文中通篇只强调章懋为学躬行，丝毫未提及章氏根柢朱学的背景，毕竟章懋的工夫践履是以格物穷理为本的朱学一路。当然，在请祀孔庙这一特定语境中，全氏只强调章懋的躬行，或许有其自身的考虑。一方面，就理学创新而言，章懋在这方面并无优势，他恪守程朱，认为："经自程朱后不必再注，只遵闻行知，于其门人语录芟繁去芜可也。"①不过，另一方面我们也可作出推测，在理学的思想体系中，全氏更热衷关注形而下的践履，而非理、心孰是本体的争论，章懋之学更符合他对儒学的理解。所以在建构浙中学统时，全祖望主张"自方文正公后，当接以先生，而后可及阳明"②，梳理了从方孝孺到章懋再到王阳明的谱系，至少在全氏心中，这些大儒属躬行笃实，而非虚谈浮夸之流。

又如对饱受诟病的浙中王学流于禅学一路，全氏的态度颇为宽容。尽管他称陶望龄、奭龄兄弟"其学未粹"，但另一方面则赞誉二人"风格良孤骞"，并注释云："太冲先生不甚可存方之学，谓与史子虚、沈求如一例，而泽望先生极称之。予谓存方风格自是义熙以前人物，未易及也。"③可见，与黄宗羲相比，全祖望更在意的是浙中王学的品节德行。

---

① 黄宗羲：《明儒学案》卷四十五《诸儒学案上三·章懋学案》，第 1075 页。
② 全祖望：《鲒埼亭集外编》卷三十九《章文懿公从祀议》，《全祖望集汇校集注》中册，第 1553 页。
③ 全祖望：《鲒埼亭诗集》卷八《信宿姚江舟中，偶作三哀诗》，《全祖望集汇校集注》下册，第 2252 页。

　　除了订正、删改黄宗羲的讹误外，①全祖望重修《明儒学案》
最显著的表现是学案与人物的增补。考察全氏所增补的人物，
一方面反映了其重建明代儒学史的意图，如他认为在方孝孺《逊
志学案》前当增补"慈湖四传之世嫡"的桂彦良、乌斯道、向朴等
人，以展现明初甬上心学的传承谱系。又如他主张为杨守陈立
案，称杨氏讲学不专主朱，亦不专主陆，与黄润玉等人三足鼎峙，
《明儒学案》只为黄润玉立案，"良可惜也"②，故提出专立《镜川学
案》；另一方面则显示了其对道德的重视。如他为杨守陈立学
案，除了称许其学术造诣外，更重要的是杨氏的躬行，"直节在讲

①　如全祖望指出，在《河汾学案》中，"文清受理学于高密魏范，盖魏姓而范名，故字
　　希文，诸书皆同。先生以为魏纯，字希文，别有一范姓者，恐误也。'纯'字与
　　'范'字，其形相近而讹，此虽偶失考据，亦不可不改正也。"(《鲒埼亭集外编》卷
　　四十四《与郑南溪论〈明儒学案〉事目》，《全祖望集汇校集注》中册，第1692页)认
　　为黄宗羲将范改为纯确系臆断。同样，黄宗羲在《明儒学案》罗汝芳案中，曾采
　　选杨时乔《上士习疏》，以说明罗的师承关系是"师事颜钧，谈理学；师事胡清虚，
　　谈烧炼，采取飞升"，并在胡清虚后注"即宗正"，将胡清虚等同于胡宗正。全祖
　　望通过考述，认为："胡宗正是诸生，学举业于近溪，近溪与之谈《易》，以为大有
　　所得，反从而师之。其人后亦无所见。胡清虚是门子，以有恶疾被逐，遂学道，
　　近溪与之为友。谓宗正即清虚，误也。"(同上，第1694页)对于《明儒学案》中记
　　载一些存有争议或难以令人信服之语，全氏亦努力诠释或主张删除。如黄宗羲
　　在表举乃师蕺山先生时，称："阳明子之道昌，而五星聚室，子刘子之道明而五星
　　聚张。"对此语，与黄宗羲同时的阎若璩隐约透露出不同的见解，其谓："嘉靖初
　　年，五星聚室，司天占曰'主兵谋'，而先生归为阳明之祥。天启时，四星聚张，先
　　生以为五星，而归之蕺山之祥。似当将此等语删去，弗予后人口实，则爱先生者
　　也。"全祖望同意阎氏，认为："百诗之言是也。其后先生之子百家作《行略》又谓
　　'五星聚箕，而先生之《学案》成'，愚亦尝语黄氏，当删去之。"(同上，第1693页)
　　中晚明霍韬曾抵制阳明学，但黄宗羲因其讲学有自得，仍将其列入《明儒学案》。
　　梨洲门人仇兆鳌则因霍韬诋詈阳明学，诬告霍韬私庇乡人，主张移出《学案》，全
　　祖望考诸史籍，从霍氏立朝有大节推论，仇氏之言不实。(同上，第1693页)
②　全祖望：《鲒埼亭集外编》卷十六《城北镜川书院记》，《全祖望集汇校集注》中册，
　　第1056—1057页。

筵,清德垂里社",后世却"独记其理学之大者"①,遗缺其德行工夫的记载。关于永康的阳明弟子,黄宗羲虽赞赏他们"朴学淳行,不类龙溪之横决",但在《明儒学案》中并未单独立案,全祖望同样认为他们"所造似亦未深"②,但由于他们学行醇正,主张补入《明儒学案·浙中王门学案》。又如聊城王汝训是阳明在山左的传人,《明儒学案》未载其人,全祖望认为王汝训"立朝甚刚正"③,强调附入乃师穆孔晖之后。对这些品行醇正之人的增补,反映了全祖望重构以躬行为核心的明代儒学史的诉求。

全氏对自己的增补曾坦言:"《明儒学案》间有需商榷者,愚意欲附注之元传之尾,不擅动本文也。其有须补入者,各以其学派缀之。"④从表面语句看,他对黄宗羲《明儒学案》的增补并非"另起炉灶",而是"锦上添花",但从具体增补的人物而言,全氏又有重构的迹象,这也折射出他对梨洲的思想观既有相当程度的接受,又有出于自己思考而做出的不同梨洲的调整。

全祖望对历史人物的评判,特别强调道德品行与忠孝人伦,这也可以解释他汲汲搜集南明遗献的诉求。尽管清廷官方对南明史态度的转变,始于乾隆三十一年(1766),但对南明殉国者的

① 全祖望:《鲒埼亭集外编》卷十六《城北镜川书院记》,《全祖望集汇校集注》中册,第1056—1057页。
② 全祖望:《鲒埼亭集外编》卷四十四《与郑南溪论〈明儒学案〉事目》,《全祖望集汇校集注》中册,第1691页。
③ 全祖望:《鲒埼亭集外编》卷四十四《与郑南溪论〈明儒学案〉事目》,《全祖望集汇校集注》中册,第1694页。
④ 全祖望:《鲒埼亭集外编》卷四十四《与郑南溪论〈明儒学案〉事目》,《全祖望集汇校集注》中册,第1691页。

正式褒忠旌表则要迟至乾隆四十年(1775)。① 不过,在全祖望生活的雍正至乾隆初期,在士人群体间以及地方社会已不断出现表彰南明殉国者的星火。当然,这一时期的士人与顺治、康熙时的遗民不同,他们身处太平盛世,未经历易代的冲击,难以体会亡国之伤痛。因此他们对南明史的解读——不管对抗清殉明者有多同情——心境上已与前辈遗民不可同日而语。包括全祖望在内的许多雍、乾士人,他们自然认同清人统治之合法地位,但又不忍否定南明忠臣的志节。为了调和明、清对立的矛盾,他们在书写南明历史时表现得十分谨慎,并没有照单全收遗民前辈的政治观点,而是站在清人的立场,尝试通过强调儒家的君臣伦理原则,尽量淡化南明抗清运动的政治意涵。② 换言之,他们对殉明者抗清事迹的记载,是一段"去政治化"的书写,他们关注的重点更多是符合儒家纲常的"尽忠"表现,至于所抵抗的对象则遭到淡化。

　　全祖望孜孜搜集南明遗献,为明季殉难故臣祭祀、立传,是缘于"惟忠与孝,历百世而不可泯,于斯祭也,尚其有所观感哉"③。这种"观感",当然不是出于反清复明之心迹,而是在认同清廷的立场下,思考他们"尽忠"的意义,劝导世人培植儒家伦理纲常。如他表彰为南明死节的王之栻,出发点是"驾部必不负故

① 陈永明:《〈钦定胜朝殉节诸臣录〉与乾隆对南明殉国者的表彰》,收入氏著:《清代前期的政治认同与历史书写》,上海:上海古籍出版社,2011 年,第 183—219 页。
② 陈永明:《从逆寇到民族英雄:清代张煌言形象的转变》,台北:台大出版中心,2017 年,第 187 页。
③ 全祖望:《鲒埼亭集外编》卷二十二《祭甲申三忠记》,《全祖望集汇校集注》中册,第 1160 页。

国,而后不负其父;必不负其父,而后不负圣朝"①。书写王之杕的忠义,是立足于其"不负其父"必"不负圣朝"的思考逻辑,其着眼点是忠于清廷的政治认同。在这一脉络中,他极力呼吁"加恩于异代死节之臣者,以教忠耳"②,从扶植忠孝人伦的视角重构并诠释南明史的事迹与意义。

对全祖望来说,历史最大的价值,在于它的教化功能,"为孝子,为忠臣,家国情事,俱当于古人中求之"③。人伦关系与社会秩序,莫不以忠孝为基础,因此提倡把儒家的伦理道德原则,贯彻到历史书写之中。他以儒家的纲常伦理为前提,从道德出发的史观,为历史人物的是非善恶评说提供重要的理论依据。而他对忠义的表彰,指向的并非古人,而是今人,其目的在于"以廉顽而立懦"④,敦风化俗。在全氏眼中,儒学不只是义理之学,更重要的是落实到实践中,"夫论人之学,当观其行,不徒以其言"⑤,显然,在言语、践履、名节三者中,后两者才是全祖望更关心措意的。换言之,全祖望所理解的儒学,相较黄宗羲等人,更热衷阐释形而下与日常行用的一面。

---

① 全祖望:《鲒埼亭集外编》卷十四《王节愍公祠堂碑》,《全祖望集汇校集注》中册,第 1012 页。

② 全祖望:《鲒埼亭集外编》卷十四《王节愍公祠堂碑》,《全祖望集汇校集注》中册,第 1012 页。

③ 全祖望:《鲒埼亭集》卷第六《明直隶宁国知府玉尘钱公神道表》,《全祖望集汇校集注》上册,第 138 页。

④ 全祖望:《鲒埼亭集外编》卷十三《竹洲晏尚书庙碑》,《全祖望集汇校集注》中册,第 999 页。

⑤ 全祖望:《鲒埼亭集外编》卷十六《碧沚杨文元公书院记》,《全祖望集汇校集注》中册,第 1045 页。

第四节　全氏补本之外：
全祖望对宋元儒学史的另一种叙述

尽管在全氏手上，《宋元学案》尚未全部竣稿，但百卷学案的《序录》及众多案语的确能略窥全祖望对宋元儒学史的真知灼见。然不可否认的是，后人仅将《宋元学案》全氏补本作为全祖望对宋元儒学史判识的唯一依据，只从学案文本提炼全氏的相关论点，视为全氏对宋元儒学史的全部见解，这无疑遮蔽了他在《宋元学案》外对宋元儒学史的认知。通过翻检全氏文集及相关文献，可发现学案并未囊括全氏对宋元儒学史的全部认识。这些认知，有的可补学案的论点，有的甚至与学案案语形成迥异的观点，故有必要从更广阔的文献视野中钩沉全氏对宋元儒学史的整体认识，以更好地把握全氏的学术思想。

一、长时段与地方史中的宋学

关于宋代儒学的缘起，自朱熹开始，已将其推源于宋初三先生（胡瑗、孙复、石介）。黄宗羲、黄百家亦采纳朱熹之说，认可三先生开伊洛之学的地位。全祖望在学案中对此同样未有疑议，并在此基础上从"庆历之际，学统四起"的判识中增补古灵四先生、士刘诸儒等人的学案，重视三先生之外的地方诸儒对宋学兴起的意义。但在学案中，全氏的案语并未涉及北宋以前的儒学与宋学的关系。关于这一问题，全氏在《宋元学案》以外的文献中，则有明确的论说。

不同于朱熹等人对汉唐儒学的诟病、鄙夷，全祖望从学术发展的长时段中肯定汉唐儒学的重要性。在他看来：

晦翁、同父之争，其抑扬只在汉、唐之学问功名。然汉、唐诚不足以望古人，而天之未丧斯文，际时之厄，亦不得不于驳杂之中，求稍可寄者而寄之。故同父之说固过恕，晦翁之说亦过苛。此愚所以有唐经师之议也。①

全祖望认为在朱熹与陈亮之辩中，朱熹一概否决汉唐诸儒的成绩，陈亮又过于强调汉唐儒学的造诣，二者均未能持论中允。全氏虽对汉唐儒学的驳杂有微言，但大力肯定他们在儒学发展过程中的"存亡继绝之功"②。依全氏之见，这种"存亡断绝"并非着眼于儒学内在的义理之学层面，而是儒学自身所涵括的内圣外王层面。所以他跳出汉学与宋学的纷争纠葛，更注重汉代经师之学的言行践履。在他眼中，张苍、贾谊、文翁、丁宽、申培、辕固生、韩婴、胡毋生、王阳、龚遂、魏相实、严彭祖等汉儒"或以宿德重望为一时重；或以经世务见用，或以大节，或以清名，多出其中③，均是儒学精神的显现。对于扬雄的学说，全祖望虽有质疑，但也肯定其"表彰遗文之功"，还特指出扬雄"其人自卓然不背于道"④。而对唐代诸儒，全氏亦一反宋儒之说，认为皮日休、强至、贾同等人"皆尝笺释《孟子》，……皆知言仁义而距异端者也"，而且"日休死于吴越，……其从祀可无嫌，况自韩愈而后，

① 全祖望：《鲒埼亭集外编》卷三十九《唐经师从祀议》，《全祖望集汇校集注》中册，第1550页。
② 全祖望：《鲒埼亭集外编》卷三十九《唐经师从祀议》，《全祖望集汇校集注》中册，第1550页。
③ 全祖望：《鲒埼亭集外编》卷三十八《汉经师论》，《全祖望集汇校集注》中册，第1530页。
④ 全祖望：《鲒埼亭集外编》卷三十九《亚圣庙配享议中》，《全祖望集汇校集注》中册，第1546页。

尊孟子者,日休之言最力"①。这些汉唐诸儒一方面践行儒家的忠孝节义,另一方面又注疏儒家经典,对儒学的存续确有功绩,并非被后人诟病的"无得于圣贤之大道"②。

尤其在宋初三先生之前,全祖望极力表彰韩愈、李翱、欧阳修三人对宋学兴起的重要意义。他认为:

> 伊、洛诸儒未出以前,其能以扶持正道为事,不杂异端者,只推韩、李、欧三君子。说者谓其皆因文见道。夫当波靡流极之世,而有人焉,独自任以斯道之重,斯即因文而见,安得谓非中流之一柱哉?③

所谓的"扶持正道"、"不杂异端"、"因文见道"同样是从维护儒学正统、彰显儒学精神中展开的评价。在这三人中,全祖望特别指出李翱对伊洛之学的意义,并反驳宋人深诋李翱的言论,认为李翱在三方面为宋学的兴起作了准备:

一是阐发《中庸》,建构思孟一系的道统。就全氏所解:

> 自秦汉以来,《大学》《中庸》杂入《礼记》之中,千有余年,无人得其藩篱,而首见及之者,韩、李也。退之作《原道》,实阐正心诚意之旨,以推本之于大学,而习之论复性,则专以羽翼《中庸》,观其发明至诚尽性之道,自孟子推之子

---

① 全祖望:《鲒埼亭集外编》卷三十九《亚圣庙配享议中》,《全祖望集汇校集注》中册,第 1546 页。
② 全祖望:《鲒埼亭集外编》卷三十八《汉经师论》,《全祖望集汇校集注》中册,第 1530 页。
③ 全祖望:《鲒埼亭集外编》卷三十七《李习之论》,《全祖望集汇校集注》中册,第 1510 页。

思,自子思推之孔子,而超然有以见夫颜子'三月不违仁'之心,一若并荀、扬而不屑道者,故朱子亦以'有本领,有思量'称之。①

李翱重视《中庸》,所撰《复性书》阐发儒学的诚、性、心等范畴,正为宋儒热衷讨论的儒学的形上世界做了铺垫。这一点全祖望是从儒学内在思想的发展理路着眼的。

二是严辟佛教。在中晚唐佛道风靡的思想浪潮中,李翱与韩愈大辟佛道而力挺儒学,自然是儒学功臣。全祖望将二人与宋儒对比后,大为讶异:"伊、洛高弟,平日自诩以为直接道统者多矣。然其晚年也,有与东林僧常总游者,有尼出入其门者,有日诵《光明经》一过者,其视因文见道之习之,得无有惭色焉。"②依全氏的判断,李翱在辟佛尊儒的道路上远比伊洛门人更加纯粹,足可与孟子的辟杨距墨相比肩。

三是其学有体有用,可以推极于世。如前所述,在思想的形下践履与内在的形上精蕴之间,全祖望更热衷前者,故其对学说的能否经世格外看重。在他看来,李翱的学说恰恰有体有用,可以济世,如"《平赋》则《周礼》之精意也,得此意而善用之,《雎》《麟》之盛可复也"③。

当然,全祖望表举汉唐诸儒是有条件的,在学问与道德之间,他更注重后者。那些道德有亏的经师,便难以纳入全氏的儒

① 全祖望:《鲒埼亭集外编》卷三十七《李习之论》,《全祖望集汇校集注》中册,第1511页。
② 全祖望:《鲒埼亭集外编》卷三十七《李习之论》,《全祖望集汇校集注》中册,第1511页。
③ 全祖望:《鲒埼亭集外编》卷三十七《李习之论》,《全祖望集汇校集注》中册,第1511页。

学范畴。如他就认为孔颖达虽注疏五经，但"生平大节有玷圣门"①，应罢黜入祀。从全祖望的评价标准及相关言论可以推勘，全氏是从维护儒学的正统地位以及整个儒学的内圣外王、体用并重的脉络中来彰显汉唐儒学的重要性。他表举汉唐诸儒，其实质是对宋明理学道统观的摒弃与超越，反映了其重建客观学术史的目的。相对朱熹等人纯粹从思想内在的关联中寻溯宋学兴起的源头，全氏的长时段视角无疑更有说服力。

　　与此前的学史著述相比，《宋元学案》全氏补本已经大大突破道统的谱系，注意到地方儒者在宋元儒学史中的身影，因此为范浚、许翰等众多游离于理学谱系之外的"独学崛起者"设立学案。不过，细细分析，这一增补其实仍是着眼于整部宋元儒学史视域下的考衡，地方儒者只是全国儒学版图中微不足道的补充。换言之，宋元地方儒学的状况及谱系如何，在《宋元学案》中依然是付之阙如的。当然，受制于卷帙与体例，在一部学案中不可能亦不必要巨细靡遗地呈现各地儒学发展的源流，但也并不能说全祖望完全没有意识到这一现象，只是他未在学案中加以勾勒，而在其他论著中则有相当的表达。对地域儒学传承的关注，能够丰富我们对全祖望所建构的宋元地方儒学史的认识。

　　在半个世纪的生命历程中，全祖望是与家乡紧密相连的，除去短暂的赴举京师，或客游吴中，或教授岭南，其大部分时间都居于故乡甬上。甬上丰厚的人文传统与先贤典型，使得他对乡邦投入了极其充沛的情感。他对宋元地方儒学谱系的建构，阐释最详尽的也非甬上莫属。

---

① 　全祖望：《鲒埼亭集外编》卷三十九《唐经师从祀议》，《全祖望集汇校集注》中册，第 1550 页。

在全氏建构的甬上儒学传统及谱系中,可以看到两大特色:

一是寻绎主流思想进入甬上的过程。从北宋的学术版图来看,二程的伊洛之学无疑是当时影响最广、受众最多的主流学派之一。洛学流入南方的脉络,全祖望在《宋元学案》中有清晰的表述,他称:"洛学之入秦也以三吕,其入楚也以上蔡司教荆南,其入蜀也以谢湜、马涓,其入浙也以永嘉周、刘、许、鲍数君,而其入吴也以王信伯。"①在这里,全氏将洛学入浙归源于永嘉九先生。其实,这只是就时间上作出的判断,全氏之意是说永嘉九先生最早将洛学传入浙江。而且,考诸史实,永嘉九先生所传洛学的范围基本限于温州一隅。甬上的洛学传入,实有其自己的传承脉络。

他认为,甬上儒学在隋唐以前属"阙略"之地,直到北宋,甬上诸生游学中原,将安定之学及洛学传入甬上,甬上儒学才逐渐兴盛。在他看来:

> 吾乡翁南仲始从胡安定游,高抑崇、赵庇民、童持之从杨文靖游,沈公权从焦公路游,四明之得登学录者,自此日多。②

从所举人物的籍贯来看,均是甬上之人。不过,全祖望还注意到北方诸儒南渡对甬上儒学的贡献。为论述外籍诸儒传学之意义,全祖望还特意以伊川弟子焦瑗南渡避地大函山麓为例,描述甬上如何接受儒家之学,树立尊师重道风气的过程。他称焦

① 全祖望:《宋元学案序录》,《宋元学案》卷首,第5页。
② 全祖望:《鲒埼亭集外编》卷十四《淳熙四先生祠堂碑文》,《全祖望集汇校集注》中册,第1002页。

瑷初居此地时：

> 居人颇藉藉道先生家居必修容，虽见妻子不少惰，出与
> 物接，动必中礼，后生辈多远之，而习为夷居之流者，甚且非
> 笑之，而先生不顾也。已而渐有从之者，望之俨然，即之温
> 然，则已心折；及详叩其议论，则有大过人者，始皆愿附讲
> 席，而信丰公之誉为不虚。及先生殁，而弟子遵其礼法如先
> 生无恙时，虽极贵显者，其容止庄敬，衣冠端严，人之见之，
> 不问皆知其为先生弟子也。……而诸生奉签判亦一如其所
> 以事先生者，于是甬上之人，益知以尊师为先务。[1]

全氏以如此大篇幅不厌其烦地描述这些细节，旨在向世人
诉说，包括焦瑷在内的儒者，其合乎礼的言行举止可以感化乡
里，重塑甬上风俗，所强调的其实是儒家所追求的修身齐家的意
义。全氏又以司马光弟子晁说之任职甬上，凸显其对甬上经学
的开创之功，"当是时，甬上经学尚未盛，先生首以正学之传，博
闻精诣，倡教于此。于是陈文介公有诸经说，而王茂刚以处士喜
说《易》，彬彬兴起，其有功于吾乡为甚侈"[2]。可以想象，焦瑷、晁
说之在一般的宋代儒学史中，只会作为程颐、司马光的门人附于
二人学派下，或者表彰各自在理学、经学的学术成就。至于焦、
晁二人与外地儒学的关系如何，着墨近乎寥寥。而全祖望从地
方的视角关注主流学说与地方社会的关系，某种程度揭示了宋

---

[1]　全祖望：《鲒埼亭集外编》卷十六《大函焦先生书院记》，《全祖望集汇校集注》中
　　册，第 1039—1040 页。

[2]　全祖望：《鲒埼亭集》卷第二十三《景迂先生船场祠堂碑铭》，《全祖望集汇校集
　　注》上册，第 424 页。

代以降完全地域性的学说已不存在，更多的是地域学术与全国学说的互动现象。或者说，地方学说所依附的载体虽是地方的人物，但其思想内涵则与主流学说是融贯相通，而非截然二分的。

二是建构甬上理学之外的经学与文学的谱系。尽管古代学术没有如今严格的学科之分，但是基本的六部或四部分类法仍被广泛运用于图书编目中，质言之，在古人心中，学问并非混沌一片，同样存在差异，不能截然等同。受固有思维范式的影响，包括《宋元学案》全氏补本在内的宋元儒学史著述，无不千篇一律描述、评价宋元两代理学发展的演变与分派。换言之，在他们眼中，宋元儒学史只是一部理学发展演变史。这一判识虽准确把握到了宋元学术不同前代的精髓，但容易掩盖宋元学说除卓绝的理学造诣外，在其他层面所达到的高度。事实上，理学的特色不只体现于理、气、心、性等形而上的范畴辨析，还渗透到经学与文学领域，可以说，经学与文学在宋元学术体系中亦占有重要的地位。全祖望在《宋元学案》中未涉及这些领域，却在学案之外，着力钩沉甬上经学与文学的传承谱系。关于甬上经学的传承谱系，他有两处提及，一处是在《尊敬阁祀典议》中，称：

> 唐以前未有师，宋宣和以后，陈文介公经学始著，而于是王茂刚以《易》，曹粹中以《诗》，高抑崇、高元之以《春秋》，郑刚中以《周礼》。迨至慈湖、广平两先生，而四明之经学始盛。深宁、东发两先生，而四明之经学始大备。①

---

① 全祖望：《鲒埼亭集外编》卷三十九《尊敬阁祀典议》，《全祖望集汇校集注》中册，第 1552 页。

另一处则是在为史弥远的《周礼讲义》作序时,论及:

> 予尝言吾乡经学先师,陈文介公于诸经俱有论说,此外,《易》则王处士茂刚,《春秋》则高侍郎闶、高处士元之,《诗》则曹通守粹中、舒通守璘、杨教授铢,《尚书》则袁学士燮,《周礼》则史丞相浩、郑教授锷,皆鼻祖也。
>
> 卫王之书,孝宗为建王时,在讲筵分讲。其书自《天官》起,止于《地官·司关》一十四卷,《中兴艺文志》谓其多所启发,孝宗称之者也。①

在这两处论说中,均推举陈禾为甬上的经学开宗。当然,联系前文,全氏称晁说之"首以正学之传,博闻精诣,倡教于此,于是陈文介公有诸经说",时间明显早于陈禾,似乎前后抵牾。不过,若深入全氏的论说语境,可以判断全祖望所指的经学开宗,是着眼于"吾乡经学先师"的视野,言下之意,他的经学谱系是以人物出生于本地域的原则编织的,而晁说之属于北方外来之儒,与此不符。此外,从这一经学谱系的名单中还可以看出,除了王茂刚、高闶、高元之、曹粹中、舒璘、杨铢、袁燮等这些较为世人注意的经学家外,全祖望还特标出史浩、史弥远父子在研治《周礼》上的造诣。史氏父子向来被视为权相,在理学家群体的舆论中饱受诟病,全氏却不畏世俗,不抹杀他们的经学成绩,甚至称美史浩是甬上治《周礼》的鼻祖之一。究其原因,固然不能排除乡邦意识的因素,但也不可否认全氏论学秉持公心的面向,这一评价远比其他固守门户学者的观点更符合历史原景。

---

① 全祖望:《鲒埼亭集外编》卷二十三《史卫王周礼讲义序》,《全祖望集汇校集注》中册,第 1177—1178 页。

对于甬上的宋元文学,全祖望亦有心中的传承谱系,他称:"甬上文统,自楼宣献公始为大家,而王尚书深宁继之,深宁之徒为戴户部剡源,剡源之徒为袁学士清容。其与剡源并起者,为任山长松乡,是称宋元五家。迁斋(楼昉)、本堂(陈著),又其亚也。"①稍加对比,即可发现,全祖望的宋元甬上文学谱系与理学、经学传承谱系相比,既有交叉又有出入。在他的谱系中,甬上文学始于楼钥,之后为王应麟,王氏传于戴表元,戴氏又传之袁桷,元代与袁桷齐名的是任士林。全祖望为何建构这一今日看来疑义甚多的宋元甬上文统的脉络,其意恐非表明此即为历史真相。况且,按正常的知识判断,楼钥以前的甬上诸儒自然不可能没有文学造诣。全氏的意思应当是说,自楼钥以降,甬上理学的文学色彩愈加浓厚,义理性的一面逐渐淡化,与理学逐渐分途。

这一现象在全氏描述的其他地域理学中亦有存在,如他指出婺中之学,"至白云而所求于道者,疑若稍浅,渐流于章句训诂,未有深造自得之语,视仁山远逊之,婺中学统之一变也。义乌诸公师之,遂成文章之士,则再变也"②。同样认为金华朱学从许谦开始,逐渐转向词章训诂,理学本身的义理色彩逐渐淡退。在文学之内,全祖望还通过选编《句余土音》,建构甬上的诗社传统,揭示了宋元理学家的诗趣及其各自的诗学特征。③ 在理学外注意到宋元两代的经学与文学,亦与全祖望"道不离经""文不离道"的"经道文合一"思想理念一致。前文曾揭,在他的思想体系中,经学、文学、理学三者既各自独立,又互为整体。不过,在三

---

① 全祖望:《鲒埼亭集外编》卷二十四《荥阳外史题词》,《全祖望集汇校集注》中册,第 1197 页。
② 《宋元学案》卷八十二《北山四先生学案》,第 2801 页。
③ 全祖望:《句余土音序》,《全祖望集汇校集注》下册,第 2313—2314 页。

者中，理学统摄经学与文学，一定程度而言，经学与文学均是"道"的载体与表现，经学与文学要以载道为宗旨。

全祖望从地方视角书写宋元甬上包括经学、文学在内的理学传统，一方面是想阐释儒学在宋代以降的发展与繁荣，并非官方的单向行为，还体现为地方知识群体的共同参与，可谓一场从庙堂到乡野的全国性运动。更深层次而言，从宋代开始，各地才逐渐改变原先浓郁的佛道氛围，重塑以儒学为主导的文化传统。另一方面，他对地方知识的梳理与辩证，亦是其重构乡邦文化传统中的一环。他多次表示对前贤时彦编纂的地方史志的不满，认为其中混淆史实、善恶不辨，如称"近修《四明山志》者，不加考证，牵连混入，山灵贻笑，至今齿冷"①，《四明山志》为黄宗羲所纂，全氏在这里虽隐去了梨洲之名，评判之语却毫不回护。对元代袁桷纂修的《延祐四明志》，他就直言不讳斥责其"言育王浮图知愚有高行，丞相求序其语录，知愚以为丞相晚节如病风，不许，丞相怒而杖之。为斯言者，真颠倒是非如病风，而浮图之妄，亦可知矣"②。

值得注意的是，全祖望对乡邦文献的整理，其用意并非纯粹记录当地的风土人物，而是期冀在书写地方性的知识中寄寓自身的人文意识。换言之，他借修补甬上文献以征存甬上文献，目的在于召唤时人自觉延续乡辈的学术传统，以重振乡邦固有之文化，而这种乡邦文化又是一种以道德忠义为重要内容的传统。

---

① 全祖望：《鲒埼亭集外编》卷十四《谢高士祠堂碑》，《全祖望集汇校集注》中册，第1009页。

② 全祖望：《鲒埼亭集外编》卷十四《吴丞相水则碑阴》，《全祖望集汇校集注》中册，第1028页。

二、多元网络中的思想渊源

《宋元学案》梨洲原本对人物学术源流的梳理,重在师友渊源,全祖望在补本中同样延续这一思路,初步绘制学案表,勾勒案主与传人的师友传承谱系。但宋元诸儒之间的学说交游错综复杂,远非单线或数条线的互动,他们的学术来源以及互动的背后其实是广阔的交往网络。全祖望已意识到这一现象,所以在学案中初步设立案主家学等栏目,但毕竟无法展示更细致的学术传承,故对全祖望所建构的宋元儒学网络,还需结合学案以外的文献才能有完整的认识。

在《宋元学案》之外,全祖望还大力发掘宋元儒者的多元学说渊源,突破单一的学术传承谱系。如在学案正文中,黄宗羲父子将甬上四先生作为陆学传人附于《金溪学案》内,言下之意,四先生的学术来源主要是陆九龄、陆九渊兄弟。全祖望虽将四先生单独设案,并强调四人学术有不同,然就全氏补修的学案来看,他们的思想来源仍是陆氏一脉。不过,全祖望在其他语境中则揭示了四先生除陆氏心学外的其他学术来源。他称:

> 尝读《宋史》,于陆子传中,只推四先生能传其学,而凡槐堂之子弟不豫,以四先生能得陆子之学统也。顾四先生皆导源于家学,其积力已非一日,及一见陆子即达其高明广大之境,相与神契而无间。①

在全氏的理解中,甬上四先生之学"皆"来自家学,后来遇到

---

① 全祖望:《鲒埼亭集外编》卷十四《四先生祠堂碑阴文》,《全祖望集汇校集注》中册,第 1005 页。

陆九渊，只是两种学说的"神契"而已，全氏在此显然否定了象山心学对四人学说影响的唯一性。他还具体追索了四人的学术交游网络。对于杨简，全氏的描述是：

> 广平尝自序其学曰："南轩开端，象山洗涤，老杨先生琢磨。"老杨先生，即通奉也。广平尝切磋于晦翁，讲贯文献于东莱，而自序不及焉，直以通奉鼎足张、陆，则其学可知矣。陆子铭通奉墓亦云："年在耄耋，而学日进，当今所识，杨公一人而已。"融堂谓通奉与物最恕，一言之善，樵牧吾师；省过最严，毫发不宥，至于泣下。是慈湖过庭之教所自出也。①

关于沈焕、舒璘、袁燮的学术渊源，全氏亦有自己的见解：

> 定川之父签判公学于焦先生公路，以传程氏之学。史忠定王称其忠信质直，容止庄敬，衣冠端严，造次必稽孔、孟之言，是是非非，无曲从苟止，孝修于家，行尊于乡，面箴人失，退无后言。其高弟舒烈作行状，谓签判之事焦先生极恭。其后诸生所以事签判一如之，虽已极贵，然莫敢躐签判家法。是定川过庭之教所自出也。
>
> 广平之父通直公，最与童公持之讲学相睦。陆子铭其墓，谓其温恭足以警傲惰之习，粹和足以消鄙吝之心，盖亦学有原本者。童公故龟山弟子也，遂为广平妇翁。
>
> 絜斋之父通议公，予曾见其《瓮牖闲评》一书，特说部耳。至其折节忘年，问道于定川，因使絜斋严事之，则知其

---

① 全祖望：《鲒埼亭集外编》卷十四《四先生祠堂碑阴文》，《全祖望集汇校集注》中册，第1005页。

从事于躬行之实,非徒洽闻者流也。①

从这些描述来看,四先生的学问全然来源于家学,以致全氏判断四人在结识陆氏兄弟前"已早得门内之圭臬而由之,况又亲师取友,遍讲习于乾、淳诸大儒,而去短集长,积有层累"②。为论证这一判断,全祖望还特意强调程朱之学的家学来源,称:"夫师明道兄弟者,必推本于大中;论康节者,上及古叟;宗建安者,不遗韦斋,则四先生之所自出,可以置之不问乎?"③

除了寻绎家学的脉络外,全祖望还标出沈焕与吕祖谦之学的关系,称沈氏"尤睦于成公,及其家居,忠公又官于鄞,切磋倍笃,故沈氏之学,实兼得明招一派,而世罕知之者"④。就学术谱系来看,全氏强调学说传承的多元来源无疑更符合历史的事实,反映了全氏作为史学家的求真旨趣。但全氏如此孜孜强调四先生的家学及东莱之学的影响,似乎又蕴藏了言外之意。

考全氏论述四先生家学的文字,皆出于《四先生祠堂碑阴文》一篇。从篇名即可推测,这是为四先生祠堂所作的表彰性文字,文中自然不能出现太多的批判之语。全氏在另一文中还评价四先生之一的袁燮:

---

① 全祖望:《鲒埼亭集外编》卷十四《四先生祠堂碑阴文》,《全祖望集汇校集注》中册,第1005—1006页。
② 全祖望:《鲒埼亭集外编》卷十四《四先生祠堂碑阴文》,《全祖望集汇校集注》中册,第1005—1006页。
③ 全祖望:《鲒埼亭集外编》卷十四《四先生祠堂碑阴文》,《全祖望集汇校集注》中册,第1005—1006页。
④ 全祖望:《鲒埼亭集外编》卷十六《竹洲三先生书院记》,《全祖望集汇校集注》中册,第1043页。

　　（袁燮）深戒学者骛高远而不览古今，此是当时为陆学
者之习气，正献及之，不一而足，可以知陆学本不如此。及
其流弊至于如此，则是傅子渊、包显道之徒有以致之，而杨、
袁不尔也。故《延祐志》中所载帖，极称慈湖之读书，今跋此
帖，正可以彼此互相证明。①

　　将陆学之流弊全部归咎于江西的槐堂诸儒，为甬上一脉与
陆学流弊开脱关系，这明显有违学术史的真实，甚至与全祖望自
己的判识亦前后抵牾。他在《宋元学案》中连连指摘杨简"慈湖
之言不可尽从"②、"慈湖泛滥夹杂"③，还称纂修《慈湖学案》"采
其最粹且平易者，以志去短集长之意，则固有质之圣人而不谬
者"④，言下之意，杨简之学有"不粹"及"不平易"者，与圣人之说
存在相谬之处。而这些类似诟病的言论在祠堂碑文中却毫无踪
迹，这也反向表明，在祠堂碑文这类歌颂溢美的文体中，凸显四
先生的家学渊源是为了撇清四人与陆学流弊的关系，以避免观
者对四先生之学的质疑。就学术史而言，厘清家学与四先生之
间的关系无疑是必要的。不过，从另一方面来看，我们也不必过
于纠结家学与四先生的关系究竟如何，我们所需要明白的或许
在于，宋元儒学的思想来源与形成从来不是单维度、唯一性的，
而是一直处于多元的网络互动中，只是在不同的阶段，各自思想
的来源有所偏向与侧重而已。

---

①　全祖望：《鲒埼亭集外编》卷三十三《跋袁正献公与舒和仲帖》，《全祖望集汇校集
　　注》中册，第 1416 页。
②　《宋元学案》卷七十四《慈湖学案》，第 2466 页。
③　《宋元学案》卷七十五《絜斋学案》，第 2525 页。
④　《宋元学案》卷七十四《慈湖学案》，第 2466 页。

三、整体视野下对王安石及反道学群体的评价

自北宋以来，对王安石及其变法的评价一直毁誉并存。从哲宗元祐时期至南宋高宗绍兴年间多次修纂的《神宗实录》，对王安石及其变法的评价经历了由否定到肯定再至否定的发展过程。而绍兴本《神宗实录》的"是元祐而非熙丰""唯是直书安石之罪"的编撰宗旨，遂成为后世诬谤王安石变法的基调。如《宋史》诋詈"王安石之流进售其强兵富国之术，而青苗、保甲之令行，民始罹其害矣"①，认为王安石变乱祖宗法度，是北宋亡国的根源。但是，在否定王安石及其变法的同时，仍不乏理性看待荆公新学与新法的观点。

与王安石同时期的欧阳修、苏轼、程颢等人都对王安石的道德品节多有褒赞。如欧阳修在举荐王安石的札子中，就称他"德行文学，为众所推，守道安贫，刚而不屈"②。苏轼也赞誉王安石"浮云何有，脱屣如遗""进退之美，雍容可观"③、不恋权位的高洁人品。当时反对新法的上官均（1038—1115），亦主张对王安石的政治、学术应持分开的意见，他称：

> 安石自为宰辅，更张政事，诚有不善；至于沉酣六经，贯通理致，学者归向，固非一日。非假势位贵显，然后论说行于天下。其于解经，虽未能尽得圣人之意，然比诸儒注疏之

---

① 《宋史》卷一百七十三《食货上一》，第 4156 页。
② 欧阳修：《欧阳修全集》卷一百九《荐王安石吕公著札子》，李逸安点校，北京：中华书局，2001 年，第 1653 页。
③ 苏轼：《苏轼文集校注》卷三八《王安石赠太傅》，张志烈、马德富、周裕锴主编：《苏轼全集校注》第 14 册，石家庄：河北人民出版社，2010 年，第 3774 页。

说,深浅有间矣。……此中外士大夫之所共知也。①

上官均并没有像其他学者那样,因为否定变法,一同否定王安石的经学成就。他虽批评新法"诚有不善",但承认王安石解经卓有造诣。

其实,除对王安石的人品、学术多有肯定外,当时不少人对王安石的变法亦不乏理性的认识。当司马光主张全部废黜新法时,范纯仁、程颐以及苏轼等被视为元祐党人的群臣均谏言保留部分变法政策。如范纯仁一再坚持"差役一事,尤当熟讲而缓行,不然,滋为民病"②,程颐也不赞成司马光变更免役法。③ 在改革科考之法上,甚至一向反对新法的司马光,对王安石废罢诗赋、帖经、墨义改用经义、论策取士,亦深表赞同,只是不同意以《三经新义》作为科举用书。

南宋的朱熹对王安石及其变法亦持二元之立场。他从变法结果考虑,深诋新法"流毒四海",但他对王安石立法的初衷是肯定的。如青苗法,朱熹就认为:"其立法之本意固未为不善也。但其给之也,以金而不以谷;其处之也,以县而不以乡;其职之也,以官吏而不以乡人士君子;其行之也,以聚敛亟疾之意,而不

---

① 李焘:《续资治通鉴长编》卷三百九十"哲宗元祐元年十月"条,上海师范大学古籍整理研究所、华东师范大学古籍整理研究所点校,北京:中华书局,2004 年,第9500 页。
② 《宋史》卷三百一十四《范纯仁传》,第 10286 页。
③ 程颢、程颐:《河南程氏外书》卷十二《传闻杂记》引《上蔡语录》,《二程集》第 2 册,王孝鱼点校,北京:中华书局,1981 年,第 425 页。

以惨怛忠利之心。是以王氏能以行于一邑,而不能以行于天下。"①在朱熹眼中,王安石立青苗法用意"未为不善",只是在实行过程中,官吏聚敛谋利导致殃祸天下。他在婺州金华县设社仓之举,当时人就视其为青苗法之翻版。

可以说,在王安石变法失败的阴影下,朝野士人对王安石其人其学斥责纷纷,但不可否认,亦有相当人士秉着清晰的认识,将王安石的新学与新法区分对待,即使诟病王安石的政治者,仍有不少认为新法有可取之处。

通过鸟瞰王安石评价的学术史,可清晰发现王安石变法得到较多的澄清与肯定的时候,往往是社会遭遇危机的时代。如明嘉靖以降,国势日蹙,不少人对新法有了更积极的认识。如临川人章衮在为王安石文集作序时,就极论新法之善。他从北宋内外忧患的背景切入,认为王安石的节行文章"大过于人,而道德经济又独惓惓,以身任之"②,其与宋神宗二人君臣相契,创制立法,"以为天下而非私己",是拯救天下之经世表现。在章衮眼中,被后世诟病的常平、青苗、雇役、均输、保马诸法,均是切中当时社会弊疾之良方。至于新法最后的失败,他归之于群臣的肆意攻击:

> 一令方下,一谤随之,今日哄然而攻者安石也,明日哗然而议者新法也。台谏借此以贾,敢言之名公卿借此以徼

---

① 朱熹:《晦庵先生朱文公文集》卷七十九《婺州金华县社仓记》,朱杰人、严佐之、刘永翔主编:《朱子全书》(修订本)第20册,上海:上海古籍出版社;合肥:安徽教育出版社,2010年,第3776页。

② 章衮:《章介庵文集》卷三《王临川文集序》,《四库全书存目丛书》据清乾隆十八年章文先刻本影印,集部第81册,第576页。

恤民之誉,远方下吏随声附和,以自托于廷臣之党,而政事
之堂几为交恶之地。①

在章衮看来,那些攻击新法者根本未从现实出发,一味称善
祖宗之法而排斥新法,忽视二者真正的社会意义。他还列举攻
新法者常有意无意曲解王安石之说,“或离析文义,单择数语而
张皇之,如三不足之说,公之所以告君者,何尝如是也?”②相较于
对王安石的新学尤其是新法的种种诟病,章衮的辨析无疑是“惊
天之论”。这一拳拳用意,据四库馆臣称是缘于“桑梓情深”,但
从章衮为新法所做的辩解来看,其中观点确有合理之处,彰显出
其相当的学术勇气,故馆臣亦肯定他能“毅然翻久定之案”③。

章衮为王安石新法辩解的这种努力与言论,在明末清初的
社会大变革中亦得到了响应。以“实学”“习行”著称的颜元,就
表达了对新法的肯定:

> （王安石）所行法如农田、保甲、保马、雇役、方田、水利、
> 更戍、置弓箭手于两河,皆属良法,后多踵行。……宋岁输
> 辽、夏银一百二十五万五千两。其他庆吊聘问、赂遗近幸又
> 倍是,宋何以为国?奉以岁币,求其容我为君,宋何以为名?
> 又臣子所不可一日安者也。而宋欲举兵,则兵不足;欲足
> 兵,饷又不足。荆公为此,其得已哉!……宋人苟安日久,
> 闻北风而战栗,于是墙堵而进,与荆公为难,极诟之曰奸、曰

---

① 章衮:《章介庵文集》卷三《王临川文集序》,第578—579页。
② 章衮:《章介庵文集》卷三《王临川文集序》,第579页。
③ 纪昀、永瑢等:《四库全书总目》卷一七七《集部·别集类·存目四·章介庵集提
要》,《四库全书总目》下册,北京:中华书局,1965年,第1580页。

邪，并不与之商榷可否，或更有大计焉，惟务使其一事不行、立见驱除而后已，而乃独责公以执拗，可乎？且公之施为，亦彰彰有效矣，用薛向、张商英等办国用，用王韶、熊本等治兵，西灭吐蕃，南平洞蛮，夺夏人五十二寨，高丽来朝，宋几振矣！……其指斥荆公者，是邪非邪？虽然，一人是非何足辨，所恨诬此一人，而遂忘君父之仇也。而天下后世遂群以苟安颓靡为君子，而建功立业、欲撑挂乾坤者为小人也，岂独荆公之不幸，宋之不幸也哉！①

从此文系列反问可知，颜元与章衮的思路一脉相承，均站在北宋求富求强的脉络中极力为王安石变法辩解，认为新法符合当时形势的需要。颜元甚至发出了变法的失败是宋代不幸的历史感慨。

在全祖望生活的雍正、乾隆时期，亦不乏肯定王安石学说与政治的言论。被全祖望奉为恩师的李绂，不满于宋代以来有关王安石文献的记载抵牾，以及斥王氏为奸邪的定论，从材料入手，对苏洵的《辨奸论》、"放郑声远佞人"一事、王安石诋《春秋》为断烂朝报等均作了考辨，尽力澄清王安石身上的种种污点。顾栋高于雍正十三年（1735）完成的《王荆国文公年谱》，所据材料虽不出《宋史》，但将熙宁变法事一一按年月排定，同样透露出认可王安石变法的某种倾向。② 全祖望在《宋元学案》内为王安石设案，但并未按照宋元诸儒的时间顺序编次，而是将其列于卷

① 颜元：《宋史评佚文》，《颜元集》下册，王星贤、张芥尘、郭征点校，北京：中华书局，1987年，第799—800页。
② 参见童强："'王安石研究'的清学地位"，《江海学刊》2005年第3期。

末三卷《学略》中，名《荆公新学略》，王梓材认为其有"示外之之意"①。但通览此卷学略以及《宋元学案》之外的文献，并未发现全氏对荆公新学有歧视的态度。

在全氏文集中，全祖望称颂"荆公重实学"，认为其学有助于经世，坚决反对将王安石"驱之于词章"②之举。座师李绂病逝后，全祖望为其撰写的神道碑铭这类溢美隐疵的文字时，亦用"尧舜君民之志不下荆公"③的语句来夸饰对方。而且，全祖望还特地建构了荆公新学的传承谱系：

> 荆公六艺之学，各有传者，考之诸家著录中，耿南仲、龚原之《易》，陆佃之《尚书》《尔雅》，蔡卞之《诗》，王昭禹、郑宗颜之《周礼》，马希孟、方慤、陆佃之《礼记》，许允成之《孟子》，其渊源具在，而陈祥道之《论语》，鲜有知者，但见于昭德晁氏《读书志》而已。荆公尝自解《论语》，其子雱又衍之，而成于祥道。长乐陈氏兄弟深于《礼》《乐》，至今推之，乃其得荆公之传，则独在《论语》。……或曰：是书本出于道乡邹公，而托于祥道。予谓道乡伟人也，岂肯袭阮逸辈之所为哉？诸家为荆公之学者，多牵于《字说》，祥道疵颣独寡，为可喜也。④

---

① 《宋元学案》卷一百《屏山鸣道集说略》，第 3316 页。
② 全祖望：《鲒埼亭集》卷第三十五《词科缘起》，《全祖望集汇校集注》上册，第 681 页。
③ 全祖望：《鲒埼亭集》卷第十七《阁学临川李公神道碑铭》，《全祖望集汇校集注》上册，第 319 页。
④ 全祖望：《鲒埼亭集外编》卷二十三《陈用之论语解序》，《全祖望集汇校集注》中册，第 1182 页。

与此同时,全祖望还曾谋刻王安石的《周礼新义》、王昭禹的《周礼解》、郑宗颜的《考工记注》、陆佃的《尔雅新义》以及陈用之的《论语解》,这些新学人物的著作世多不传,而在全氏看来,均具有重要的学术意义,可见"熙、丰之学之概"①。又如王安石的《字说》,历来被诟病最多,连黄宗羲也不免指摘:"《新经》《字说》之类坏人心术,非识见过人者,不能破其篱落耳!"②对这些著作大加鞭挞。全祖望则从学术史角度为其正名,评价《字说》"盖有卓然足以正前人之失者,未可尽指为穿凿"③。这些均反映了全氏对荆公新学的赞赏,以及客观公允的学术史视野。

全氏在激赏新学的同时,对新法亦有同情之理解。他在《王文公祠》一诗中,对新法颁行之"不得人"深表遗憾:

> 文公本负皋夔志,青苗误祖周国服。须知常平与青苗,其法如车人如轴。常平失人亦贻厉,青苗得人亦造福。文公行之吾乡时,鄞山之民遍尸祝。于今吾乡岁岁行常平,但为墨吏腰缠汆饱黩。④

诗中肯定王安石的经世之志,并认为常平、青苗法祸害天下的原因是"不得其人",并非法令本身之故。他还特意表举王安石在鄞县行此法受民拥戴的历史,称赞王安石设立新法的初衷是为了天下福祉。为洗清王安石之罪名,他甚至将新法之败归

---

① 全祖望:《鲒埼亭集外编》卷二十三《陈用之论语解序》,《全祖望集汇校集注》中册,第1182页。

② 《宋元学案》卷二十四《上蔡学案》,第935页。

③ 全祖望:《鲒埼亭集外编》卷二十三《重和五经字样板本题词》,《全祖望集汇校集注》中册,第1185页。

④ 全祖望:《句余土音》卷上《王文公祠》,《全祖望集汇校集注》下册,第2332页。

咎于蔡卞等人,"荆公之有蔡卞,其人本殊途,而竟以成新法横决之祸,是又运会之有嘿主其间者也"①,为王安石其人其学努力辩解。

在《荆公新学略》中,全氏摘录了南宋刘清之评王安石的一段话:

> 介甫不凭注疏,欲修圣人之经;不凭今之法令,欲新天下之法,可谓知务,第出于己者,反不逮旧,故上误裕陵,以至于今。后之君子,必不安于注疏之学,必不局于法令之文,此二者既正,则人材自出,治道自举。②

刘清之在这里对王安石的经世精神表示认可,但认为荆公新法失败的原因是王安石"出于己者",改弦过度,以致矫枉过正,这一解释深得全祖望之意,故称"此条最精"。

有学者认为,就王安石而言,以"略"取代"案"的真正原因是长期以来的历史偏见。即使蔡上翔于嘉庆九年(1804)成书的《王荆公年谱考略》立意表彰王安石,但由蔡序可知当时对王安石的偏见依旧存在。因此,全祖望在《宋元学案》中能够补立专卷来反映王安石新学,实已属极开明的做法,不仅要有卓绝的史识,而且也要有巨大的勇气。③ 这一论断的确指出了全祖望立荆公新学的重要缘由,不过略有笼统之嫌,并未全面反映所谓的

---

① 全祖望:《鲒埼亭集外编》卷二十五《历朝人物亲表录序》,《全祖望集汇校集注》中册,第 1230 页。
② 《宋元学案》卷九十八《荆公新学略》,第 3250 页。
③ 何俊:《宋元儒学的重建与清初思想史观——以〈宋元学案〉全氏补本为中心的考察》,《中国史研究》2006 年第 2 期。

"当时的偏见"究竟是什么，尤其是全氏所须承受巨大压力的清廷对王安石的态度如何。而从官方主持编修的《四库全书总目》考察，①此时清廷对王安石的态度，呈现出颇为复杂而微妙的迹象。

清点《四库全书总目》中对王安石的评判，主要涉及以下几条，见表 2-1：

表 2-1　《四库全书总目》中对王安石的评判

书名	作者	四库馆臣评语
《王荆公诗注》	（宋）李壁	其人殊不足重。而笺释之功，足裨后学，固与安石之诗均不以人废云。
《涉斋集》	（宋）许及之	安石之文，平揖欧、苏，而诗在北宋诸家之中，其名稍亚，然少年锻炼镕铸，工力至深。
《颐庵居士集》	（宋）刘应时	安石诗虽镕炼有痕，不及苏、黄诸人吐言天拔，而根柢深厚，气象自殊，究非应时之所及。
《七经小传》	（宋）刘敞	其说亦往往穿凿，与安石相同，故流俗传闻，致遭斯谤。……且安石刚愎，亦非肯步趋于敞者。谓敞之说经，开南宋臆断之弊，敞不得辞；谓安石之学由于敞，则窃鈇之疑矣。
《临川集》	（宋）王安石	朱子《楚辞后语》谓安石致位宰相，流毒四海，而其言与生平行事心术，略无毫发肖，夫子所以有于予改是之叹，斯诚千古之定评矣。

---

① 《四库全书》于乾隆三十八年（1773）正式开始编修，乾隆五十年（1785），四库馆正式闭馆（参见张升：《四库馆开、闭馆时间考》，《图书馆杂志》2011 年第 12 期）。从开馆到闭馆，正是全祖望生活的时代，因此《四库全书总目》的评论可视为当时官方对学术的态度。

书名	作者	四库馆臣评语
《周官新义》	（宋）王安石	安石之意，本以宋当积弱之后，而欲济之以富强，又惧富强之说必为儒者所排击，于是附会经义以钳儒者之口，实非真信《周礼》为可行。迨其后，<u>用之不得其人，行之不得其道，百弊丛生，而宋以大坏，其弊亦非真缘《周礼》以致误。……故安石怙权植党之罪，万万无可辞，安石解经之说，则与所立新法各为一事</u>。程子取其《易》解，朱子、王应麟均取其《尚书义》，所谓言各有当也。 今观此书，惟训诂多用《字说》，病其牵合，其余依经诠义，……皆具有发明，无所谓舞文害道之处。故王昭禹、林之奇、王与之、陈友仁等注《周礼》，颇据其说。《钦定周官义疏》亦不废采用，又安可尽以人废耶！

　　从表 2-1 中四库馆臣的评论来看，他们对王安石的人品、道德及诗文造诣不乏赞誉，但是对其颁行的《三经新义》，则有"妄改经典""穿凿附会"的批判，毕竟在众多四库馆臣心中，汉学才是治学的正途与宗旨，不过他们也表现出包容的一面，对《字说》《周官新义》等新学著作不因人废言。至于王安石的新法，则直接被全盘否定，诋詈王安石有"怙权植党之罪，万万无可辞"。他们甚至将朱熹评价新法"未有不善"之语直接隐去，只抽出"致位宰相，流毒四海"一句，否定新法的一切成果。可以看出，四库馆臣在对待新学与新法上实行的是双重标准，对新学尽管带有批评语气，但基本持肯定的态度，对新法则一概否决。

　　对比全祖望与四库馆臣对王安石的新学及新法的态度，不难发现，前者持均予肯定的态度，而后者只在道德与学术层面认可王安石，在政治上则坚持否定新法，表现出新学与新法背离的二元评判。这也表明清廷对王安石并非全面的排斥，而是有限的接纳。由是观之，全祖望设《荆公新学略》，与流俗之论相比，尽管有一定创识，但其并未完全按照自己对新学新法的态度，把荆公编入正案，这也反照出全氏为规避政治压力与舆论而做出的让步。① 脱离历史语境，过度凸显全氏的学术创识与勇气，亦大可不必。

---

① 全祖望在续补《宋元学案》时受当时政治的制约还表现在改动陆九渊的语录一事上。在《宋元学案》中，全氏曾从《象山文集》中撷取一段文字以陈述陆九韶的政治见解，全氏摘录道：

> 松年尝问梭山："孟子说诸侯以王道，行王道以崇周室乎？行王道以得天位乎？"梭山曰："得天位。"松年曰："岂教之篡夺乎？"梭山曰："民为贵，社稷次之，君为轻。"象山叹曰："家兄平日无此议论，旷古以来无此议论。"松年曰："伯夷不见此理，武周见得此理。"（《宋元学案》卷五十七《梭山复斋学案》，第 1878 页）

全祖望的摘录与《象山文集》的原文颇有出入。《象山文集》中，此段文字是：

> 松年尝问梭山云："有问松：'孟子说诸侯以王道，是行王道以崇周室？行王道以得天位？'当如何对？"梭山云："得天位。"松曰："却如何解后世疑孟子教诸侯篡夺之罪？"梭山云："民为贵，社稷次之，君为轻。"先生再三称叹曰："家兄平日无此议论。"良久曰："旷古以来无此议论。"松曰："伯夷不见此理。"先生亦云。松又云："武王见得此理。"先生曰："伏羲以来皆见此理。"（《陆九渊集》卷三十四《语录上》，钟哲点校，北京：中华书局，1980 年，第 424 页。）

可以发现，《象山文集》原文中，陆九渊对陆九韶的再三称叹，在全氏摘录中却被删去，以致象山的言论变成否定的语气，删去"伏羲以来皆见此理"更加使得象山的态度变得模棱两可。在全祖望的时代，文字罹祸的恐惧固然存在，却不适于解释上述文字的偏差，因为陆九渊早已入祀孔庙多年，全祖望不必为他负任何言语的责任。全氏对陆九渊原意的改动有可能是受到了当时专制思想的暗示，无意中形成一个可能被接纳的政治观点。参见黄进兴《优入圣域：权力、信仰与正当性》，北京：中华书局，2010 年，第 102 页。

其实,与对王安石的高度评价相比,全祖望对反道学群体的态度倒更能凸显其创识与学术勇气。自司马光等元祐党人被塑造成忠臣后,依附新法的蔡卞、舒亶等人直接被视为"奸邪"。与之相似的是,朱熹理学被奉为官方学说后,当年攻击道学的郑丙、林栗之流在后人眼中亦成为"小人"之代表,《宋史》即诋詈郑丙"狐媚苟合,以窃贵宠",林栗"以私忿诋名儒,不为清议所与"①。至于他们的才学,因为声名狼藉之累,自然被掩盖或一并斥责。全祖望素来提倡气节,表举忠义,对这些人的品行无疑是抱以鄙夷态度的,在《宋元学案》中,蔡卞、郑丙、林栗诸人分别被归入《元祐》《庆元》党案之末,显示出他对这些人攻击理学群体的忿恨。但全氏并未因此诋毁他们自身所负有的才学,而是抱有同情之理解。他虽承认庆元道学之禁,"滥觞于郑丙",但他认为郑丙此前亦属清流,并征引岳珂《桯史》等史料,认为:

> 丙初登西掖,力言赏功迁职之滥,奎札奖许,又力雪陈龟年之狱。韩子师以曾觌援,将召用,丙力争之,⋯⋯虽古之名臣,何以加诸。水心亦称丙之风力。呜呼!朱、王、叶三老者,皆庆元党魁也,丙亦何心,彼猖晚节,竟相背而驰乎?然《宋史》一概抹而不书,则亦非善恶不相掩之史法也。②

尽管全祖望对郑丙攻击朱熹、叶适等道学人物心存忿恨,但他从个人历史的整体视野着眼,大力表彰郑丙早年针砭弊政、力

---

① 《宋史》卷三百九十四传末论,第 12044 页。
② 全祖望:《鲒埼亭集外编》卷二十八《跋宋史郑丙列传》,《全祖望集汇校集注》中册,第 1308 页。

救良臣的正义之举,并对《宋史》只关注郑丙后期事迹而隐没其早年政绩深表不满。

对舒亶、林栗等人,全祖望亦以"德学两分"的标准评价。他一方面诟病舒亶附丽新党,有愧楼郁门人,"其人不足称",但另一方面,亦不掩盖舒亶之才学,称誉其"文辞终属甬上名笔"①。当徐乾学等人因林栗曾攻击朱熹而斥毁林栗的《周易集解》时,全祖望亦表现出极大的遗憾,称其"所见隘矣",并为林栗辩解:

> 予谓黄中立朝风节卓绝,其论朱子,激于一时之胜心,不过如东坡之排伊川耳。后世不闻因伊川之争,而置东坡于惇、卞之间,安得因朱、林之争,而以黄中与陈贾、胡纮同传,是固不待勉斋之文而雪也。②

他还进一步考证林栗纠朱子的用意并非出于私心,而是因各自的政见不同。③

在学术见解上,全祖望虽不认同林栗解《易》,但也主张"不必以其有异于朱子而反称之"④。这些见解的确跳出了门户、道德之桎梏,从历史的语境中重新解读反道学群体的学术与政治,正如其自谓的"是吾持平之论",体现了全祖望重写历史的倾向。

---

① 全祖望:《鲒埼亭集外编》卷十六《庆历五先生书院记》,《全祖望集汇校集注》中册,第 1038 页。

② 全祖望:《鲒埼亭集外编》卷二十七《读林简肃公周易集解》,《全祖望集汇校集注》中册,第 1264 页。

③ 全祖望:《鲒埼亭集外编》卷二十七《读林简肃公周易集解》,《全祖望集汇校集注》中册,第 1265 页。

④ 全祖望:《鲒埼亭集外编》卷二十七《读林简肃公周易集解》,《全祖望集汇校集注》中册,第 1265 页。

毋庸讳言,全祖望对反道学群体"德、学"两分的评价,出于其史家公心的自觉意识。不过,通过相关史料的解读,亦能寻绎出其他因素。全氏在为舒亶的遗址作《嬾堂记》时,诉说撰写的缘由是:"吾鄞之不以中丞为前辈,并其故迹亦鲜称道者,得非以是故欤?……凡吾鄞之胜地,率以中丞诗著,而湖上尤为总持,此予之惓惓而不已也。"①显然,表举舒亶之才学,一方面是其诗文之隽俊,另一方面是为了祛除乡人因层累偏见而造成的历史误解。他还特意标示"嬾堂之后人,乾道八年进士烈,受业沈签判公权,为程氏之学云"②,嘉许沈烈师从二程,重归学术正途。言下之意,全祖望表面上志在为历史人物翻案,其真正目的是提醒那些被视为"败德"人物的子孙汲取先祖之殷鉴。是故,他倡言区分对待"败德者"及其子孙:

> 邢恕之有居实,章惇之有援,赵挺之之有明诚,坡、谷所亟许也。虽欲勿用,山川不舍,圣人言之,揆之诸公之意,深不欲人道其父兄之耻,以见其贤。然而是固百世孝慈所不能讳也,吾故特表而出之,使天下为父兄者,弗为败行以贻子孙之戚,而子弟之不幸而罹此者,能慎所趋则幸矣。③

尽管祖宗有败行败德,但子孙无须自陷于家族污名的泥淖,而是可以重新修身养德,进而洗刷祖宗之污垢,世人亦不必以陈

---

① 全祖望:《鲒埼亭集外编》卷十八《嬾堂记》,《全祖望集汇校集注》中册,第1090页。
② 全祖望:《鲒埼亭集外编》卷十八《嬾堂记》,《全祖望集汇校集注》中册,第1090页。
③ 全祖望:《鲒埼亭集外编》卷十二《七贤传》,《全祖望集汇校集注》中册,第978—979页。

年旧迹苛责后人。毫无疑问,全祖望的立足点正是基于现实的观照,与全氏一贯表彰的道德品行同轨合辙。

还值得注意的是,《宋元学案》中的众多案语并不足以囊括全祖望学术史观点的全部。如学案中,全祖望对范祖禹及其协助司马光修《资治通鉴》甚为推奖,但在学案之外,他同样表达了"愚最以《唐鉴》为冗,后人以伊川许之,遂有'范唐鉴'之目,而以其书孤行,其实裁量未为简净也"①的批评。金履祥在《北山四先生学案》的全氏案语中有"明体达用,浙学中兴"之类的夸赞,但全氏在答弟子问时,并非一味回护仁山,而是通过考经证史,指出许多解经条目"朱子是而仁山非也","仁山在宋儒中,考古最精,而于此事则失之"②。透过这些案例,多少能折射出《宋元学案》全氏补本只是全氏宋元儒学史观的一面。只有绾合多方文献,才能较准确把握全氏对宋元儒学的态度。反过来说,全祖望续补《宋元学案》的旨趣,并非如后人所说的纯粹书写一部"客观"的宋元儒学史,而是寄寓了其内在的思想诉求。当然,这种诉求又是以最大反映历史原貌为前提的。

小　结

从学术渊源与纂修语境来看,全祖望续补《宋元学案》是对官修《明史》尊朱辟王以及清廷压制学术自由的不满,有步踵梨洲父子为阳明学辩护的目的。当然,他为阳明学辩护,已非纯粹

① 全祖望:《鲒埼亭集外编》卷四十《通鉴分修诸子考》,《全祖望集汇校集注》中册,第1586页。
② 全祖望:《经史问答》卷六,《全祖望集汇校集注》下册,第1954页。

沿袭为阳明学争道统的旧路,而是绍承了黄宗羲晚年的"一本万殊"说,形成"去短集长,不名一师"的学术宗旨,其为宋元诸家立案,已跳出朱陆之争的狭隘之见。这种和会诸家的无门户意识,以及对历史事实的考证,反映了全氏寻求"真历史"的倾向。由此也可看出,全祖望对宋元思想史的态度,已经从理学内部的门户纷争转向对梳理理学整体历史的客观认知,以理性知识取代阐扬门派的主观价值。换句话说,在全祖望手里,理学内部的朱、陆的道统纷争真正得以终结,宋元儒学整体而客观的面向逐渐浮现。

在对"儒者"的认定上,全祖望甚至将《宋史》中划为"文人"而收入《文苑传》的黄庭坚、杨万里等人收入《宋元学案》,从而在梨洲父子合"道"与"儒"为一的基础上,进而扩展为合"道""儒""文"为一的思想史视域。当然,他所谓的"文"必须以"道"与"经"为根柢。在儒、佛、道三者之间,全祖望表现出固守儒学而严辟佛、道的坚定态度,其在《宋元学案》卷末立《屏山鸣道说略》,批判李之纯的"援儒入释",目的正在于确立儒学的正统性与纯洁性。

对比梨洲原本与全氏补本,全氏除新增众多学案外,在评价案中人物时学术与道德并重,与黄氏父子较多考虑学术的思路有不少出入,甚至在道德与学术之间,全氏一度表现出道德重于学术的面向。全祖望自己以及后来学者均表示其续补《宋元学案》是为了重修《宋史》。的确,全祖望摈弃了《宋史》以程朱为尊的学术史观,但在人物评价与价值导向上,其反而自觉延续了《宋史》以道德为中心的理学史观,而非全盘否决《宋史》的意义。他重修《明儒学案》以"躬行"取代黄宗羲的"自得"标准,也说明续补《宋元学案》实寄寓他扶植儒家伦理纲常的诉求。对全氏而言,儒学的意义更重要的是体现于形而下的寻常日用,而非是形而上的义理辨析。他对学案的内容补修与史实考证,目的亦非纯粹的重建宋元儒学的知识史,而在于阐扬宋元儒学的真义,以及发挥其在现实中的教化功能,通过儒家伦理道德的宣传,移风易俗,从而重建符合"道"的人伦关系与社会秩序。从这一维度切入,或许有助于解释清初以来形而上玄远之学的没落。

第三章　黄璋父子与
《宋元学案》的校补

《宋元学案》从清初黄宗羲的发凡,到道光年间王梓材、冯云濠的最终校定、刊刻,前后历经百余年。就学界对编纂者的关注程度而言,几乎全聚焦于梨洲父子、全祖望三人,顺带触及王梓材、冯云濠。其实,黄宗羲后裔自始至终参与《宋元学案》书稿的保存、抄录及校补。可以说,没有这些黄氏裔孙的奔波、续补,《宋元学案》难以遗留至今。在这些后裔中,黄璋、黄征乂父子对《宋元学案》的校补,贡献最为卓荦。两种《宋元学案》黄璋校补稿本的发现,为考察黄璋父子的校补内容以及其对宋元理学的认识提供了重要线索。对这些文本的对比及解读,可以呈现从黄宗羲、全祖望到黄璋父子对宋元理学史认识的演进过程。

第一节　两种《宋元学案》
黄璋校补稿本的学术价值

《宋元学案》的通行本系王梓材、冯云濠校定并由何绍基于道光二十六年(1846)刊刻的百卷本。余姚梨洲文献馆《宋元学案》(以下简称余姚本)与台湾中研院傅斯年图书馆《宋儒学案》(以下简称傅图本)、中国国家图书馆《元儒学案》(以下简称国图本)的发现,使被百卷刻本遮蔽的众多面相得以浮现。尽管余姚本与傅图本已为人所知,但分藏两岸,又未全部公开,学者难同时获取,而国图本《元儒学案》迄今尚未引起学者的注意,故对相关问题的讨论殊为有限。① 合观这些稿本,并与通行百卷刊本进行对比,可发现许多此前未被涉及的问题。经全面比对,三版本之间既有联系又有不同。这些联系与差异的存在,对解决相关悬案,纠正前人讹误以及重新认识《宋元学案》均有重要价值。

一、余姚本与傅图本的关系

余姚本共二十册(各册内容见表 3-1),封面总题"黄梨洲宋元学案玄孙稚圭校补稿",每册扉页均有"邵氏钧儒珍藏""召氏藏书""余姚县图书馆善本藏书"的钤印。此书稿清末时由黄氏后人赠于余姚邵衍臣(字钧儒),新中国成立后又入藏余姚梨洲文献馆(2010年转藏余姚博物馆)②,故有邵氏及余姚图书馆的图章。关于余姚本,吴光曾有过目,称其"共录学案五十五个,其中《永嘉学案》《鸣道学案》《西山学案》分别有草稿本和誊清本,除去重复者,实存学案五十二个"③,然此说似有可商榷之处:其一,余姚本第六本的《鸣道学案》与第十九本的《鸣道学案》确系同一案,属草稿本和誊清本的关系。然第五本的《永嘉学案》,卷首题"永嘉程门学案",正文所载为刘安节、刘安上、许景衡、周行己、张辉、戴述、赵霄、沈躬行、蒋元中、鲍若雨等人,其内容与后来通行本的《周许诸儒学案》相近。而第十七本中的《永嘉学案》,实乃《艮斋学

---

① 对三者之间的比较,目前主要有:《黄宗羲全集》(浙江古籍出版社)以余姚本作为《宋元学案》的参校本,以及附录中吴光的《〈宋元学案〉补考》;葛昌伦《〈宋元学案〉成书与编纂研究》;张艺曦《史语所藏〈宋儒学案〉在清中叶的编纂与流传》。
② 谢向杰、邵九华:《一部书稿的旅行——〈宋元学案黄璋校补稿〉流传经历初考》,国际阳明学研究中心编:《国际阳明学研究》(第二卷),上海:上海古籍出版社,2012年,第329—333页。
③ 吴光:《宋元学案补考》,《黄宗羲全集》第6册附录,第914页。

案》,卷中题作《永嘉学案二》。第十本中的《西山学案》乃真德秀
学案,第十四本的《西山学案》则是蔡元定学案,因二人皆称西山
先生,容易混淆,故批校者在第十四本封面《西山学案》旁特标
"蔡氏"二字。王梓材在校定《西山真氏学案》时也称"是卷本称
《西山学案》,谢山《序录》定本益以真氏,所以别于西山蔡氏
也"①。故重名的《永嘉》《西山》学案并非草稿和誊清的关系,而
是不同的学案。况且《永嘉》《西山》学案字迹清晰,无较大修改,
均属誊清本;其二,余姚本虽有二十册,其中十八本封面题名与
文中内容相符。然第九本封面题《南轩、紫阳学案》,文中却只有
《紫阳学案》。第二十本封面题《北方、草庐、九江学案》,稿中除
此三案外,尚有篇幅不小的《李俞熊张诸儒学案》(李简、俞琰、熊
良辅、张理)、《敖陈邱俞诸儒学案》(敖继公、邱葵②)、《胡马诸儒
学案》(胡三省、马端临),且此三案卷首均标《元儒学案》。故除
去重复的《鸣道学案》,余姚本的实存学案总数为五十七个。

表3-1 余姚本《宋元学案》各册内容

册数	学案名	册数	学案名	册数	学案名	册数	学案名	册数	学案名
1	安定、泰山、徂徕	5	道南、上蔡、鹰山、和靖、平江、永嘉	9	南轩、紫阳	13	新安③、木钟、云峰★、定宇★、鹤山	17	永嘉、止斋、永康、金华

① 《宋元学案》卷八十一《西山真氏学案》,第2695页。
② 正文中无陈先生传,只在《敖继公传》末附传倪渊,不知是否"倪"误作"陈"。正文亦无俞先生传,只在《邱葵传》中提及俞廷椿,恐列名而未立传也。
③ 正文作《新安朱门学案》。

续表

册数	学案名	册数	学案名	册数	学案名	册数	学案名	册数	学案名
2	四灵、元城、濂溪	6	鸣道	10	勉斋、西山、潜庵	14	西山、荥阳、紫微、东莱	18	水心
3	关中	7	豫章、延平、横浦	11	双峰、朱门①、深宁	15	香溪、蛟峰、金溪	19	鸣道★
4	明道	8	玉山、武夷、致堂、五峰	12	东发	16	广平、慈湖、絜斋、定川②	20	北方★、草庐★、九江★

★余姚本有而傅图本无的学案

通览余姚本,并未分卷,次序混乱,各分册稿既有誊清完毕者(如第六本《鸣道学案》、第十二本《东发学案》),亦有草稿、誊清夹杂者(如第十一本《双峰、朱门、深宁学案》、第十三本《新安、木钟、云峰、定宇、鹤山学案》)。依字迹来看,誊抄亦非出自一人。查稿中有众多黄璋、黄征乂案语,亦有不少黄直垕的批注,显非梨洲、百家、谢山之原稿。又底稿及抄写存在不同手迹,其中"璋谨案"等修补内容或在天头,或在句侧,或已誊抄嵌入正文,显示黄璋直接在底稿进行修补,部分完稿者又做了誊抄。而黄璋修补的底稿来自卢镐寄示的二十册学案,③说明余姚本既包

---

① 正文作《四明朱门学案》。
② 稿中实际顺序为慈湖、广平、絜斋、定川,《定川学案》又作《端宪学案》。
③ 关于黄璋校补《宋元学案》的底稿来源,张艺曦认为在卢镐寄示前,黄璋手里并无任何藏稿。吴光则认为黄氏后人有据"梨洲、百家原稿本抄录之黄氏家藏本",即经黄璋、黄征乂校补过的底本,今存余姚梨洲文献馆"(《宋元学案补考》)。然余姚本每一学案的署名均有"全祖望续修"字样,说明黄璋手中并无"梨洲、百家原稿本抄录之黄氏家藏本"。

括卢镐寄赠的原稿，又有黄璋增补的内容。

　　傅图本的《宋儒学案》同样有二十册（每卷内容见表 3-2），每册扉页有"群碧楼""登府手校""史语所故藏珍本图书记"印章。史语所图书主要来源之一即是 1934 年购自南京邓邦述"群碧楼"的藏书。邓氏《群碧楼善本书录》确实列有《宋儒学案》稿本七十八卷。[①]"登府"即冯登府，搜访《宋元学案》者之一，详后文论述。通观傅图二十册稿，卷帙清晰，次第有序，共分七十八卷，系黄直垕、诸豫宗二人誊清校定本。[②] 稿中除梨洲、百家、谢山外，亦频见黄璋、征义、直垕案语。全书卷首还有黄征义《发凡》、全祖望《序录》，最后一册卷末有黄直垕、诸豫宗跋各一篇。说明余姚、傅图两本，均经过黄璋、征义、直垕的修补。对比余姚本与傅图本的学案部分（尽管卢镐后来又寄黄璋《序录》一卷，但余姚本无《序录》），可知前者阙《涑水》《康节》《伊川》《南轩》《静春》《北溪》《巽斋》学案，后者则阙《鸣道》《云峰》《定宇》《北方》《草庐》《九江》（包括第二十本中的《李俞熊张诸儒》《敖陈邱俞诸儒》《胡马诸儒》）学案。不过，傅图本虽没有《云峰》《定宇》两学案，但云峰（胡炳文）、定宇（陈栎）两人在傅图本的《新安朱门学案》中已立传。

---

① 邓邦述:《群碧楼善本书录》，上海：上海古籍出版社，2014 年，第 165 页。《书录》称"前有祖望《发凡序录》"，《序录》系谢山不假，然《发凡》实梨洲五世孙黄征义所撰。胡适在 1946 年 11 月 22 至 24 日曾翻读史语所《宋儒学案》，并摘录黄直垕、诸豫宗的跋及黄征义的《发凡》，见欧阳哲生编：《胡适文集》第四册《胡适文存·三集》，北京：北京大学出版社，2013 年，第 613—615 页。
② 傅图本全书由黄直垕、诸豫宗二人校定。二人除校订字词讹误外，还撰写了大量案语。其中，黄直垕案语较多，而诸豫宗寥寥，仅《永嘉程门学案》等处有一二条"豫宗谨案"。

表 3-2　傅图本《宋儒学案》各册内容

册数	封面题名	册数	封面题名	册数	封面题名	册数	封面题名
1	安定、泰山	6	张横渠（一、二）	11	胡致堂、胡五峰、胡刘诸儒、范香溪、汪玉山、林艾轩	16	陈龙川、金溪（陆复斋、梭山、象山）
2	石徂徕、古灵四先生、司马涑水★	7	张横渠（三）、刘元城、吕荥阳、谢上蔡	12	紫阳（一、二）	17	杨慈湖、袁絜斋、舒广平、沈定川、刘静春★
3	邵康节（一、二、三）★	8	杨龟山、鹰山、尹和靖、平江	13	紫阳（三、四、五）	18	蔡西山、黄勉斋、辅潜庵、陈北溪★、陈潜室
4	邵康节（四）★、周濂溪、程明道	9	永嘉程门、胡武夷、吕紫微	14	张南轩★、吕东莱、薛艮斋	19	魏鹤山、真西山、饶双峰
5	程伊川★	10	罗豫章、李延平、张横浦	15	陈止斋、叶水心	20	金华四先生、王厚斋、黄东发、方蛟峰、欧阳巽斋★、四明、新安朱门

★傅图本有而余姚本无的学案

从余姚、傅图两本的正文来看，余姚本中有诸如"低二格双行，匀写""以上删去""补入附录前"等指令性批语，这些批语在傅图本中基本得以落实。不过，在人物传记及论著选录上，二者互有多寡，说明傅图本是在余姚本的基础上修改誊抄而成。傅图本有余姚本阙的学案，说明现存余姚本只是黄璋、黄征义校补稿的部分稿而已。① 换言之,黄璋父子校补草稿的数量远多于今日余姚本。

　　余姚本为何没有傅图本的部分学案,估计有两种可能:一是这几个学案在黄百家手里基本完稿,②全祖望续修时只是略作修订并添了自己案语,黄璋认为无须大加修补。因为据黄直垕称,卢镐寄示的二十册稿"全氏手笔又多蝇头潦草,零星件系,几不可别识,惟《康节》《明道》《伊川》《紫阳》《金溪》各案尚是原稿"③。所谓"原稿"自然指梨洲原稿,《康节》《伊川》正是余姚本所阙的学案。因为是完整稿,很可能未与其他草稿一并归藏,后来反而亡佚了;二是黄璋父子在余姚本外又做了增补。如《涑水学案》,王梓材称:"梨洲原本已佚。谢山补定,分为两卷,稿亦无存。兹特采录《迂书》,而以《疑孟》《潜虚》足之。至谢山所补门人小传,则其稿尚存。"④余姚本亦无此案,傅图本则有。不仅有学案表,还有篇幅较长的《司马光传》(内容与百卷本颇多不同),传后有《附录》(司马光事迹)及门人范祖禹、晁说之、尹材的传,与王梓材所见不同。此卷虽标"梨洲原稿、百家纂辑、全氏续修",但案

---

① 张艺曦同样认为:"黄璋校补稿本是补本定稿的草稿,而且是部分草稿而已。"(《史语所藏〈宋儒学案〉在清中叶的编纂与流传》,第470页)不过,他在此条脚注中又称:"根据史语所藏七十八卷黄氏补本,康节、明道、横渠、龟山、和靖、紫阳、艮斋、龙川、金溪、鹤山、西山、双峰、金华、四明朱门、新安朱门等学案,……照理补本定稿也应录有这几个学案,但却多未见于'黄璋校补稿本'中。"其实张氏所列的这几个学案,余姚本除无《康节》外,其余皆有,只是《龟山》《艮斋》《龙川》分别名《道南》《永嘉学案二》《永康》学案,名异而实同。张氏称"多未见",确有欠妥。

② 佐证有二:一是傅图本在《康节学案》下有"原稿"二字;二是傅图本《濂溪学案》中有"先仲父晦木先生辨太极图说序"等句,可知此部分系黄百家所纂。

③ 傅图本《宋儒学案》第二十册,卷末。

④ 《宋元学案》卷七《涑水学案》,第276页。

中却无梨洲、百家、谢山案语,只有黄征义案语,说明学案表及
《司马光传》极有可能为黄征义增补。至于傅图本没有余姚本的
《鸣道》《北方》等学案,说明黄直垕、诸豫宗在誊抄时作了删减,
此问题详后讨论。

　　还需指出的是,卢镐寄给黄璋的二十册稿与王梓材所得到
的卢氏藏稿非同一版本。据王梓材描述,从卢镐之孙卢杰处所
得卢氏藏稿,"有《濂溪》而无《百源》,有《明道》而无《伊川》,有
《晦翁》而无《三陆》"①。余姚本与前两条相符,但第十五本中的
《金溪学案》(陆九韶、九龄、九渊)即《三陆学案》。王氏又称《龟
山学案》"卢氏所藏原底已佚,而黄本有之,亦谢山修补本也"②,
余姚、傅图本均有龟山案,只是前者名《道南学案》。余姚本与王
梓材所得的卢氏藏稿虽均源于卢镐家藏,但二者差异甚大,已非
同一版本,说明卢镐在寄赠黄璋二十册稿后又有修补。至于卢
杰献出的家藏稿部分没有余姚本的内容,说明藏稿有散佚,毕竟
从卢镐到卢杰已历八十余年,其间卢家又遭盗窃。③

二、八十六卷黄氏补本与傅图本《宋儒学案》的关系

　　王梓材校定学案所用黄氏补本有八十六卷,而傅图本只有
七十八卷,二者相差八卷内容。王氏将八十六卷本与卢氏藏稿
对比,发现:

　　　　梨洲后人校补本为卷八十有六,而冠谢山百卷《序录》
　　于首,盖亦以《学案》次第当遵《序录》。特欲如谢山卷数而

① 王梓材、冯云濠:《宋元学案考略》,《宋元学案》前辅文,第18页。
② 《宋元学案》卷二十五《龟山学案》,第944页。
③ 王梓材、冯云濠:《宋元学案考略》,《宋元学案》前辅文,第18页。

不得，故以泰山、徂徕各为一卷，而不知徂徕之当合泰山也；
高平、庐陵底稿无存，即缺其卷，而不知高平家学可分自安
定，庐陵学派间见于卢氏藏稿也；华阳、景迂、说斋皆在藏
稿，而是本无之；兼山流派与陈、邹诸儒，藏稿有之，而是本
亦无；刘李、沧洲、岳麓、丽泽、槐堂，可自伊川、晦翁、南轩、
东莱、象山分卷，而未别其卷；蛟峰、江汉，卷第所无，而不知
蛟峰之当附北山，江汉之当冠鲁斋；北山四先生合为一卷，
而分卷者四；李、张、胡、熊、李、俞、九江亦卷第所无，不知各
归学派。①

　　所描述的各学案内容，北山四先生以上均可知案主何人，只
有末句"李、张、胡、熊、李、俞、九江"不知所指。观王氏对各卷叙
述，系按案主年代排序，"李、张、胡、熊"诸卷位列江汉、鲁斋、北
山四先生之后，应当属元儒。所幸的是，这几案在百卷本中有提
及。王梓材称李世弼、李昶二人"黄氏补本本合为一传，列《李张
诸儒学案》"②；胡三省、马端临，黄氏补本列于《胡熊诸儒学
案》；③武恪、张理，"黄氏补本列《李俞诸儒学案》"④；黄泽、赵汸，

① 王梓材、冯云濠：《宋元学案考略》，《宋元学案》前辅文，第 20 页。浙江古籍整理
　本末句标点为"《李》、《张》、《胡》、《熊》、《李》、《俞》、《九江》，亦卷第所无"，误，当
　为"《李张》、《胡熊》、《李俞》、《九江》"，详后考证。
② 《宋元学案》卷二《泰山学案》，第 129 页。
③ 《宋元学案》卷八十五《深宁学案》（第 2870 页）、卷八十九《介轩学案》（第
　2980 页）。
④ 《宋元学案》卷九十二《草庐学案》，第 3071、3091 页。

"黄氏补本别为《九江学案》"①。因此，"李、张、胡、熊、李、俞、九江"即《李张诸儒》《胡熊诸儒》《李俞诸儒》《九江》学案。又余姚本第二十册有《李俞熊张诸儒》（李简、俞琰、熊良辅、张理）、《敖陈邱俞诸儒》（敖继公、邱葵）、《胡马诸儒》（胡三省、马端临）三案，卷首均署《元儒学案》。故"李、张、胡、熊、李、俞、九江"分别指李世弼、李昶父子、胡三省、熊良辅、李简、俞琰、黄泽、赵汸等人，全属元儒。②

　　而傅图本的分卷、存佚状况与王氏提及八十六卷本的宋儒部分完全一致，同样以《泰山》《徂徕》各为一卷，《刘李》《沧洲》《岳麓》《丽泽》等附于《伊川》《晦翁》《南轩》《东莱》等案，缺《高平》《庐陵》《华阳》《景迁》《说斋》诸案，《北山四先生》（傅图本称《金华学案》）分为四卷等等。王氏又称八十六卷本卷首有全氏《序录》，"卢氏藏底所遗如百源、伊川、三陆，固具有之"③，而傅图本亦有《序录》及卢本所遗的三案。而从正文来看，王、冯校定时如对黄氏补本有所采入，必会注明"从黄氏补本录入"或"以上黄氏补本"。如对黄氏补本进行调整，案语同样会说明其调整后的去向，而在调整后的地方也会相应注明来源，寻溯而上可知黄氏补本的诸多原貌。按照这些案语的指示，将补入或移动内容与傅图本核对，发现王、冯调整前的黄氏补本与傅图本的面貌完全吻合。此外，傅图本卷首黄征乂《〈宋元儒学案〉

---

① 《宋元学案》卷九十二《草庐学案》，第 3071 页。傅图本卷七十八《新安朱门学案·倪士毅传》载其"与赵东山（见《元儒学案》）、汪环左朝夕讲学，时称新安三有道"，同卷《朱升传》"从陈寿翁学兼师黄楚望（泽，见《元儒学案》。案：原稿脱"案"字）"亦可证赵汸、黄泽入《元儒学案》。

② 《李张诸儒学案》中的"张"虽暂未知其名，但既与李世弼、李昶父子同立一案，必属元儒无疑。

③ 王梓材、冯云濠：《宋元学案考略》，《宋元学案》前辅文，第 20 页。

发凡》云:"赵江汉传程朱学,入元而其教盛行于北方。由是,许、刘、姚、窦辈兴焉。仿前例,以学业昭著,有所授受者,分为各案。其诸儒之特起而不甚著者,总列诸儒之案。"①傅图本无赵复、许衡等案,可知《发凡》非为傅图本所作,而是被黄直垕逐用于此。《发凡》既云"宋元儒",自当包括宋儒与元儒。而傅图本《宋儒学案》所立学案案主全是宋儒。因此综合判断,傅图本《宋儒学案》与八十六卷本的宋儒部分源于同一版本,所缺八卷为《元儒学案》。

国家图书馆藏有《元儒学案》抄本八卷,卷首有"(冯)登府手校"的钤印,正是傅图本所阙的八卷元儒内容,其卷目为《北方》《草庐》《定宇》《二胡》《九江》《李俞熊张诸儒》《敖邱诸儒》《胡马诸儒》。②而前文所及,王梓材所见黄氏后裔补本有《李张诸儒》《胡熊诸儒》《李俞诸儒》等学案,与国图本《元儒学案》卷目有一定出入,说明《元儒学案》的内容后来又进行过修改、调整。这一状况在其他学案中也有体现。如陈栎、胡炳文两人在傅图本的《新安朱门学案》中已立传,但《元儒学案》专为二人立《定宇》《二胡》学案,这也表明黄璋父子校补《元儒学案》也在不断

① 傅图本《宋儒学案》卷首,第1册,第1页。
② 中国国家图书馆的《元儒学案》来源于张芝联捐献的张寿镛藏书。张寿镛曾记载此书情况,云:"《元儒学案》二册,余得诸沪肆,乃黄梨洲稿,其子百家纂辑,玄孙璋校补,全谢山续修者也。此书为王腾轩(梓材)过目,间有书签,确是腾轩亲笔。余拟入《四明丛书》第八集,已付缮,而刻工奇昂,犹有待焉。旧藏冯柳东家,……登府字云伯,此为道咸间旧钞,亦可宝也。"(张寿镛:《约园杂著三编》卷二,上海:上海书店出版社,1992年,第22页)关于冯登府的藏书,据清末藏书家杨钟羲记载,道光二十年(1840)鸦片战争爆发,冯登府"以阁中藏书万余卷寄天一阁",冯氏殁后,其石经阁藏书大量流入沪市(陈心蓉、丁辉:《嘉兴历代进士藏书与刻书》,合肥:黄山书社,2014年,第293页),与张寿镛所称"得诸沪肆"相合。

地修改。

至于章学诚于黄璋家"见所辑《元儒学案》数十巨册,搜罗元代掌故,未有如是之富者也"①,数量如此惊人,后世却未及见载,有些令人不解。而对照余姚本,章氏所云确有可能是《元儒学案》而非《宋元儒学案》。关于《元儒学案》,除上述提及完整学案外,在余姚本中亦多处显示。如第十三本封面题名《云峰》《定宇》学案上分别添"元儒"二字,尽管后来附入《新安朱门学案》,但当时按黄璋之意恐要收入《元儒学案》。同本中《倪士毅传》卷首的《新安学案》被改为《元儒学案》,倪传后有论著选录及门人传,规模亦不算小。而第十一本中《程钜夫传》上头有"入《元儒》须查,现不入","程氏门人"《揭傒斯传》上头写"入元"(即入《元儒学案》)。② 因此就余姚本所透露的信息来看,《元儒学案》的规模颇为可观。黄璋续修《元儒学案》直到去世仍未完稿,③因此章学诚所见实为草稿而非定本,亦有可能如余姚本草稿、誊清并存的状况,故称"数十巨册"亦在可理解范围之内。

葛昌伦认为,吴光将黄璋校补本视为"冯云濠与王梓材进行校刊时所未见的稿本,此一观点颇有其可议之处"④。葛实混淆了黄璋校补本与余姚本的关系。检视吴光《〈宋元学案〉补考》原文,其称"以上六种,为冯、王所见《考略》所论之本"⑤,而所列六种中赫然有余姚黄氏校补本。其实,吴氏所言的"冯、王未见之

---

① 章学诚:《章学诚遗书》卷十三《与胡雒君论校胡稚威集二简》,北京:文物出版社,1985年,第118页。

② 程钜夫、揭傒斯,傅图本中入《双峰学案》。

③ 张艺曦:《史语所藏〈宋儒学案〉在清中叶的编纂与流传》,第472页。

④ 葛昌伦:《〈宋元学案〉成书与编纂研究》,第44页。

⑤ 吴光:《〈宋元学案〉补考》,《黄宗羲全集》第6册,第913页。

本",是指余姚梨洲文献馆所藏的本子,而非冯一、王所指的黄氏校补本。

按傅图本《宋儒学案》卷一《安定三先生学案》,卷下题名有"慈溪后学冯云濠录",王梓材也称"甲午秋试,慈水冯君五桥以姚江黄氏本录呈石士夫子,其书亦采全氏而更易其卷为八十余卷"①,这一时间恰与傅图本的誊毕时间吻合,②说明冯氏曾参与傅图本的誊抄工作。尽管陈用光不止派出王、冯一路人员搜访学案,③但八十六卷黄氏补本的来源均取自梨洲后人(黄璋、黄征乂、黄直垕一系),冯云濠所获亦不例外。而傅图本的誊写是以包括余姚本在内的草稿本为基础,冯的抄录自然本于学案草稿,故能亲见余姚本,只是后来校定未采用这一草稿本而已。

王梓材则与此不同。他在《考略》中所列余姚黄氏补本,仅有八十六卷本,并未提及不分卷且字迹潦草、清晰并存的现余姚本。而从《宋元学案》寻访的过程来看,王称"硕士师已获黄氏补本",又云冯云濠"以姚江黄氏本录呈石士夫子",说明黄氏补本的最终获得似无王梓材的直接参与。从正文考察,余姚本诸多内容与王梓材对梨洲、谢山底稿的描述差距甚远。如余姚

① 《宋元学案》卷首《宋元学案考略》,浙江图书馆善本室藏冯云濠、王梓材手校稿本。
② 诸豫宗跋文的落款时间为"道光甲午中秋"。
③ 诸豫宗跋文称:"学使陈石士少宗伯命冯柳东广文搜访是书,广文以属豫宗,遂假从黄氏,……因与先生裔孙敬斋排次先后,得七十八卷。"冯柳东即冯登府。葛昌伦推测冯登府与冯云濠"同为慈溪地方望族之后,彼此可能为亲属关系"(《〈宋元学案〉成书与编纂研究》,第47页),实误。按冯登府(1783—1841),字云伯,号柳东,嘉兴梅里(今嘉兴市秀洲区王店镇)人,嘉庆二十五年(1820)进士,与阮元、徐士菜、钱泰吉等人善,嗜藏古籍、金石,为浙西著名藏书家,《清史列传》《清儒学案》均有传,非冯云濠同宗。何凌汉、陈用光督学浙江搜访《宋元学案》,冯登府正任宁波府学教授,故才有诸豫宗跋文中所云嘱托事。

本《道南学案》萧颢、廖刚传前写"王居正□题《王萧诸子学案》",而他称"谢山原底标目,以先生与王先生居正、廖先生刚、高先生闳、喻先生樗为《潘王诸子学案》"①,只字未提余姚本之状。余姚本第六、十九本均名《鸣道学案》,他却称所见为《屏山鸣道集说略》,并认为全氏"不曰'案'而曰'略',盖示外之之意云"②。又指责八十六卷黄氏补本"蛟峰、江汉,卷第所无,而不知蛟峰之当附北山,江汉之当冠鲁斋"③,而在余姚本《北方学案》,赵复即冠于许衡前。又如前述,《李昶传》在余姚本属《北方学案》,王氏称此传原列《李张诸儒学案》。武恪、张理二传,王梓材称黄氏补本列《李俞诸儒学案》,而余姚本二人分附《草庐》《李俞熊张诸儒》学案,且余姚本《张理传》与百卷本文字颇多不同。尽管王梓材所得卢氏藏稿与卢镐寄赠黄璋形成的余姚本不同,但二者差异之大,王如见余姚本,差异之处必不会不载。

况且,黄直垕在余姚本第十九本《鸣道学案》内页上有夹纸:"原稿读史太多,似可节存,现陈督学抄去。只有《读易》《读诗》《周官》群经各序,未有原本,亦未校。甲午一月廿日记。"④既云"抄去"而非借走,正可说明王未亲见余姚本原稿。不过,他从冯云濠等人口中必定了解梨洲后人有学案草稿,鉴于已有抄录本,便无须再索观草稿本了。因此综合判断,王、冯二人均知晓余姚本的存在,冯云濠甚至亲眼见过此稿,但也只是亲见,并未采用,

---

① 《宋元学案》卷二十五《龟山学案》,第 964 页。
② 《宋元学案》卷一百《屏山鸣道集说略》,第 3316 页。
③ 王梓材、冯云濠:《宋元学案考略》,《宋元学案》前辅文,第 20 页。
④ 此夹批未显示何人所写,然对比陈用光督学浙江时间与黄璋、黄征义、黄直垕的生卒年,可知作者系黄直垕,详参吴光:《〈宋元学案〉补考》,《黄宗羲全集》第 6 册,第 917—918 页。

而王梓材未见此稿的可能性极大。

三、两种黄璋校补本与百卷刊本的差异：学案及案语署名部分

余姚本、傅图本与百卷本之间存在前后参照，但经手多人修补、校定，面貌已非其旧。关于余姚本与百卷本、傅图本与百卷本的差异，学者偶有触及，[①]但因不能睹见三本全貌，故无法全面展开三者（尤其是余姚本与另两本）异同的讨论。仔细对比两种黄璋本与百卷木，可发现众多未被揭橥的差异。[②]

一是诸多学案署名的迥异。如《古灵四先生学案》，余姚、傅图本均标"黄梨洲先生元稿、全祖望续修"，王梓材认为此标有误，判断依据是"《古灵学案》，谢山所特立。谓之'述'者，谦辞也"[③]，故此后刊本均标"全氏补本"。王氏的判断只是一己结论，并未提供实质性证据。同样，《元城学案》，百卷本亦标"全氏补本"，余姚、傅图本与之不同，标"黄梨洲先生元稿、全祖望续修"，王梓材称所判依据是"是卷谢山所特立，故梨洲、主一父子皆无案语"[④]，仅以无梨洲、百家案语，就断为全氏特立，亦难令人信服。这两卷署名，余姚本与傅图本同，百卷本与之不同，说明均系王、冯二人的改动。不过，有些对原稿署名的异

---

① 浙江古籍本《宋元学案》以余姚本作为参校本，但只列出各本间字句的不同，且存在不少失校。关于傅图本与百卷本，葛昌伦、张艺曦胪列了各卷学案名的异同。葛还对比了署名部分的差异，张则提及《水心学案》中诸多案语署名的不同，惜未展开论述。
② 三种版本之间对人物传记的记载也差异甚大。此外，百卷本与两种黄璋本的巨大不同还在于，前者删除了后者中黄璋、黄征乂、黄直垕的全部案语。
③ 《宋元学案》卷五《古灵四先生学案》，第 225 页。
④ 《宋元学案》卷二十《元城学案》，第 821 页。

议,在黄直垕手里已有表达,百卷本则继承了他的观点。

如《屏山鸣道集学略》,王梓材称"谢山特立",标为"全氏补本",而在余姚本第六册誊清稿《鸣道学案》中,此卷署名:

> 遗献黄梨洲先生稿　男百家纂辑　元孙璋校补
> 后学全祖望续修

认为是梨洲原稿、全祖望续修。而在余姚本第十九册草稿本《鸣道学案》,扉页题"此系全谢山续修,郑义门校订",卷首题"后学全祖望续修,郑大节、毛德基校",内页却否定此卷为梨洲原稿,题曰:"此系全榭山续修,郑义门校订。宋儒不知有何说以处此?况鸣道怪诞不经,岂可列于学案耶?而复冒梨洲公之名,其谬甚矣!"①因此在誊清本的卷首天头处批语"此案宜毁"②。可以判断,黄直垕认为《鸣道学案》非梨洲原稿,并透过訾议鸣道之学的"怪诞不经",隐约表达对全氏这一增补的不满。

王、冯的校定虽细心精良,然通检全编,二人对学案署名的判断却常有抵牾。据王梓材《校刊条例》,"梨洲原本所无而为谢山特立者"标为"全某补本","梨洲原本,谢山分其卷第而特为立案者"标为"黄某原本,全某补定"。③ 二者的区别在于"全氏补本"是梨洲原稿无传,而"黄氏原本,全氏补定"则指梨洲稿

---

① 余姚本第十九册《鸣道学案》。此语恐为黄璋所写,因为黄璋有《读〈归潜志〉》诗:"中州学统自无关,洛学南行更不刊。王(澹南)赵(闲闲)杨(叔能)雷(希慎)师友盛,瓣香只为李屏山。"后注:"屏山名之纯,有《鸣道集》,立论甚诞。"见黄璋:《大俞山房诗稿》卷六《读〈归潜志〉》,《清代诗文集汇编》第363册,第588页。
② 余姚本第六册《鸣道学案》。
③ 王梓材:《校刊宋元学案条例》,《宋元学案》前辅文,第21页。

中有传，但附于他案，全氏单独立案。的确，在百卷本的目录或卷首，王、冯多按此条例命名。如《静明宝峰学案》标"黄氏原本、全氏补定"，由于"静明与门人祝、李二先生并附《金溪学案》，自谢山始以静明、宝峰别为学案"①，等等。但这一命名原则并未一以贯之，而是时常出现与上述情形相同却署名不同的状况。

如《龙川学案》，总目录标为"黄氏原本、全氏补定"，在正文目录中却标为"黄宗羲原本、黄百家纂辑、全祖望修定"，明显不一。又如在《华阳学案》范祖禹传，王梓材称"是卷亦谢山特立为《学案》"②，《兼山学案》郭忠孝传，"黄氏补本附列《伊川学案》，谢山则别为《兼山学案》"③，《汉上学案》的朱震传"本在《上蔡学案》，自谢山为别立学案"④。而范、郭、朱三人分别在《宋元学案》成书前的黄宗羲《理学录》中有传，⑤说明此三传在学案中为梨洲原稿。如按《校刊条例》，则《华阳》《兼山》《汉上》学案当标"黄氏原本、全氏补定"，而不应如百卷本所署"全氏补本"。更有甚者，对同一学派的弟子却署名不同。如《岳麓诸儒》《二江诸儒》同为南轩弟子学案，两卷弟子原先多附于梨洲原本《南轩学案》，⑥然前者标"黄氏原本、全氏补定"，后者却标"全氏补本"。同一状况，不同学案却有不同标注，实前后矛盾。王、冯校定汇合了诸

①　《宋元学案》卷九十三《静明宝峰学案》，第 3096 页。

②　《宋元学案》卷二十一《华阳学案》，第 846 页。

③　《宋元学案》卷二十八《兼山学案》，第 1026 页。

④　《宋元学案》卷三十七《汉上学案》，第 1252 页。

⑤　《理学录》中，范祖禹、郭忠孝位于《河南学派》，朱震位于《湖南学派》，见本书表 1-1。

⑥　如《二江诸儒学案》的范仲黼、陈平甫传，均是"梨洲原本在《南轩学案》，自谢山修改，以入是卷"（卷七十二《二江诸儒学案》，第 2411 页；卷七十一《岳麓诸儒学案》，第 2395 页）。

本学案,在他稿无载的情况下,多采黄氏补本。而黄氏补本经人誊抄而成,字迹单一,又无内容出于谁手的明确标注,故二人对稿中哪些为梨洲原稿亦常犹豫不定。如王梓材在《艾轩学案》称"艾轩传录自黄氏补本,梨洲原本或有之"①,《勉斋学案》"是卷多从黄氏补本,或是梨洲原本"②,可知是否为梨洲所撰,二人难以诹定,只能凭己臆标为"黄氏原本、全氏修定"。甚至出现对学案内容误判的情况。如杜萧在《理学录》、各本《宋元学案》均有传,且传文一致,③说明乃梨洲所撰,而百卷本却在传后标"补",以示全氏所补,显误。既然百卷本对某些学案究竟为梨洲原稿还是谢山补本迟疑不定,说明王、冯的判断并非全然无误,因此如以百卷本的学案署名作为直接讨论黄、全思想观的最终依据,恐失之仓促。

二是众多案语的归属者不同。三本中的诸多案语除了称呼不同外,④对案语的归属权,亦有迥异的判断。如《古灵四先生学案》案语"古灵先生讲学以诚明为本"条,余姚本未标署名,不过上有批语:"古灵先生上加入遗献曰三字",故傅图本标为"先遗献曰"。同卷案语"其《与蔡舍人荐士书》……又尝以徂徕忠义经术,乞官其子"一条,余姚本未署名,傅图本标为"先遗献曰",均视为梨洲语,然百卷本两处均标"祖望谨案"。又如《横渠学案》案语"敲,《庄子》作嚙,即鸣镝,今响箭也"一句,百卷

---

① 《宋元学案》卷四十七《艾轩学案》,第 1471 页。
② 《宋元学案》卷六十三《勉斋学案》,第 2020 页。
③ 只是百卷本作"杜萧",但传文一样。
④ 如百卷本中,黄宗羲案语一律作"宗羲谨案",而余姚本、傅图本则称"先遗献曰"或"遗献曰"。百卷本的"蕺山曰""高忠宪曰",在余姚、傅图本中均称"子刘子曰""景逸高氏曰"。

本直接以"林黼斋曰"开头，而傅图本前有"百家谨案"①。在范浚学案中，案语"此于意之义未融，然亦自有见"一句，百卷本作"祖望谨案"②，傅图本却作"征义谨案"③，而余姚本未有署名。

在各学案中，案语署名差异篇幅最大的当属《水心学案》。全案有近 30 条案语，百卷本与傅图本的署名截然相反。除个别条目外，凡百卷本署"祖望谨案"，傅图本皆录为"先遗献公曰"。而余姚本原稿对这些作者互异的案语，并未有明确署名。不过在"此论最是"的案语上贴有一夹条，云："以下按应属遗献，另行低一格大写，加'遗献曰'三字，下仿此。"④并在当页两条无名案语前增补了"遗献曰"的手迹。不过，在《习学记言》选文中，"按经传诸书往往因事该理多……故至能虑而后能得也"一段下有小字注，内容为"百家谨按"，案语后又有"以上梨洲先生原稿"（字迹与案语同）的批示语，说明此条以下为全氏补稿。⑤ 然在后续几页中，又出现在无名案语前增补"遗献曰"的批注。前面提及的夹条即位于"以上梨洲先生原稿"批示语的次页，则夹条指令显然与"以上梨洲先生原稿"的批示矛盾。恰好这一内容在百卷本中亦有载，只是"以上梨洲原本"的注释被安置在"按经传诸书往往因事该理多……故至能虑而后能得也"一文后，"百家谨案"前，说明黄氏后人与王、冯对梨洲原稿所见相同，这也反证余

① 傅图本《宋儒学案》卷十四《濂溪学案》，第 27 页。
② 《宋元学案》卷四十五《范许诸儒学案》，第 1441 页。
③ 傅图本《宋儒学案》卷三十三《香溪学案》，第 3 页。
④ 余姚本第十八册《水心学案》。
⑤ 梨洲原稿，系指梨洲、百家二人稿。百卷本中，王梓材在"按经传诸书往往因事该理多……故至能虑而后能得也"至"王曾中第，以为平生之志不在温饱。……此有志者所当深思也"选文下有注："以上谢山补"，亦可证自"按经传诸书往往因"开始为全氏补稿。

姚本对夹条的判断有误。

而从案语内容来看，《古灵四先生学案》案语"其《与蔡舍人荐士书》"条，称赞陈襄"能留心天下之人材，未有过于先生者也。其中多讲学儒者，自胡公、二程、张子外，盛侨、吴孜、刘彝、顾临、周颖、倪天隐，皆安定弟子……惟常秩、林希有负先生之举耳"①，对常秩、林希的品行有所訾议。而在《明文海》中，黄宗羲对林希却多有赞赏，"若希、摅位宰执，岂不翩翩然？而贬于史氏，不足为家声重。余观古灵荐稿，称希与郑侠之列，其治五州，亦多善状。……陆务观称之为有王陵少戆焉，而皆为章惇、蔡京所点，是故君子慎所与矣。独旦象贤，不党于昆弟尤难。即二子者，亦岂可少乎哉？"②对史传遗漏二人深表不满，这与学案观点迥然相异。

《水心学案》有案语"此可以见水心非浪用兵者也"③，检视《黄宗羲全集》无相关评论，而全祖望《鲒埼亭诗集》则有，称水心"开禧晚用讵苟同，力陈疲兵莫轻率。浪试曾闻笑魏公，轻言几自怜龙窟。且营堡坞壮金汤，更缓征求到蚌鲒。为不可胜待可胜，报仇有道战有术"，又有自注"水心辞草诏，山斋劝之，盖不知其意不欲用兵也"④，可说是案语的注解。同卷又有案语"水心欲主张《周礼》而非孟子"⑤，黄宗羲集亦无相关评价，而全氏集中有诗："但莫放言贬曾、孟，斯案还须重审核。"并附自注："水心说学

① 《宋元学案》卷七《古灵四先生学案》，第 236 页。
② 黄宗羲：《明文海》卷四百《传十四·宋林儒学传》，第 4 册，北京：中华书局，1987 年，第 4166 页。
③ 《宋元学案》卷五十四《水心学案上》，第 1791 页。
④ 全祖望：《鲒埼亭诗集》卷六《东潜论水心先生多所不满，予谓是宋史之误也，当以其〈开禧上殿札子〉正之》，《全祖望集汇校集注》下册，第 2188 页。
⑤ 《宋元学案》卷五十四《水心学案上》，第 1760 页。

多伟论,但贬曾子、孟子,则真贤知之过矣。"①与案语之观点可谓若合符节。又同卷有案语"陈振孙深以水心之笃信子华子为诮,水心亦自尝云:'子华子书甚古,而文与今人近,则固疑之矣。'此乃其第一条。亦言其驳而终不以为伪,则蔽也"②,相同表述在全氏《经史问答》有载:"问:《子华子》,世皆以为赝书,而水心先生笃信,是何说也? 答:水心讲学,虽不合于朱子,然其卓然之见,不可谓非魁儒。至于极口称《子华子》,则好奇之过矣。"③言近而意同,可证案语出自谢山之口。此四条案语,百卷本皆作"祖望谨案",而傅图本作"先遗献曰",由上考述可知傅图本的判断有疏误。

可以推测,这些案语撰写者很多原先皆未有黄、全自己署名。今日所见署名,多系校补者(黄璋、黄征乂以及王梓材、冯云濠等人)后来所加。然稿本几经誊写、修补,诸多内容难辨出于谁手,故校补者常以自己之理解诹定案语的撰写者,出现迥异的状况也就不难理解了。

此外,对一些案语作者的记载,余姚本与傅图本、百卷本亦有不同。如后两本关于黄宗羲的称呼,分别作"先遗献曰"(或"遗献曰")、"宗羲谨案"。而在余姚本底稿中,除"先遗献曰"外,众多条目则作"蕺山诸生曰",黄璋、黄征乂、黄直垕等人对"蕺山诸生"究竟指谁亦难判断,有时径改为"先遗献曰",有时在"蕺山诸生"旁注"先遗献公",却在天头又批"指谁"④,或在"蕺山诸生

---

① 全祖望:《鲒埼亭诗集》卷六《东潜论水心先生多所不满,予谓是宋史之误也,当以其〈开禧上殿札子〉正之》,《全祖望集汇校集注》下册,第2188—2189页。
② 《宋元学案》卷五十四《水心学案上》,第1771页。
③ 全祖望:《经史问答》卷十,《全祖望集汇校集注》下册,第2037页。
④ 余姚本第八册《武夷学案》。

曰"上作"疑遗献公语"①。又将"先遗献"抹去改为"蕺山诸生",一旁批注:"全氏改蕺山诸生,不解其故。"②这些迟疑的表现,在傅图本、百卷本中却全被铁定为梨洲之语。梨洲虽为蕺山弟子,然"蕺山诸生"或"蕺山诸子"③的用词恐非指一人,或是蕺山门下众弟子之共识,梨洲记录而已?均有待考证。

由于文献乏征,未能完全破译上述学案及案语署名之真相,但这些差异的存在,至少说明学案系列内容的形成并非一成不变或者铁板一块。余姚本、傅图本尽管或有疏漏,但二者的出现,至少给我们带来了警示,即王、冯校定的百卷本亦非全是文本真实的反映,对《宋元学案》文本的引用不能仅凭通行的百卷本,应当综合各类文献方能不致误判。

四、黄璋校补本所折射的学术史轨迹及文献价值

与梨洲、百家、谢山相比,黄璋的学识尽管逊色许多,但在修补学案上并非亦步亦趋,而是崭露出不少真知灼见,黄征乂、黄直垕亦不例外。而通过黄璋祖孙以及王梓材、冯云濠对学案内容的调整,可以寻绎不同修补者之间观点变动的学术史轨迹。

在学案命名上,余姚本保留了诸多梨洲原来的名称,如《关中》《永嘉》《道南》《永康》《金华》《北方》等案多以地域命名,这一点可以说延续了《明儒学案》的取名方式。全祖望手定《序录》时,则一律以人名为主,如上述学案分别被改为《横渠》《周许诸儒》(以及《艮斋》《止斋》)《龟山》《龙川》《北山四先生》《鲁斋》《静修》)等案。在黄璋、黄征乂等黄氏裔孙手里,虽遵循梨洲原本,

① 余姚本第十册《潜庵学案》。
② 余姚本第五册《道南学案》。
③ 余姚本第十七册《金华学案》,又有批语称"蕺山诸子"。

但也多有采取全氏之处，如改《道南》为《龟山》，《永康》为《龙川》。而到王梓材、冯云濠时，百卷学案命名全以谢山《序录》为准。从这可以看出，谢山与梨洲对宋元理学学派的地域性有着不同认识。就学案命名而言，从黄宗羲到王梓材的一百多年间，舍地域而采人名的迹象日趋增强，说明续修者对宋元儒学的地域观逐渐淡化。

而通过对比三本中学案表的有无，既可以判断各表的设立者，同样可见背后学术史观的变动。以《安定学案》为例，余姚本无表，百卷本较傅图本不仅增补了诸多人物，在人物次序上亦有不同。如傅图本并无程颐之名，而在百卷本中，程颐竟位列安定门人之首，王梓材还再次强调："伊川先生为安定大弟子，谢山于《安定学案》序录已及之。"[①]然考《安定学案》序录只云"小程子入太学，安定方居师席，一见异之"[②]，并未言伊川为安定大弟子，可知大弟子之说系王氏自撰。可以推论，王、冯如此设计，是采用历史回溯的眼光，认为程颐在传承胡瑗之学以及对后世影响方面均比吕希哲来得深远。但考之于史，程颐只是在太学时以对《颜子所好何学论》而获胡瑗赏识，及门时间远不如吕希哲等人，严格意义上难称直系弟子。如此安排，则显示出王、冯受程朱理学道统观的影响，以凸显程颐在理学发展史中"上承安定，下启晦翁"的非凡地位。又如余姚本《金华学案》，在金履祥门人传中，首列柳贯，次为许谦，体现了以及门时间为序的安排，因柳、许虽同岁但柳远早于许从学仁山。而傅图本学案表中，许谦列柳贯前，且其与何基、王柏、金履祥单独立案。百卷本《北山四先生学案》学案表及正文中，许谦也均在柳贯前。傅图本与百卷本

---

① 《宋元学案》卷十五《伊川学案》，第 588 页。
② 《宋元学案》卷一《安定学案》，第 24 页。

的调整，无疑突出了许谦在金氏门中的嫡脉地位，说明二者采用了后世"金华四先生"的谱系来定位许氏。

此外，先前研究多认为黄璋补本以尽量维持梨洲原本原貌为目的，对全祖望内容仅作选择性的采用，其受全氏影响主要在两方面：一是各案次序的编定多参考《序录》，二是许多学案的门人弟子都由全氏续修增补。① 其实，通过检视两种黄璋校补本，可以发现黄璋受全氏影响，远不止此。除前述学案命名外，在立案缘由及人物评价上，黄璋亦多承袭谢山。如《横浦学案》，黄璋案语：

> （张九成）与杲师往还，极推崇之，所以有佞佛之讥。其实，如昌黎之于大颠，并非为佞，而先生固尝自道也。朱子作杂学辨，所驳正者四家，而先生与焉！然考先生平生立朝风节最著，安贫乐道，日以读书为务，而后人称为渡江大儒，要不可以其言禅而掩其大节也。②

此案无百家案语，梨洲语则仅有一条，系对横浦是否为儒释之学的辨析，并未涉及品节之评点。③ 而全祖望案语为：

---

① 张艺曦：《史语所藏〈宋儒学案〉在清中叶的编纂与流传》，第 475 页。
② 傅图本《宋儒学案》卷二十九《横浦学案》，第 1 页。
③ 黄宗羲案语为："朱子言：'张公始学于龟山之门，而逃儒以归于释。宗杲语之曰："左右既得把柄入手，开导之际，当改头换面，随宜说法，使殊途同归，则住世、出世间，两无遗憾矣。"用此之故，凡张氏所论著，皆阳儒而阴释。其离合出入之际，务在愚一世之耳目。'案横浦虽得力于宗门，然清苦诚笃，所守不移，亦未尝讳言其非禅也。若改头换面，便是自欺欺人，并亦失却宗门眼目也。"见《宋元学案》卷四十《横浦学案》，第 1317 页。

龟山弟子以风节光显者,无如横浦,而驳学亦以横浦为最。晦翁斥其书,比之洪水猛兽之灾,其可畏哉! 然横浦之羽翼圣门者,正未可泯也。①

可见全氏、黄璋对横浦案的设立,均着眼于其风节品行而非学术,说明黄璋与全祖望的一脉相承。又全氏立《古灵四先生学案》的理由是"宋人溯导源之功,独不及四先生,似有阙焉"②。黄璋也称古灵等人"穷经苦节,以古人相期,故当时有四先生之号。章望之表民作《四贤传》行于世,宋人溯导源之功,又曷可遗哉?"③言辞显然是略修改全氏而来。这些同与不同之处,既反映出全祖望、黄璋、黄征乂、王梓材等几代续修者对宋儒态度既有共识,也有认知差异导致的调整,折射出背后学术史轨迹的变与不变。

如果说人物序列的差异反映了"外在"学术史观的不同,那么在"内在"的文本内容上,两种黄璋本则可补百卷本的众多不足。

一是黄璋校补本保留了诸多百卷本失载的内容。如余姚本、傅图本《西山学案》(真德秀)的卷首,均有百家案语(百卷本无):"西山从詹氏而得朱子之学,以著书穷理为务,入浙东而有王应麟,一乳相传至戴表元、袁桷,则又以文章胜矣。"④点出了真氏一脉在浙东"由理到文"的转向,对探究黄百家的宋元学术史观大有裨益。又如彭国翔指出,黄宗羲《理学录》关于魏了翁的

---

① 《宋元学案》卷四十《横浦学案》,第1302—1303页。
② 《宋元学案》卷五《古灵四先生学案》,第225页。
③ 傅图本《宋儒学案》卷二十九《古灵四先生学案》,第1页。
④ 余姚本第十册《西山学案》,傅图本第十九册卷六十七《西山真氏学案》,第1页。

案语,末句"故以汉卿、鹤山并次,见源流之所云"为后世学案所无。① 的确,傅图本、百卷本均无此文,而余姚本《鹤山学案》卷首则有此完整文字。又,余姚本《道南学案》有一百家案语,为傅图、百卷本所无,全文如下:

> 百家按:难矣哉！谓无所用心之苦,伥伥贸贸难过日子也。博弈犹贤,是代想失业。惰游之人寻思向博弈中去者,亦因苦于无所用心,空闲不过,以为有博弈以用其心,犹愈无所用心也。正以见无所用心,欲过日子之难也。然此辈非学问中人,故只管用心向下流去。君子有学问之功,在孜孜用心,其中何乐如之！奈何晏安鸩毒以自弃耶？吾且不为。若人惜此终日,吾为。若人无所用心,甚难过此终日也。若以博弈为贤,则宁贤夫无所用心者矣。②

此案语是针对杨时"操则存"话题的讨论,反映了百家对"无所用心"的看法,从中有助于窥测百家的哲学思想。

二是文字上有资于百卷本文本的校勘。如《北山四先生学案》载"潘墀,字经,金华人",中华、浙古整理本均未出校记,余姚本、傅图本皆作"字经之"。按据《南宋馆阁录・续录》,潘墀"字经之"③,可证校补本之是。又《范许诸儒学案》载范处义"香溪之族也",余姚本作"之后"。考范处义与范浚(号香溪),既非同族

---

① 彭国翔:《黄宗羲佚著〈理学录〉考论》,田浩编:《文化与历史的追索:余英时教授八秩寿庆论文集》,第223页。只是学案各本均作"百家谨案"。
② 余姚本第五册《道南学案》。
③ 陈骙、佚名:《南宋馆阁录・续录》,卷7,张富祥点校,北京:中华书局,1998年,第249页。

亦非后人。① 傅图本其他内容均保留,唯独删此句,说明已察觉此说欠妥,故不录。《双峰学案》陈澔传,傅图本、百卷本均称"经师先生"②,而余姚本底本已改为"经归",据《同治都昌县志》所载从祀申文和墓碑残文③,以"经归"为是。

三是有裨于纠正今日整理本之排版疏误。如浙古本《横渠学案》百家案语"天地之间只一气之循环而已……故曰适得吾体不失吾常"后紧接"高忠宪曰"句④,整理者以为高攀龙所言属黄百家语。其实,按此卷样式,"高忠宪曰"均另起一行,说明非案语内容,故此处当另起一段,以示区别,傅图本不误。如此情况,不一一罗举,均可说明傅图本可纠浙古整理本排版之讹。

通过对比两种黄璋稿本与通行本,可重新认识诸多被遮蔽的问题。如卢镐寄给黄璋的二十册稿与王梓材从卢杰处所得到卢氏藏稿,虽同源于卢镐家藏,但面貌已不同,说明卢镐或后裔与黄璋祖孙一样,亦在进行学案的修补。而黄璋父子虽以恢复梨洲原本为宗旨,但也继承了全祖望的众多理念。黄直垕在誊抄、校定过程中,同样作了增删。王、冯则一秉《序录》,并以卢氏藏稿为底本,对黄氏补本只是参照,并予以大规模的删减,颇有轻视的意味。这些思路与举措,正是不同修补者思想观异同的反映。

而通过三本之间正文内容的比较,同时结合黄宗羲《理学

---

① 范处义、范浚虽同籍兰溪,但具体乡里不同。范浚、范端臣为兰江以东的武昌乡香溪(今兰溪市香溪镇)人,属香溪范氏一族。范处义、范锺为兰溪西北郊的纯孝乡清口(今兰溪市兰江街道里范村)人,属龙门范氏一族。

② 傅图本《宋儒学案》卷六十八《双峰学案》,第 2 页。

③ 李才栋:《对〈宋元学案〉中陈澔传略的一些订正》,《江西大学学报》(社会科学版)1982 年第 3 期,第 99—100 页。

④ 《宋元学案》卷十七《横渠学案》,《黄宗羲全集》第 3 册,第 804—805 页。

录》，可发现百卷本在学案署名上存在前后不一的状况。在众多案语署名上，百卷本亦有不少可疑之处。当然，傅图本的案语署名也同样存在讹误。这些差异的存在，至少说明百卷本并非无懈可击。因此以百卷本作为分析黄宗羲、黄百家、全祖望思想的唯一信本，显然存在不少风险。

第二节　黄宗羲后裔与《宋元学案》稿本的流传

从清初黄宗羲的草创，到道光年间何绍基的刊刻，在长达一百余年间，世人对《宋元学案》知之甚少，甚至不知此书的存在，连康熙年间欲刊刻《明儒学案》的贾润亦不知梨洲父子编纂有《宋元学案》，以致发出"他日有人汇宋、元诸儒之说，仿此体而重辑焉，宁不更快人意耶"①的感慨。乾隆时修《四库全书》，既未收入此书，馆臣对此书亦只字未提。嘉庆时有人读全祖望著述，也表示"《学案》则《年谱》著其目，未知书之存否"②。《宋元学案》不为人知，很大程度缘于此书是未竟稿，且迟迟未校补完毕，稿本也只是在极其有限的空间内流传。正如历史上众多稿本在后世的重生，多赖于家族子孙的保存。《宋元学案》得以不亡，黄宗羲后裔在其中做出了重要的贡献。

黄宗羲草创《宋元学案》未竟而逝，季子黄百家与众多梨洲门人顾諟、张采、杨开沅共同纂辑，其规模"垂成已什八"③，但仍未竣稿。后来百家病殁，未完遗稿庋藏于家。关于梨洲、百家原

---

① 贾润：《明儒学案序》，《明儒学案》（修订本）卷首，第 9 页。
② 朱文翰：《汉书地理志稽疑刊本原起》，《全祖望集汇校集注》附录，第 2738 页。
③ 黄千人：《東卢配京孝廉索还先子〈宋元儒学案〉底本》，《竹桥黄氏宗谱》卷十五《诗文集》，第 27 页。

本的命运,王梓材的解读是:

> 郑南溪性《与沈栾城书》云:"年前中丞在粤,属其师购觅黄梨洲先生所著《宋元》《明儒》学案,且欲刊之。其《宋元》底本已失,梨洲之孙证孙取之淮阴杨氏,久而复得。"
> 梓材谨案:中丞为广东巡抚杨公文乾,其师乃姚江胡泮英。中丞桥梓俱受业于胡。梨洲第五孙千秋跋《明儒学案》云:"胡泮英言广抚杨公令子某欲刻之。"与郑语合。第书往而泮英殁,未几而中丞亦殁,故《宋元》底本遂致遗失。后日谢山先生所修补者,殆即取之淮阴,久而复得之本欤?①

郑性虽称胡泮英欲觅《宋元》《明儒》学案,但只云梨洲孙黄千人(字证孙)从淮阴杨氏取得《宋元学案》,至于《宋元学案》为谁所失,并未明言。王梓材却误以为《宋元学案》与《明儒学案》一道被胡泮英取走,②并在胡、杨殁后不知所终。冯云濠同样混淆了《宋元学案》原稿遗失与黄千人抄录的顺序,认为书稿归"南溪郑氏而旋失,梨洲之孙证孙复得之淮阴杨氏"③。其实,黄氏原本遗失的真正原因,并非如王梓材、冯云濠所言。《竹桥黄氏宗谱》收有黄千人《柬卢配京孝廉索还先子〈宋元儒学案〉底本》诗,详细叙述了《宋元学案》稿本的流传过程。据黄千人以及郑性的

---

① 王梓材、冯云濠:《宋元学案考略》,《宋元学案》前辅文,第16页。
② 葛昌伦在王梓材错解的基础上,进一步混淆事实,称"黄千秋将稿本(指《宋元学案》)经由胡泮英之手转交付给杨文乾,但黄千秋在不久之后又取回此份稿本"(《〈宋元学案〉成书与编纂研究》,第39页)。又将黄千人误作黄千秋、杨开沅误为杨文乾。按杨文乾,字式统,汉军正白旗人,先世辽阳,非黄千人所云的"淮阴杨氏"。
③ 冯云濠:《宋元学案总目序》,《宋元学案总目》,第8页。

序可知,康熙五十二年(1713),黄家遭火,藏书仅存五分之一,①《宋元学案》书稿化为灰烬。黄千人得知"淮南杨禹江师向曾录出",遂于雍正五年(1727)"走请其嗣君晦叔假归"②。杨禹江即杨开沅,字用九,号禹江,山阳人,师从顾諟,顾氏系黄宗羲门人陈锡嘏的弟子。在顾氏的引荐下,杨开沅至余姚得以拜谒梨洲,进而"登南雷夫子之堂,受阳明《传信录》《蕺山学案》"③。康熙四十四年(1705),杨开沅、顾諟在京师遇黄百家,三人"晨夕过从,未尝不亹亹心性之学也"④。黄百家此时正纂辑《宋元学案》,故杨开沅很可能此时从黄百家处抄录《宋元学案》,又与顾諟一同对抄录稿进行修补,并各自撰写案语。据此可知,经此火燹,黄家手中已无任何关于《宋元学案》的手稿,⑤而杨开沅有副本,故黄千人向杨氏借抄。这也可以解释为何今日《宋元学案》本中多处留有顾、杨二人的案语,且主要集中在《濂溪》《明道》《伊川》《横渠》数案。

　　为避免再遭火厄,黄千人又将所录《宋元学案》随同黄家藏书,悉藏于郑氏二老阁。二老阁几代主人均与黄宗羲家族交契深厚,郑溱与梨洲友善,其子郑梁师从梨洲。郑梁之子郑性与全祖望、黄千人均交谊挚密。因郑性的引荐,乾隆元年(1736),黄

① 郑性:《南溪偶刊·南溪不文·刻〈南雷文约〉序》,《四库未收书辑刊》据乾隆七年刻本影印,第八辑,第27册,北京:北京出版社,2000年,第625页。
② 黄千人:《柬卢配京孝廉索还先子〈宋元儒学案〉底本》,《竹桥黄氏宗谱》卷十五《诗文集》,第27页。
③ 杨开沅:《乙未论自序》,《山阳艺文志》卷三,《续纂山阳县志》附录,第296页。
④ 杨开沅:《乙未论自序》,《山阳艺文志》卷三,第297页。
⑤ 王梓材、吴光等人认为在卢镐寄示黄璋二十册学案稿本前,黄家手中有梨洲、百家学案原稿,张艺曦认为此种解释有误,见氏作:《史语所藏〈宋儒学案〉在清中叶的编纂与流传》,第456—457页。

千人赴京请任职翰林院的全祖望为梨洲撰神道碑。返乡后，全祖望从郑氏处得知梨洲曾有《宋元学案》，感慨"《宋元儒案》多宗旨，肯令遗书叹失传"①，在郑性之子郑大节的嘱托下，全氏从郑氏手里取来手稿进行补修。在全氏补修期间，黄千人曾携从孙黄璋至二老阁，并拜访全祖望，当时黄千人向全祖望提出索观学案之请，却未成功。

由于全祖望反复增补、修订学案，以致逝世时尚未完成全稿。全氏殁后，书稿分藏两弟子手中：一是卢镐藏本；一是蒋学镛所藏底稿残本。据王梓材所见，蒋氏藏本"多与卢氏本复，然其不复者如张南轩弟子李悦斋埴传、徐宏父弟子赵時隐希舘传，谢山著录甚详"②。就卷帙而言，卢本明显多于蒋本。黄千人向全氏索稿无望，而此时藏稿多归卢镐，所以致函卢镐请求寄还底稿，其中有云：

　　谢山全太史，大雅轮足扶。毅然任补辑，全豹其窥乎？胡天不假年，中道忽云徂。废置复废置，岂尚有所需。卢君其高弟，师说期弗渝。……今当于君属，德邻仍不孤。顾书无副册，命脉先人俱。展转历时久，抄应毕小胥。走柬以奉索，款曲通区区。惟君真健者，其将为何如？③

所谓"顾书无副册"，证实了当时黄千人手中并无学案副本。

① 全祖望：《鲒埼亭诗集》卷四《仲春仲丁之鹳浦，陪祭梨洲先生》，《全祖望集汇校集注》下册，第2117页。
② 王梓材、冯云濠：《宋元学案考略》，《宋元学案》前辅文，第19页。
③ 黄千人：《柬卢配京孝廉索还先子〈宋元儒学案〉底本》，《竹桥黄氏宗谱》卷十五《诗文集》，第27页。

卢镐同意了黄千人之索求,寄示二十册稿本予黄璋,后又续寄《序录》一卷。黄璋得此稿后,"钦同拱璧"①,作诗赠卢镐、董秉纯,夸赞二人能继谢山之学,并答谢卢镐寄赠的二十册②学案稿本。黄璋特在诗中注:"《宋元儒学案》,高祖文孝公创稿,末史曾叔祖暨谢山续辑,尚未成书,皆在配京手。"③从黄璋获稿的心情以及"皆在配京手"的记载,再次佐证黄氏后裔手中此前确无学案稿本。所以对这一稿本的传递过程,曾参与抄录《宋元学案》的诸豫宗(字立凡,号笠飓,余姚人,道光二年进士)的叙述是"后为全氏所得,全以与卢氏,卢氏复归黄氏"④。

当然,卢镐寄示二十册稿本的用意,并非简单的归还,而是期冀能与黄璋共修学案,其《姚江黄稚圭秋雨中见过既归以七古见赠和原韵即送其之任鸳水》诗云:

南雷正学源流长,亭林夏峰遥相望。甬上前贤多入室,戴山俎豆传馨香。小泉翁既不可作,典型无复如中郎。遗书散漫孰收拾,末学执卷增彷徨。区区校勘力未及,敢效束皙补诗亡。覃思幸借下帷客,助我尚赓求友章。何期双瀑老孙子,枉顾不劳置郑庄。黄茅白苇正弥望,忽见秀干方崇强。秋雨闭门共商榷,足本拟续续抄堂。从今剺剔庶可望,

① 傅图本《宋儒学案》卷七十八末,黄直垕跋。
② 黄璋《甬上赠卢配京孝廉、董抑儒明经》诗中的注称"今以稿本十册见付"(黄璋:《大俞山房诗稿》卷三,《清代诗文集汇编》第363册,第561页),据各方史料,均是二十册稿,此处恐脱"二"字。
③ 黄璋:《大俞山房诗稿》卷三《甬上赠卢配京孝廉、董抑儒明经》,《清代诗文集汇编》第363册,第561页。
④ 傅图本《宋儒学案》卷七十八末,诸豫宗跋。

告成五纬重辉煌。①

　　黄璋的"以七古见赠"，即是上述提及的黄璋赠诗。卢镐所云的"送其之任鸳水（嘉兴别称）"，是指乾隆二十一年（1756），黄璋乡试中举选任嘉善教谕。② 全祖望卒于乾隆二十年（1755），黄千人向卢镐索稿自然不会早于此时。依据诗中的"足本拟续续抄堂"以及"告成五纬重辉煌"后的卢镐注："君力任与余共成学案，谋即入梓。且欲续成《宋鉴》，索借余《平园》《攻媿》诸集。"③很容易让人误以为卢、黄二人在一年内即已编成可以付梓的足本，将"足本"理解为完整之意。其实，"足"作动词"补足"解更为恰当。因为卢镐诗中又有"况当文献聚集薮，闻见定足资精详"，并有注："鸳水多宿学，而竹垞、楝堂诸家藏书当尚有存者。"意在勉励黄璋赴任嘉善后继续增补学案。而且，"敢效束皙补诗亡"句后，卢镐又注："梨洲先生《宋元学案》经耒史、谢山两先生续葺，尚未成书，稿本今在予处。久思补完之，不及也。"④黄璋在嘉善教谕任内也称"全谢山、耒史曾叔祖曾经续修，俱非足本"，甚至认为"掇拾残编才什一"⑤。这些记载均可说明，二人在一年内并未完成整部学案的修补。卢镐所谓可以付梓的"足本"并非真正意义上的足本（完整本），至多指的是以梨洲、百家、谢山完成

①　卢镐：《月船居士诗稿》卷二《姚江黄稚圭秋雨中见过既归以七古见赠和原韵即送其之任鸳水》，《四明丛书》第4集，第66册，第4—5页。

②　黄炳垕：《诵芬诗略》卷首《世系图》，《清代诗文集汇编》第660册，第36页。

③　卢镐：《月船居士诗稿》卷二《姚江黄稚圭秋雨中见过既归以七古见赠和原韵即送其之任鸳水》，《四明丛书》第4集，第66册，第5页。

④　卢镐：《月船居士诗稿》卷二《姚江黄稚圭秋雨中见过既归以七古见赠和原韵即送其之任鸳水》，《四明丛书》第4集，第66册，第4页。

⑤　黄璋：《大俞山房诗稿》卷五《宜园杂兴》，第586页。

的原稿为主的部分。

在此之后,卢、黄二人又分头续修学案。据相关记载,黄璋在赴任嘉善教谕时就称"予新借《宋元学案》底本,校永嘉、康节二门"①,在教谕任内,亦多次提及自己校辑《宋元学案》,"《宋元学案》别诸儒,……芟除薉苑有荒芜"②等等。不过,大规模校订《宋元学案》,基本要到乾隆四十六年(1781)后。这一年,黄璋卸任沭阳知县,从此优游林下至老二十二年,"晚岁家居,为之抄辑者有年"。直到黄璋六十岁时,据长子黄征肃称,"其见修未成者《宋元儒学案》《姚江人物记》"③。章学诚也在黄璋晚年时登门拜谒,"见所辑《元儒学案》数十巨册,搜罗元代掌故,未有如是之富者也"④。当然,所谓"数十巨册"实为草稿而非定本,或者草稿、誊清并存,可见黄璋续修《宋元学案》直到去世仍未完稿。黄璋殁后,次子黄征义(字仲治,号平皭,嘉庆二十四年进士)承父遗志,"归田后,复为之正其舛误,补其阙略,并其零星",竣稿后,又命子黄直垕"抄录而次第之,是书始克成编"⑤。历经黄璋、黄征义补辑以及黄直垕校定的八十六卷本成为后来王梓材、冯云濠校定的参考本以及重要史料的直接来源,在《宋元学案》成书过程中有重要的意义。

据《竹桥黄氏宗谱》记载,参与《宋元学案》抄录、补修的梨洲后裔,黄千人是梨洲季子黄百家子,黄璋、黄征义、黄直垕是梨洲长子黄百药一系(黄璋为百药曾孙)。而梨洲次子黄正谊之子黄

---

① 黄璋:《大俞山房诗稿》卷三《之任嘉善学博留别里中同学二者》,第561页。
② 黄璋:《大俞山房诗稿》卷五《宜园杂兴》,第586页。
③ 黄征肃:《大俞山房诗稿》附录,第667页。
④ 章学诚:《章学诚遗书》卷十三《与胡雒君论校胡穉威集二简》,第118页。
⑤ 傅图本《宋儒学案》卷七十八末,黄直垕跋。

千秋曾为《明儒学案》撰过跋。可以说,对两部学案的关注及用心,并非只是黄百家一系子孙的参与,而是在梨洲后裔的不同房派的后裔间展开。而黄千人、黄璋与全祖望、卢镐等人相当频繁的互动,说明梨洲后裔一直寻找学案补修的人选,并期待学案的最终完稿。换言之,梨洲的遗愿可谓整个黄氏后裔共同的学术志向与家族使命。从具体分工来看,如果说黄千人、黄直垕主要汲汲于稿本的搜寻或抄录,黄璋、黄征义则瘁心于学案的续补与校订。正是黄氏家族连绵不绝的使命感与毅力,才使得《宋元学案》历经劫厄,犹能留存并通过补修成为足本。

第三节　黄璋父子校补《宋元学案》的内容

如前所云,真正补修《宋元学案》的梨洲后裔是黄璋、黄征义二人。以往因文献乏征,对黄璋父子续修的具体内容,不得而知。而对比两种《宋元学案》黄璋校补稿本与王、冯校定的百卷本,尤其是傅图本《宋儒学案》与国图本《元儒学案》中被王、冯勾乙的黄璋父子的 124 条案语,可反映黄璋父子的续补内容及学术思想。

表 3-3　傅图本《宋儒学案》梨洲后裔的案语分布及数量①

卷次	卷名	黄璋	黄征义	卷次	卷名	黄璋	黄征义
一	安定	6		三五	艾轩		3
二	泰山	10	1	三六至四十	紫阳		2

① 除黄璋、黄征义外,黄直垕有案语 2 条,一条位于《横渠学案》;另一为贴条,系于《潜室学案》。诸豫宗案语亦有 1 条,位于《永嘉程门学案》。

续表

卷次	卷名	黄璋	黄征乂	卷次	卷名	黄璋	黄征乂
三	徂徕	2	1	四一至四三	南轩		4
四	古灵四先生	1		四四	东莱		2
五	涑水		3	四七至五十	水心		6
六至九	康节		3	五一	龙川		2
十	濂溪		1	五二至五四	金溪		5
十二、十三	伊川	2	1	五五	慈湖		1
十四至十六	横渠		1	五九	静春		2
十七	元城	8		六十	西山蔡氏		7
十九	上蔡	1	2	六一	勉斋		1
二十	龟山	3	2	六二	潜庵		2
二四	永嘉程门		2	六四	潜室		3
二五	武夷	1	2	六八	双峰		1
二六	紫薇	1	2	六九至七二	金华		1
二七	豫章			七三	厚斋		1
二九	横浦	2	2	七五	蛟峰		1
三二	胡刘诸儒		4	七八	新安朱门		6
三三	香溪		2	总计		38	81
三四	玉山		1				

　　国家图书馆藏的《元儒学案》中只有黄征乂而无黄璋的案语,黄征乂案语数量只有 5 条,其分布如下(表 3-4):

表 3-4　国图本《元儒学案》黄征义的案语分布及数量

卷次	案名	案语数量	卷次	案名	案语数量
一	北方		五	九江	2
二	草庐	1	六	李俞熊张诸儒	
三	定宇	1	七	敖邱诸儒	
四	二胡	1	八	胡马诸儒	

从表 3-3 可以看出，黄璋的案语集中于卷一的《安定学案》至卷二九的《横浦学案》，而黄征义的案语分布甚为广泛，贯穿整个学案。概言之，黄璋主要是对北宋至南宋初年诸儒学术的校补，尤其在《安定》《泰山》《徂徕》三案上用心最多，基本完成校定。①黄征义的辑补则横跨宋元，且完成了全稿的校补。总体而言，黄璋父子的续补围绕以下方面展开。

其一，文献辑补及总论、学案表的增设。

两种黄璋校补本各学案卷前的署名，余姚草稿本均为"遗献黄梨洲先生稿、男百家纂辑、后学全祖望续修、元孙璋校补"，誊清本（为方便起见，将傅图本《宋儒学案》与国图本《元儒学案》合称为誊清本）基本署为"遗献黄梨洲先生稿、男百家纂辑、后学全祖望续修、元孙璋、六世孙征义校补"②。而现行百卷本的各卷学案署名，或是黄宗羲所立，或是全祖望增补。三种本子均显示在黄、全手里，已完成各学案的设立。但今日所见学案全稿的样

① 从曹庭栋致函黄璋的"承赐新辑泰山、安定、徂徕三先生学案一册，考订详明，嘉惠后学多矣"（《大俞山房诗稿》附录，第 664 页）。可知，黄璋已完成《安定》《泰山》《徂徕》三案的校补。
② 除卷一署名为"遗献黄梨洲先生稿、男百家纂辑、后学全祖望续修、元孙璋、六世孙征义补校、慈溪后学冯云濠录"外，其余均署"遗献黄梨洲先生稿、男百家纂辑、后学全祖望续修、元孙璋、六世孙征义校补"。

貌,与黄、全原稿并非完全一致。因为不少学案原稿已佚失,现行许多学案实为后来黄璋、黄征义、王梓材、冯云濠所辑补。对比草稿本与誊清本,可知草稿本阙《涑水》《康节》《伊川》《南轩》《静春》《北溪》《巽斋》学案,誊清本阙《鸣道》学案。鉴于《康节》《伊川》两案在黄百家手里基本定稿,故在余姚本中未归藏一处,因此《涑水》《南轩》《静春》《北溪》《巽斋》等案极可能为黄璋父子再次辑补。依后来王梓材所云,可印证这一观点。如《涑水学案》,王梓材称:"梨洲原本已佚。谢山补定,分为两卷,稿亦无存。……至谢山所补门人小传,则其稿尚存。"①余姚本阙此案,而傅图本有完整的《涑水学案》,卷首还有黄征义类似全氏《序录》式的案语,说明此卷确为黄征义所补。又如《巽斋学案》,王梓材称其为全氏特立,"黄氏补本亦因《序录》而补之"②,说明此案在全氏本中残缺,且百卷本此案中的欧阳守道、欧阳新、文天祥、刘辰翁等传后皆注"从黄氏补本录入",可证此卷诸多内容为黄璋父子所补。

通观王、冯校定本,全祖望《序录》除置全书卷首外,各案卷首又重复著录《序录》内容,颇显累赘。而在黄璋补本中,全氏《序录》单独一册,各学案卷首除不著案语(如《永嘉程门》《胡刘诸儒》《香溪》《玉山》《东莱》《止斋》《水心》《静春》《北溪》等案)外,其余各案卷首案语的撰写者,并非全是全祖望,③有些为黄百家(如《康节》《横渠》《龟山》《紫阳》《艮斋》《龙川》《金溪》《金华》等案)、有些则是黄璋(如《安定三先生》《古灵四先生》《横浦》等

① 《宋元学案》卷七《涑水学案上》,第276页。
② 《宋元学案》卷八十八《巽斋学案》,第2944页。
③ 有些卷首案语,即使出自全氏,其内容亦与《序录》不同,如《武夷学案》卷首案语标为"祖望谨案",然所论内容与《序录》不同。

案)、黄征义(如《涑水》《濂溪》《元城》《艾轩》《潜室》等案)。黄璋父子所撰的卷首案语,即各学案的总论,类似于全氏《序录》,保存于傅图本中,①在何绍基刊本中却被王梓材全部勾乙。

黄宗羲父子在编纂时基本未设学案表,全祖望续修时立表寥寥,这从余姚本的学案表数量可窥一二。而傅图本中近乎每案皆有学案表,说明黄璋父子继全祖望之后,增补了众多学案表。后来王梓材、冯云濠又在黄氏补本基础上进一步细化、完善。不过,黄氏补的学案表,多简单胪列案主以及为数不多的门人,远没有王、冯本数量众多的弟子、再传弟子,以及与案主诸如同调、讲友、学侣、私淑等复杂关系的说明。

与全氏稿相比,黄氏补本还增立了众多人物小传。就傅图本来看,所增人物,多出自黄征义之手。如全氏补本在邵雍门人或后学中列有王豫、张峋、吕凝之等传,黄征义则增补了祝泌传。在《紫薇学案》中,黄征义又增补了周宪、章宪、章忞等人。《东莱学案》内,除旧有的吕祖谦门人外,黄征义又增补巩丰、王时敏、邹补之、杜旟等人物,等等。又据王梓材所见,李术鲁翀传"向列《北方学案》鲁斋门人中,而不详师承,黄氏补本则详之"②,同卷萧斝、同恕、韩择、侯均等人传后皆注"从黄氏补本录人",说明这些人物皆黄璋父子所补。

在增补人物时,黄璋父子还援引其他史料,建构人物与案主的渊源关系。如邵雍学案,全祖望尽管补入牛师德、牛思纯父子传,但仅记载二人著述,对二人与邵雍的关系有所存疑。黄征义则援引朱彝尊《经义考》,建构了从邵雍－司马光－牛氏父子的

---

① 浙江图书馆藏《宋元学案》冯云濠、王梓材手校抄稿本,及冯云濠醉经阁初刻本尚保留部分黄璋父子案语。

② 《宋元学案》卷九十五《萧同诸儒学案》,第3145页。

易学传承谱系，①从而论证牛氏父子列入此案的合理性。而且，在建构师承关系时，黄征乂注重学术的多股源头。如《胡刘诸儒学案》的刘熵，全祖望只称其父刘懋从刘子翚、胡宪学，认为刘熵的学术传自家学。黄征乂通过考征文献，发现刘熵同样"受学于屏山刘先生、籍溪胡先生，尽得义理精微之奥"②，重新梳理出刘熵的师承谱系。此外，黄征乂还强调思想的内在传承，而不限于实体的师徒身份。如在元代新安朱子学者胡炳文传后，他称："先生初年有二爻反对论，二体相易论，二十四气论，晚年乃成《通释》，又精六书之学，明儒赵古则之渊源盖出于此。"③勾勒出胡炳文对明代赵谦学术的影响。这些反映了黄璋父子对宋代以降师承关系的深度理解。

　　黄宗羲奠定的"学案体"由总论、案主传略、资料选编三段构成，黄璋父子在撰写少量总论案语、新增人物小传外，在论著选辑上，同样投入大量精力。值得一提的是，二人在遴选案主的语录、文集后，还大量辑补全祖望的评论文字。众所周知，全氏补本最富思想价值的两点，一是突破程朱道统，增设古灵四先生、唐仲友、王安石等众多学案；二是撰写了大量案语，为后人认识宋元儒学史提供了重要指引。而全氏的许多案语，在其文集内有相应的表达或更详尽的阐释。黄璋父子按此路径追溯而上，辑采了文集中相关内容以补学案案语之不足。如全祖望在王应麟案中的案语较少，黄征乂便移录全氏著作中的诸多评论，呈现全祖望对深宁学术的认识：

① 傅图本《宋儒学案》卷九《康节学案四》，第12页。
② 傅图本《宋儒学案》卷三十二《胡刘诸儒学案》，第5页。
③ 傅图本《宋儒学案》卷七十八《新安朱门学案》，第8页。

征义案：全氏《同谷三先生书院记》云："深宁生平大节，自拟于司空图、韩偓之间，良无所愧。而其学术独得吕学之大成。或曰：深宁之学得之王氏埜、徐氏凤。王、徐本之西山真氏，实自詹公元善之门，为朱子再传派系。而深宁又颇疑吕学未免和光同尘之失，则子之推为吕氏世嫡也，何欤？曰：深宁论学，盖亦兼取建安、江右、永嘉诸家，然其综罗文献，实师法东莱，况深宁少师迂斋，则固明招之传也。"①

全祖望的评价，既涉及道德品节，亦涵括学术渊源及学派归属，与学案的寥寥案语相比，显然丰富许多。黄璋、黄征义从全氏文集钩玄纂要的做法被王、冯继承。在黄氏后人看来，学案案语只是全祖望评论的一鳞半爪，只有通观各方文献，才能准确认识全祖望学术思想的原始生态。

其二，史料的考订与存疑。

在搜寻文献，增补人物、论著的过程中，对史料真伪及前人叙述的相关考证，无疑相当重要。黄璋父子在这方面，亦继承了前几代编纂者的精神，做了大量考订工作，并记录在案语中。②如吕希哲的语录提及："谚有之曰：'忍事敌灾星。'少陵诗云：'忍过事堪喜。'"黄征义参诸《困学纪闻》等文献，考定"忍事敌灾星"

①　傅图本《宋儒学案》卷七十三《厚斋学案》，第 2 页。
②　当然，黄璋的考订也偶有疏漏之处。如前人有关于刘安世预言靖康之乱的记载，全祖望专辟此说"恐是记者之附会"，并引《宋史》"谓元城卒于宣和七年，据此则误也"。黄璋赞同全氏之解，但不认同《宋史》所载的卒年。认为："宣和止七年，次年即为靖康。而《言行录》谓后二年，敌人驱坟石发棺，颜色如生，不动而去，则公之卒当在宣和六、七年间。故《续通鉴纲目》'宣和七年先生卒'。"（《宋儒学案》卷十七《元城学案》，第 6 页）其实，《宋史》刘安世本传记载其卒于宣和七年，黄璋因学案底本作"八年"（注：傅图本作"八"），未详核原文，以致考证徒劳。

乃司空图诗,"忍过事堪喜"则出自杜牧《遣兴诗》,吕希哲误将杜牧作少陵(杜甫)。① 又如在永嘉学派的传承谱系中,叶适历来被视为陈傅良门人,黄征乂结合叶适的相关文献,对此提出异议:"水心志止斋墓有云从公四十年,似有师弟子之分矣。而每字之艮斋,尤前辈,止斋所师,而亦字之。初未尝曰先生也。又水心《行状》止云少诣吕太史,不言止斋,岂于止斋唯平交欤?计其行辈,即止斋实先达矣。"② 运用叶适自己的表述,认为陈傅良与叶适的关系用先达与后学来表述更为恰当。

黄氏父子的考订还涉及对人物思想主旨的把握,力求还原思想史的真实。如刘安世《道护录》有一句"学者所守要道,只一勤字,则邪僻无自而生。才有间断,便不可谓勤。"黄璋认为:"学者所守要道,只一勤字,此语似未莹。须知学者所勤是勤甚么?单说勤字,尚未概括。若换诚字,则无病矣。恐当时记者有误。"③ 黄璋的推断颇有道理。按司马光之学以诚为本,"主之以诚,守之以谦",始于不妄语(言),成于脚踏实地(行)。刘安世从司马光处领受"诚"的宗旨,从"不妄语"入手,以此力行下工夫,达到言行一致、表里如一的"诚"的境界。④ 可以说,"诚"才是涑水之学的本体,而"勤"只是修养"诚"的工夫手段,不足以彰显其为学特征。黄璋以"诚"易"勤",正是直接抓住了涑水之学的精髓,与思想史原景更为符合。

在考订过程中,对不能确定而存疑的,黄璋父子取法宋代司马光的《通鉴》、李焘的《长编》的考异方式,将各说加以排比,取

---

① 傅图本《宋儒学案》卷二十六《紫薇学案》,第 13—14 页。
② 傅图本《宋儒学案》卷四十七《水心学案一》,第 6 页。
③ 傅图本《宋儒学案》卷十七《元城学案》,第 11 页。
④ 《宋元学案》卷二十《元城学案》,第 828 页。

其近真，留存诸异，以待日后解决，而不以一己之见臆测决断。如学案底本孙复《春秋尊王发微》下有一条："公不及北杏之会，桓公既灭遂，惧其见讨，故盟于此。"①黄璋发现黄震《黄氏日抄》此条作胡瑗之语，因史料乏征，不能确定孰是，暂列于下。黄征义也发现孙复《春秋尊王发微》"正月书王者九十二，二月书王者二十，三月书王者十七"条，王应麟《困学纪闻》作"春秋正月书王者九十二，二月书王者二十有三，三月书王者一十有九"，与此有异，移录于此，以备日后或后来者参考。② 又如关于刘安世之死，全祖望在学案中征引《宋史》及朱熹之语，认为是"蔡京累遣人协害"③的结果。黄璋参考刘安世《言行录》，发现记载与全氏解读有异，但又难以诹定，认为"或当时传闻互异耳，备载之以俟考"④。还有《武夷学案》曾渐传，黄璋认为："文定卒于绍兴八年，鸿甫得及其门，则当生于靖康以前，岂有绍熙中尚存者，岂别一人耶？抑或私淑之学耶？当再考。"⑤

其三，对文本内容的诠解。

注疏经典是中国传统学术的重要方式，其中很重要的一项即是对经典文本的阐释与发挥。黄璋父子的案语中，也屡见二人对文本的疏注。其疏注主要体现在两方面：一是对文本的补充。如《吕祖谦传》记载吕氏"又修《读诗记》《大事记》，皆未成书。考定《古周易》《书说》《阃范》《官箴》《辨志录》《欧阳公本

---

① 傅图本《宋儒学案》卷二《泰山学案》，第 12 页。
② 傅图本《宋儒学案》卷二《泰山学案》，第 3 页。
③ 《宋元学案》卷二十《元城学案》，第 830 页。
④ 傅图本《宋儒学案》卷十七《元城学案》，第 13—14 页。全祖望弟子蒋学镛亦认为刘安世之死另有说法，并非如朱子一家之言，参全祖望：《书宋史刘元城先生传后》蒋学镛注，《鲒埼亭集外编》卷二十八，《全祖望集汇校集注》中册，第 1298 页。
⑤ 傅图本《宋儒学案》卷二十五《武夷学案》，第 10 页。

末》,皆行于世"。黄征义参考史籍,对吕氏的著述又作了进一步说明与补充,称:"《古易》十二卷,东莱所定,篇次与汲郡吕氏同。《音训》二卷,其门人王莘叟笔受。《书说》前二十二卷,东莱门人时澜增修,后十三卷,则东莱续其师林少颖书也。又《左氏纲目》一卷、《宋志》,东莱门人张成招标注。"①

　　另一则是对思想内容的发挥。如《横浦学案》,张九成语录有一句:"君子为善,期于无愧而已,非可责报于天也。苟有一毫觊望之心,则所存已不正矣,虽善犹利也。"后紧接黄璋案语:"虽善犹利一语,可作龟山对廖刚'吾正恐子误以利作善会尔'注脚。"②将张九成之语作为龟山诚语的注脚,这一相似的嫁接,确实有助于读者对语义的理解。又如全祖望记载刘子翚"少喜佛,归而读《易》,涣然有得。以为学《易》莫先于《复》"。至于为何刘子翚如此重视《复》卦,全氏并未阐释。黄征义则站在中国《易》学史的角度诠解了《复》卦的重要性。在他看来,"《圣传论》曰:学《易》者必有门户。《复》卦,《易》之门户也。入室者,必自户始。学《易》者,必自《复》始。得是者,其唯颜氏乎?故屏山以此为入道之门云。"③言下之意,刘子翚重视《复》卦并非凭空捏造,而是对经典传统的自觉继承。对叶适质疑曾子闻孔子"吾道一以贯之"的公案,黄征义也深表赞同,称"孔子之所以诏门人者,无不因人而施,各当其可,使曾子未足以语一贯而递。呼而告之,是失言矣,圣人岂有是哉"④,从中表达了不苟俗见、敢于质疑的学术态度。

---

① 傅图本《宋儒学案》卷四十四《东莱学案》,第3页。
② 傅图本《宋儒学案》卷二十九《横浦学案》,第17页。
③ 傅图本《宋儒学案》卷三十二《胡刘诸儒学案》,第8页。
④ 傅图本《宋儒学案》卷四十八《水心学案二》,第21页。

　　黄璋父子对学案所作的辑补、考订,大多属资料整理性质,虽然难与梨洲、百家、谢山高屋建瓴的学案建构媲美,但其续修既保留学案原稿,又恢复了佚失的内容,还新增众多包括学案表、人物小传、言语论著在内的大量内容,进一步丰富、充实了学案文本,为后来王、冯校定提供了较为完整的参照本。正是在这一脉络中,王梓材称此本"亦安可少哉!"[①]而且,二人的校补继承了梨洲、百家、谢山的严谨精神,对相关史实的考订、阐释,同样为后来的编纂者提供了指引与启示。

　　黄璋校补本与全祖望《序录》中的学案名称以及王梓材、冯云濠的百卷定本相比,最大的不同是学案数量及名称存在诸多差异。以往的研究认为黄氏后裔的补本旨在恢复梨洲原本的面目,对全祖望的补修多持否定态度。其实,这一解读与事实有所偏差。黄璋父子的校补尽管以梨洲精神为宗旨,但又有选择地吸收了全氏的成果,形成自己对宋元儒学史的认识。这种认识,首先体现于学案的设置上。

表 3-5　《宋元学案》黄宗羲、全祖望、黄璋父子三本间的学案名异同

次序	梨洲	全祖望	黄璋父子	次序	梨洲	全祖望	黄璋父子	次序	梨洲	全祖望	黄璋父子
1	安定	安定	安定	38	传在武夷案	刘胡	胡刘	75	西山	西山真氏	西山真氏
2	泰山	泰山(徂徕)	泰山	39		赵张		76	金华	北山四先生	金华四先生
3	徂徕		徂徕	40		范许	香溪	77	双峰	双峰	双峰

────────

① 王梓材、冯云濠:《宋元学案考略》,《宋元学案》前辅文,第 20 页。

续表

次序	梨洲	全祖望	黄璋父子	次序	梨洲	全祖望	黄璋父子	次序	梨洲	全祖望	黄璋父子
4		高平		41		玉山	玉山	78		存斋晦静息庵	并入金溪
5		庐陵		42	艾轩(或有之)	艾轩	艾轩	79	附真西山	深宁	厚斋
6		古灵四先生	古灵四先生	43	紫阳	晦翁	紫阳	80	四明朱门二	东发	东发
7		士刘诸儒		44	南轩	南轩	南轩	81		并入北山四先生案	蛟峰
8	涑水	涑水	涑水	45	东莱	东莱	东莱	82	四明朱门一	静清	并入四明朱门
9	康节	百源	康节	46		艮斋	艮斋	83		巽斋	巽斋
10	濂溪	濂溪	濂溪	47	永嘉二	止斋	止斋	84	新安	介轩	并入新安朱门
11	明道	明道	明道	48	永嘉三	水心	水心	85	北方	鲁斋	北方
12	伊川	伊川	伊川	49	永康	龙川	龙川				
13	横渠	横渠	横渠	50	金溪一	梭山复斋	金溪一			静修	
14		范吕诸儒		51	金溪二		金溪二	86	草庐	草庐	草庐

续表

次序	梨洲	全祖望	黄璋父子	次序	梨洲	全祖望	黄璋父子	次序	梨洲	全祖望	黄璋父子
15		元城	元城	52	金溪三	象山	金溪三	87	附金溪三	静明宝峰	并入金溪三
16		华阳	并入涑水	53		清江	静春	88			定宇
17		景迁	并入涑水	54		说斋		89	传在新安		二胡
18	传在安定		荥阳	55	传在金溪	徐陈诸儒	并入金溪	90		传在草庐	九江
19	上蔡	上蔡	上蔡	56	传在紫阳案	西山蔡氏	西山蔡氏	91			李俞熊张诸儒
20	道南	龟山	龟山	57	勉斋	勉斋	勉斋	92			敖邱诸儒
21	鹰山	鹰山	鹰山	58	潜庵	潜庵	潜庵	93			胡马诸儒
22	和靖	和靖	和靖	59	潜室	木钟	潜室	94		师山	
23		兼山	附伊川案	60		南湖	并入金华案	95		萧同	
24		震泽	平江	61		九峰	并入西山蔡氏	96		元祐	
25		刘李诸儒	并入二程	62		北溪	北溪	97		庆元	
26	蓝田	吕范诸儒	并入横渠	63		沧洲诸儒	并入紫阳	98		荆公新学	

续表

次序	梨洲	全祖望	黄璋父子	次序	梨洲	全祖望	黄璋父子	次序	梨洲	全祖望	黄璋父子
27	永嘉一	周许诸儒	永嘉程门	64	传在南轩案	岳麓诸儒	并入南轩	99		苏氏蜀学	
28	附康节案	王张诸儒	并入康节案	65	传在南轩案	二江诸儒	并入南轩	100		屏山鸣道	
29	武夷	武夷	武夷	66		丽泽诸儒	并入东莱				
30		陈邹诸儒		67	附金溪	慈湖	慈湖				
31	附和靖案	紫微	紫薇	68	附金溪	絜斋	絜斋				
32	附上蔡案	汉上	并入上蔡	69	附金溪	广平定川	广平				
33	附龟山	默堂	并入龟山案①	70	附金溪		定川				
34		豫章	豫章延平	71	附金溪	槐堂诸儒	并入金溪				
35	横浦	横浦	横浦	72	传在康节案	张祝诸儒	附康节案				
36	附武夷案	衡麓	致堂	73		丘刘诸儒					
37	附武夷案	五峰	五峰	74	鹤山	鹤山	鹤山				

① 《序录》作《嘿堂学案》。

　　据表 3-5 学案命名的异同来看,除去三者相同部分,黄璋父子延继梨洲案名共 11 个,采用全氏案名 24 个。从命名来看,梨洲原本如《蓝田》《永嘉》《道南》《永康》《金华》《北方》等案多以地域命名,这一点可以说延续了《明儒学案》的取名方式。全祖望手定《序录》时,则一律以人名为主,如上述学案分别被改为《吕范》《周许诸儒》(以及《艮斋》《止斋》)《龟山》《龙川》《北山四先生》《鲁斋》(以及《静修》)等案。黄璋、黄征义的补本虽遵循梨洲原本,但也多有采取全氏之处,如改《道南》为《龟山》,《永康》为《龙川》等等。这说明黄璋父子对学案的命名基本综合了梨洲、全氏的两种命名方式,而非一味以梨洲为本。而且,黄氏补本中的《致堂》《香溪》《蛟峰》等案,其命名既非沿袭梨洲,亦非取自谢山,而是出自黄璋父子之手。

　　以往研究只从学案设立的多寡,判断编纂者的思想史观,褒崇全祖望视野宏大,批评梨洲有"党人之习气未尽"[1]的门户痕迹,对黄璋的学案调整亦不无訾议。其实,学案设立与否,与其说是思想观宽窄的体现,毋宁说是纂修者自己的考虑。据上表,全祖望增补的很大篇幅,是将众多弟子从宗主案中抽出单独立案。在黄璋父子看来,全氏如此立案,过于纷繁,遂"由师及弟,自一传以至再三传,亦各附于案中"[2],重新将众多门人案并入宗主案中。对全祖望重分学案的做法,后来的李慈铭亦批评"其过求该博,亦有不必立学派,或本分而强合,或本合而强分者,有本

---

① 全祖望:《鲒埼亭集外编》卷四十四《答诸生问南雷学术帖子》,《全祖望集汇校集注》中册,第 1695 页。

② 傅图本《宋儒学案》卷首《发凡》,第 1 页。

不讲学而强相缀附者"①,其思路与黄璋父子可谓合轨同辙。与全氏本相比,黄璋父子补本阙《庐陵》《说斋》《荆公新学》《苏氏蜀学》《屏山鸣道》等案。其中,黄征乂亦格外推崇欧阳修对宋学之意义,对于《庐陵学案》,认为"应辑"②,只是后来未及辑补。至于《士刘》《范吕》《陈邹》《赵张》《邱刘》《说斋》等案,他认为"已于《序录》见大略矣,无容补辑"③。言下之意,黄征乂并未将这些人排除在宋学之外,而是通过全氏《序录》已能知其思想梗概,无须再述。

更何况,全祖望设立一些学案,并非一味表彰。如立《屏山诸儒学案》的理由在于"使后世学者见而噬之。其时河北之正学且起,不有狂风怪雾,无以见皎日之光明也"④。显然,屏山之学是作为严厉批判的反面教材而设的,其意在于凸显许衡、刘因学说之醇正。黄璋父子删除此案,亦是全氏思路的某种延续。而且相较全氏补本,黄璋父子新设了《蛟峰》《九江》《李俞熊张》《胡马诸儒》诸学案。故单从学案设置的数量论断黄璋父子甚至梨洲的思想史视野远不及全祖望,难免过于臆断。

第四节　黄璋父子对宋元儒学史的认识

如前文所揭,黄璋父子校补学案共撰案语 124 条,其内容除文献辑补、史料考订外,还涉及对宋元儒学史的评判。结合案语

---

① 李慈铭:《荀学斋日记》"光绪乙酉六月初一日"条,《越缦堂日记》第 15 册,扬州:广陵书社,2004 年,第 10773 页。
② 傅图本《宋儒学案》卷首《发凡》,第 2 页。
③ 傅图本《宋儒学案》卷首《发凡》,第 2 页。
④ 《宋元学案》卷一百《屏山鸣道集说略》,第 3316 页。

及傅图本卷首黄征义的《发凡》，可以发现二人对宋元儒学史不乏深造自得的认识。作为梨洲裔孙，黄璋等人自然不能绕过祖先的众多思想，这在人物评价方面有不少体现。

如对陈亮及永康之学，黄百家称其"以读书经济为事，嗤黜空疏、随人牙后谈性命者，以为灰埃。亦遂为世所忌，以为此近于功利"①，颇有同情之意，并针对朱学的非难为其鸣不平。全祖望对陈亮的态度颇为复杂，一方面力挺永康之学的事功济世，但同时采信《宋史》记载，诟病陈亮道德有亏，称他"暮年对策，遂阿光宗嫌忌重华之旨"，与同为事功学的陈傅良"以争过宫"相比，可谓"一龙而一蛇"②。可以看出，黄百家对陈亮的评价主要基于学术史的层面，而全祖望的评判则以学术与道德的双维度展开。对陈亮及永康学派，黄征义虽未有直接评论，但也表示了态度。他在全氏案语后，附录了元代刘埙之言。刘埙大为赞赏"龙川俊豪，开扩务建"，并称其学"尤深于春秋。其于理学，则以程氏为本"③，显然是对陈亮的护翼。透过这一举动，隐约可知黄征义对陈亮的定位主要是学术，较少涉及道德的考衡，与黄百家同出一辙。

对于宋学的开山，梨洲父子为"宋初三先生"各设一学案，表彰三人的卓荦地位。从余姚本来看，黄璋在稿本第二册专题"安定、泰山、徂徕三先生学案"，还在卷首撰写了案语，在傅图本中合并为《安定三先生学案》，表举三人共同开宋学之贡献。可以说，以"宋初三先生"作为宋学开山是黄氏家族的共识。然全祖望基于道德、学术兼顾的史家立场，只称："宋世学术之盛，安定、

① 《宋元学案》卷五十六《龙川学案》，第 1832 页。
② 《宋元学案》卷五十六《龙川学案》，第 1843 页。
③ 傅图本《宋儒学案》卷五十一《龙川学案》，第 4 页。

泰山为之先河。"①为胡瑗、孙复二人各立学案，只将石介附于孙复案中，未单独立案，对石介的人品、学问颇有微词，甚至将石介排除在宋学的师道传承之外，大有否认石介为宋学开创者之意味。这些例子均显示，黄氏后裔对先祖思想的一脉相承。

但在思想史的视野内，黄璋父子并非一味拘守先祖矩矱，也继承了全氏的诸多思路。如全祖望在追溯宋学源头时，指出"宋人溯导源之功，独不及四先生，似有阙焉"②，认为地方儒者在宋学崛起过程中的意义不能抹杀，因此增补了《士刘诸儒》《古灵四先生》两学案。黄璋亦认可古灵四先生等人"穷经苦节，以古人相期，……宋人溯导源之功，又曷可遗哉？"③不过，在他眼里，闽地儒学的兴盛，光着墨古灵四先生还不够，亦不能遗忘胡瑗弟子刘彝的功绩。他引吕希哲的《杂记》记载刘彝襄佐胡瑗兴学苏、湖后，"及其归也，乡人谓之五先生"的史实，主张改"古灵四先生为五"④，在全氏视野下进一步拓展，并强调宋学兴起的多元脉络。

又如象山心学的渊源，或认为直承孟子，或主张继承禅学，或归于程颢的影响。⑤ 统而言之，在这些判断中，象山与那些所谓的思想源头只是遥远的嗣响，中间缺乏过渡性的近承。而在全祖望看来，象山心学并非完全从不毛之地唐突冒出，在两宋之际即有众多先驱者为其做了铺垫："程门自谢上蔡以后，王信伯、林竹轩、张无垢至于林艾轩，皆其前茅，及象山而大成，而其宗传

① 《宋元学案》卷一《安定学案》，第 23 页。
② 《宋元学案》卷五《古灵四先生学案》，第 225 页。
③ 傅图本《宋儒学案》卷四《古灵四先生学案》，第 1 页。
④ 傅图本《宋儒学案》卷一《安定学案》，第 10 页。
⑤ 相关梳理，见张岂之主编：《中国思想学说史》（宋元卷上），桂林：广西师范大学出版社，2008 年，第 274—281 页。

亦最广。"①在程颢与象山之间,架构了从谢良佐、王蘋、林季仲、张九成到林光朝的心学传承谱系。黄璋也赞同全氏之说,称林光朝等人"实先槐堂之三陆而起"②,强调三陆与程颢之间存在众多心学潜流。

黄璋父子步踵全祖望,对这些宋学初兴及心学中间者的强调,反映了其注重思想发展的长时段视野,同时也揭示了宋代思想史为人忽略的文化生态:即在北宋五子与朱、陆等思想巨头崛起之前,主流学派之外的儒者及其所达到的思想高度,以及这些儒者所代表的更加广大的知识阶层所酝酿的文化潜流。正是这些基层文化生态和文化潜流,才催生出了两宋儒学思想的高峰。

某种程度而言,黄璋父子对宋元思想史的认识,大致未出梨洲、谢山的框架。而对宋元儒学史的阐释,二人则确实有其独到的见解。

一是注重思想的异同辨析。宋儒学派林立,思想纷繁,各派之间既有冲突,又存在暗合,处于一种互相对立、重叠、涵括的交错生态。出于门户意识,各派后学之间常互相攻讦,派别间思想的裂痕被严重夸大,而对对立面各派思想的差异又极力抹平,造成思想史的乱象与失真。黄璋父子则努力跳出旧识的框架,从解读各家学说的文本出发,形成自己的独到见解。如关于宋初三先生,后人高度评价三人作为道学先驱开宋学之先的贡献,凸显他们之间的"同",而忽视各自的"异"。即使如黄百家,也尽力讳言三人之间的龃龉,强调胡瑗与孙复"开伊洛之先,且同学始终友善",并一再否认二人在太学时"避不相见"的史实。③ 黄璋

① 《宋元学案》卷五十八《象山学案》,第 1884 页。
② 傅图本《宋儒学案》卷三十五《艾轩学案》,第 1 页。
③ 《宋元学案》卷一《安定学案》,第 30 页。

一方面也重视三先生互为同学，兴学开伊洛的贡献，将三人合为《安定三先生学案》，但亦注意辨析三人之差异，认为胡、孙"相避"有其可能，并非空穴来风，因此在《泰山学案》中仍保留这一记载，还考证二人"相避"当在"皇祐、至和间"①。在思想的内在性上，黄璋也不隐蔽胡、孙之异。如胡瑗解释《春秋》"不书'王师败绩于郑'"的原因是"王者无敌于天下，书'战'则王者可敌，书'败'则诸侯得御，故言'伐'而不言'败'"。黄璋认为孙复的诠解与胡瑗稍异，感慨二人"虽同学，为说亦分差别也"②。考察孙复对《春秋》此句的阐释，的确与胡瑗有所不同。可以推测，黄璋在此撰写案语，揭示胡、孙注疏的不同，并非刻意凸显二人思想的"异"，而是在提醒后人，即使是同学友朋，其学说同样存在差异。

对于宋代思想史上的朱陆之辩，后世学者多渲染两派之异，称二者是"道问学"与"尊德性"的冲突，还认为"朱陆异同"以及理学、心学两大派别之争是贯穿整个理学史的轴心线索。但在黄征乂看来，"朱陆虽有异同，要亦殊途而同归"③，肯定了双方思想的同致性。这一诠释，其实是对黄宗羲、黄百家的朱陆合一论的继承与延续。在梨洲父子眼中，朱陆更多是修养论的不同，其在道的认识上是相通的。关于朱熹与张栻的思想，黄征乂也主张张栻在"义利之辨"以及论心、论学、持敬等本体、工夫论方面，"大指与考亭无不吻合"④。对陆学传人甬上四先生的学说，黄宗羲多着眼于四人"学术之同"⑤。全祖望则主张分别立案，理由是

---

① 傅图本《宋儒学案》卷二《泰山学案》，第 28 页。

② 傅图本《宋儒学案》卷一《安定学案》，第 3 页。

③ 傅图本《宋儒学案》卷首《发凡》，第 1 页。

④ 傅图本《宋儒学案》卷四十一《南轩学案一》，第 1 页。

⑤ 《宋元学案》卷七十六《广平定川学案》，第 2553—2554 页。

四人学说有异，"慈湖泛滥夹杂，而絜斋之言有绳矩"①、"舒、沈之平实，又过于杨、袁也"②。黄璋父子同样取法梨洲，强调四人思想之同，统一列为《明州四先生学案》，彰显甬上心学的同一性。黄璋父子能不囿旧说，既注意学派思想的同，又能抉发其中的异，确实渗透了其自己的体认，就这一思路而言，对当今的思想史研究仍有汲取意义。

　　二是关注学派盛衰与内外环境的互动。学术思想的盛衰，最终虽决定于思想自身的形而上意义，但思想在现实中的升沉与消长，直接原因则是由外在的因素所造成，尤其深受政治、社会地位的影响。黄宗羲已意识到这一现象，在分析金华朱学不同支系的特点时，指出"仁山在南，其门多隐逸；导江在北，其门多贵仕，亦地使之然也"③。所谓的"地使之然"是指各自的地位及环境的不同。张导江入职学宫，并任孔、颜、孟三氏教授，故从游者众。而金履祥高蹈远引，门人自不及导江之盛，说明官位显微对学说传播有重要关系。与梨洲相比，全祖望将学术思想的理解、阐释置于更宽广、更深远的历史视野中展开，特立《高平学案》《庐陵学案》《赵张诸儒学案》《元祐党案》《庆元党案》，以此凸显儒学发展中思想与环境的互动关系。黄征义在这一点上继承了梨洲、谢山的视野，认为政治地位对学术沉浮起了重要的导向作用。如他认为元儒陈栎虽与吴澄并称，但"澄居通都大邑，又数登用于朝，故其道远而章，尊而明。栎居万山间，足迹未尝出乡里，故其学必待其书之行天下乃能知之"④，对陈栎学说因其地

---

① 《宋元学案》卷七十五《絜斋学案》，第 2525 页。
② 《宋元学案》卷七十六《广平定川学案》，第 2543 页。
③ 《宋元学案》卷八十二《北山四先生学案》，第 2765 页。
④ 傅图本《宋儒学案》卷七十八《新安朱门学案》，第 5 页。

位卑微导致流传不远,深表惋惜。

当然,在黄璋父子心中,决定学术盛衰最根本的还是学脉内在思想的传承,而非外在的政治环境或个人地位。在追溯安定之学为何不及二程兴盛时,黄璋分析认为,安定之学凋落,原因并非门墙寂寥,而是"自苏、湖入太学皆官为之师,当时固多旅进旅退之徒"①,真正好学潜修者较少。相比而下,二程一脉"渊源授受",注重学说传承,因此能学脉悠长。黄璋还注意到安定弟子中,只有二程等人后来能"唱明绝学,崛起斯文",其余大多则籍籍无名,"要于授受之源无与焉"②。在黄璋的视域中,个人成就之高下,关键在于自身的修习,与师承没有绝对的关联。这一解读,对过度强调"师友渊源"的狭隘门户意识无疑是一种批判。

三是以多元视角评价宋元儒学史。

受《春秋》以来形成的道德史观的范导,世人常以道德作为人物评价的主要甚至唯一尺度,以致许多文学史、学术史成为千篇一律的道德化文学或理学史。对品节稍有瑕疵的,也有以一眚掩其余的倾向。

黄璋父子当然强调道德品行之意义,评价人物不忘风节忠义的表彰。如对张九成,黄璋更多着眼其品节,称其"平生立朝风节最著,安贫乐道,日以读书为务,……要不可以其言禅而掩其大节也"③。对岳麓诸生的慷慨纾难、赵良淳的投缳殉国,黄征义也称赞他们"不负所学"④。但是,黄璋父子对儒学史的考量,并非囿于一端,而能跳出道德论的桎梏。

---

① 傅图本《宋儒学案》卷一《安定学案》,第6页。
② 傅图本《宋儒学案》卷一《安定学案》,第6页。
③ 傅图本《宋儒学案》卷二十九《横浦学案》,第1页。
④ 傅图本《宋儒学案》卷六十八《双峰学案》,第6页。

如对于杨时晚年受蔡京之邀的复出，当时人即有讥议，连朱熹也诟病他"做人也苟且，是时未免禄仕，故胡乱就之。……然来得已不是。及至，又无可为者，只是说得那没紧要底事"①，认为无济于北宋亡国的命运。张栻也表达了相同的意见。朱熹、张栻等人是从儒家"有道则见、无道则隐"的出处原则展开讨论，认为杨时不应在政治无道的时局下出仕。黄宗羲尽管肯定杨时的思想史地位，但对其复出抱有微议，还从学理上探讨了造成杨时之品行的思想根源，是"从庄、列入手，视世事多不经意"②。对于朱熹、梨洲的评断，黄璋并不笃信，而是从当时历史的情境为杨时辩解：

> 先生天资冲夷，德器和邃，不为矫时崭绝之行，而浮沉州县垂四十年。荆潭吴越之间，政绩昭著。晚年一出，人多讥之。然其立朝如排和议、收人心、肃军政，三镇必不弃，方田、水役、花石纲必不可行，李邦彦、李邺必不可用。又抗疏黜王氏邪说，罢其配享。虽无救于中原已成之祸，而亦非竟没要紧的事也。③

黄璋的关注点是杨时的政事功绩以及护翼道学，而不蜷缩于儒家的道德原则，况且在他看来，杨时一生"德器和邃"并无亏点。就宋代道学发展的命运而言，杨时晚年复出，"对处厄运而绵延中的洛学传承，以及南渡以后的儒学勃兴，却不啻是一功德

---

① 黎靖德编：《朱子语类》卷第一百一，第 2572 页。
② 《宋元学案》卷二十五《龟山学案》，第 957 页。
③ 傅图本《宋儒学案》卷二十《龟山学案》，第 16 页。

无量的善事和一极富生机的妙着"①。黄璋正是在洛学复振以及儒学外王精神的脉络中，反驳朱熹甚至先祖梨洲的观点，重新肯定杨时复出的价值及意义，显示出其不凡的认识与学术勇气。四库馆臣也认为杨时"未免少迂，而其他排和议、争三镇、请一统帅、罢奄寺守城以及茶务、盐法、转般、籴买、坑冶、盗贼、边防、军制诸议"②，多为当务之急，并非空谈性命而不达世变之言。黄璋校补学案时，《四库全书总目》尚未竣稿流布，其自不能寓目，说明这一观点是当时许多人的共识。

受黄璋的影响，黄征乂对历史人物的评价，也不局促于道德与学问，而是能兼顾其他层面。如北宋夏竦，《宋史》本传称他"财累巨万，自奉尤侈，畜声伎甚众"③，在历史上饱受争议。而在黄征乂看来，夏竦的这些陋习属"豪迈之习气未除"的表现。其上疏反对真宗求符瑞、信鬼神等行为，则是"生平方言高论，而趋向则甚端，是亦吾道之干城也"④。黄征乂从夏竦崇儒辟佛、道，有功儒学发展的脉络中对其作出观照，无疑突破了《宋史》的理学观。的确，从当时的历史情境来考察，在儒学初振的北宋前期，辟佛抑道是儒家士大夫面对的核心课题。相较其个人生活是否俭朴，在政治上力挺、护翼儒学的行为对整个儒学复兴的效应无疑重要许多。

除此以外，黄璋父子在对宋儒的思想解读上，也有自己的见解。如黄璋认为石介的《尊韩》推崇韩愈的《原道》《原仁》，自有其卓识，但将韩氏诸篇比拟于《易》《春秋》，夸饰其"自诸子以来

---

① 何俊：《南宋儒学建构》，上海：上海人民出版社，2004 年，第 7 页。

② 纪昀、永瑢：《四库全书总目》，第 1344 页。

③ 《宋史》卷二百八十三《夏竦传》，第 9577 页。

④ 傅图本《宋儒学案》卷三《徂徕学案》，第 12 页。

未有"①,明显太过。的确,石介在宋初揄扬韩愈有其语境所在,但如此溢美,从学术史的地位来考衡确有不妥之处。

又如叶适对儒家经典《大学》《中庸》《孟子》多有质疑,尤其反对孔子传曾子、曾子传子思的道统说,认为曾子断不能独得孔子之道而传之,"曾子之学,以身为本。容色辞气之外不暇问,于大道多所遗略"②,对曾子评价甚低。如被理学家高捧的曾子告孟敬子"动容貌,正颜色,出辞气"三事,在叶适眼中,并不特别重要。他认为这一言论只注意到道体的层面,忽视了器的作用,明显割裂了道与器关系,有悖于孔子的"一贯"宗旨。他所理解的存养持敬必须"有致于中,有格于外,使人情事理不相逾越"③,能够在现实中体现其价值,否则便是伪道。叶适的观点,显然与朱熹、陆九渊的道德先于事功迥异。黄征乂则认为叶适对"动容貌,正颜色,出辞气"的三事太过"浅看"。在黄氏的思维中,"远慢、近信、远鄙倍皆由居敬、存诚、学养而来",这三者均是修身之必要储备。为此,他还回护曾子,称并非此三言有疵,而是孟敬子未能领会曾子原意,只"留意器数而昧其要也"④。这里可以看出,黄征乂是站在朱熹一派的立场,倾向理学家的道德修养,而不同意叶适的功利说。

① 傅图本《宋儒学案》卷三《徂徕学案》,第 6 页。
② 叶适:《习学记言序目》卷第四十九《皇朝文鉴三》,北京:中华书局,1977 年,第738—739 页。
③ 叶适:《习学记言序目》卷第八《礼记》,第 95 页。
④ 傅图本《宋儒学案》卷四十八《水心学案二》,第 5 页。

小　结

　　以往对黄宗羲后裔补修的学案,只能依赖王梓材、冯云濠的一鳞半爪记载。至于其样貌、成书过程及学术思想如何,均难以获知,甚至受王、冯批评的范导,误以为黄氏补本微不足道。结合两种《宋元学案》黄璋校补稿本与通行百卷本,可知黄氏后裔在书稿流传及成书过程中所起意义重大。可以说,没有黄千人的抄录,就没有后来全祖望的续修。缺乏黄璋、黄征义父子的辑补,王梓材、冯云濠的百卷本也终难完璧。而且,黄璋父子在续补文献外,所撰案语也彰显出一定的学术见解,对后人以至今日宋元思想史的认识仍不失参考价值。

　　此前研究多仅依据学案设置的多寡,认为黄氏后裔的校补宗旨是回到梨洲原本,否定全氏补本。而从学案设置、命名、学术评价等角度细致考衡,可以发现黄璋父子其实是在综合梨洲、谢山二家观点的基础上,形成自己的判识、思考,绝非后人所想象的纯粹固守祖先矩矱。一定程度而言,学案设置的数量,不能作为思想史观狭隘或宏大判断的最终依据,其背后更多涉及的是编纂者的内在旨趣及外在条件的制约。正如《理学录》的发现,揭示了从《理学录》到《宋元学案》梨洲原本,梨洲的理学正统意识不断淡化。较之梨洲而言,全祖望的补修,包括思想观在内,实际上是继承与突破并存。① 而黄璋父子也是在这一理路上延续与推进。

---

① 　彭国翔:《黄宗羲佚著〈理学录〉考论》,田浩编:《文化与历史的追索:余英时教授八秩寿庆论文集》,第 227 页。

　　黄璋父子在"好诋宋学"的乾嘉考据的氛围下，能不随波逐流，校补《宋元学案》，重视宋元儒学，并继承了黄宗羲、全祖望对宋元儒学史的众多理解。但从对夏竦、杨时等人的评判来看，他们对宋元儒学史的理解又与全祖望不同，而与四库馆臣更为接近。帕尔默说："一个时代的倾向，在它的地位低下的作者中经常比在那些居高临下的天才作家中表现得更加明显一些。"①相对于黄宗羲、全祖望以及四库馆臣，黄璋父子自然属于那些"地位低下的作者"，但这些学术判识的重合，说明这些观点很可能是当时清代学界的整体共识。此外，黄璋补修《宋元学案》，在其甥邵瑛看来："近来学派好诋宋儒，甥窃以为此人心风俗所关。是书出而问世，真中流砥柱也。"②言下之意，《宋元学案》的编纂对宋学复振有重要意义。而道光时期王、冯校定学案，一本全氏《序录》，否定黄氏补本对全氏本的调整，甚至全部勾乙黄璋父子的案语，③其中缘由耐人寻味。结合这些线索溯源而上，可一定程度透视从乾嘉到道光时清代学术史的思想转向。

---

① 转引自诺夫乔伊：《存在巨链——对一个观念的历史的研究》，张传有、高秉江译，南昌：江西教育出版社，2002年，第20页。

② 邵瑛：《大俞山房诗稿》附录，《清代诗文集汇编》第363册，第666页。

③ 王、冯二人在学案文本记载上，也极力抹杀黄氏裔孙的修补痕迹。如百卷本《艮斋学案》张淳传后，有录自全祖望文集的《永嘉张氏古礼序》，后无任何标注。仅凭百卷本的样式，容易以为此摘录出自王、冯之手，而傅图本在此文前有"征义案"的抬头，可知王、冯参考了黄氏后裔补本。又如百卷本《沧洲诸儒学案》有戴蒙传，后注"参《温州府志》"。这一标示，按百卷本的注释体例，是出自王、冯之手。但傅图本《宋儒学案》中的《潜室学案》潘希宗传末的黄征义案语，就载有戴蒙的传记，内容与百卷本同，王、冯既然参考黄氏补本，却又不注，说明二人隐去了黄征义的续补功劳。

第四章 《宋元学案》
在道光年间的校刻与增补

历史文献能否被人关注并重新刊刻,一方面取决于内容是否具有恒常的真知,另一方面也离不开历史中的现实需要。即使是同一文献,缘何形成沉浮、晦烁的殊异命运,很多时候并不是因为内容的更迭,而是所处时代的变动。变动不居的社会形势、价值观念以及时代需求,才需对文献重新诠释,甚至出现改订的行为。因此对文献刊刻的考察,固然要解读其内在的知识思想,但也要观测其被接受的时代背景。只有通过此双重维度的审视,才能理解文献的意义,并有助于更好掘发其时代价值。

正如《宋元学案》是了解宋元理学史的重要文献,学界对其展开了较多研究。而从学术史轨迹来看,既往研究绝大部分聚焦于两条路径:一是史学史、哲学史的考察,表举黄宗羲父子尤其是全祖望突破道统,还原宋元儒学史的创识;①二是文献学的

---

① 相关研究可参见:何俊《宋元儒学的重建与清初思想史观——以〈宋元学案〉全氏补本为中心的考察》,《中国史研究》2006 年第 2 期;何俊《思想史的界定与门径——以两部学案为例》,《浙江社会科学》2010 年第 1 期;夏长朴《"发六百年来儒林所不及知者"——全祖望续补〈宋元学案〉的学术史意义》,《台大中文学报》第 34 期,2011 年;连凡《〈宋元学案〉的层次结构与学案设置——兼论全祖望与黄宗羲思想史观之异同》,《北京社会科学》2017 年第 4 期。

考辨,重点梳理《宋元学案》的版本及编纂过程。① 在后一条脉络中,研究者们尽管肯定道光年间王梓材、冯云濠的校补,促进"学案体"的构成趋于完备,但对二人的校定,只是视为普通的文献资料汇编。② 就形式而言,王、冯所纂多是文献调整、史料增补及考订,远逊于梨洲、百家、谢山的整体建构。但王、冯的校定以及何绍基的刊刻,均有其当时的内在旨趣。只有在历史语境下解读这些行为,才能彰显此书升格为经典的始末,及其思想史意涵。

第一节 《宋元学案》的寻访、
校刻及其思想诉求

一、道光年间的理学史编纂与汉宋关系

清代自康乾盛世以降,统治局面逐渐由盛转衰。至道光一朝,原本积蓄于乾隆、嘉庆时期的种种社会矛盾(诸如官吏贪黩、士气凌夷、财政虚空、军事废弛等)一时显露无遗,由此而来的民变踵起,再加上鸦片走私,外力逼来,使社会局势更趋恶化。当时的官场普遍存在因循苟且、谄媚逢迎的现象,官员们仍旧过着

---

① 这方面的成果主要有:吴光《〈宋元学案〉成书经过、编纂人员与版本存佚考》;葛昌伦《〈宋元学案〉成书与编纂研究》;张艺曦《史语所藏〈宋儒学案〉在清中叶的编纂与流传》;金晓刚《两种〈宋元学案〉黄璋校补稿抄本再认识》,《文献》2019 年第 6 期;刘真伦《〈宋元学案〉何绍基刻本考述》,《中国典籍与文化》2020 年第 1 期。

② 段志强曾关注何绍基、王梓材等人刊刻《宋元学案》对宋学复振的助力,但其是放在顾祠祭中进行讨论,内容较为简略,见段志强《顾祠——顾炎武与晚清士人政治人格的重塑》,上海:复旦大学出版社,2015 年,第 134—138 页。

声色犬马的奢靡生活,无视"日之将夕,悲风骤至"的社会危机。士林风气,同样恶化不堪。学子醉心八股,沉湎制艺,科举制度也更加腐朽。盛世与衰世的强烈对比,震撼着那些不甘于国家沉沦的有识之士,他们开始探求社会危机的症结,寻找解决问题的出路,其中一条渠道就是从学术上反思社会危机的根源。在当时不少士人眼中,大批汉学末流沉溺文字考据而脱离现实,甚至以汉学作为趋炎附势、猎取名利的工具,成为士林学风衰恶的重要根源。与此同时,长期处于边缘的宋学被作为解困纾难的思想学说,再次回流到学术中点,受到众多人士的重视。

道光朝以降,宗宋学的理学人士群体日益壮大,他们通过著书讲学、传道生徒,实现了理学的复振局面。这一复振,除体现于宗程朱理学者群体的壮大、讲学活动的日渐活跃外,还表现为理学人士间掀起了编纂理学史的高潮。不过,他们编纂理学史以彰显宋学,并非在于完全恢复宋儒理学的陈迹,而是寄寓了自身的诉求。如潘世恩的《正学编》,从立传对象来看,虽大部分收录信奉程朱理学的人物,但他主张"朱陆虽异,未尝不归于同也"①,因此给朱子学以外的张栻、吕祖谦立传,同时还选入陆九渊、王阳明、王畿、邹守益等心学学者,先后卷次一以年代为序,体现了以程朱为主,但不偏废陆王的思想倾向。据潘氏自述,编纂此书的意图是为了倡导"正学",以矫正"舍本逐末"的学风。在他的眼中,所谓"舍本逐末"是指"读古人书,不务反求诸身,但以为爵禄科名之计",或"捃摭训诂以为精,泛滥词章以为富",或"援儒入释,厌弃日用行习之经,而骋其虚无寂灭之说"②。言下之意,"正学"不明,邪说乖张,是由片面追逐科举、训诂、辞章、佛

---

① 潘世恩:《正学编》卷四,《续修四库全书》影印同治刻本,第 951 册,第 717 页。
② 潘世恩:《正学编·序》,第 669 页。

老造成的,因此他主张务以"正学"为宗。而他所要倡导的"正学"体现于"以穷理正心为本,驯至于齐家、治国、平天下。信乎!儒者之学,本末兼赅,体用备具"①。显然,潘世恩所追求的"正学"是以程朱之学为主的理学,而视那些乾嘉主流的考据训诂为异端。不过,潘世恩所崇尚的理学是"本末兼赅,体用备具"的,为学重点在于存养的工夫论,而非辨析义理的本体论与心性论,他关注宋元明诸儒之书的焦点是"行之不可以不力,养之不可以不熟,而守之不可以不坚"②。其子潘曾玮记载潘世恩"大抵先儒之说,虽有异同,不必论其门户、宗旨,但求有益于身心,则常人之一言一行,亦当取法而则效之"③,鲜明揭示出潘世恩重视理学的面相已不同于宋儒的特点。

潘世恩晚年的这一为学风格直接影响了其后人、弟子。潘曾玮在给《正学编》作跋中,指出自己早年从事帖括、簿书、名法之学,后来悔恨此前所为"无益于身心性命",因此改读《正学编》,并逐条为之疏解。潘曾玮的注解重点也在于"身心日用,苟能身体而力行之,可以自立而不惧,可以泛应而不惑"④的条目。潘世恩弟子杨道生也认为"因思古人为学,或主本体,或主工夫,门户既别,各相诟病,然终不相悖违也。盖识得本体,好做工夫,做得工夫,才算本体",因此主张宋儒"周程以来万派同源"⑤。潘世恩晚年的《正学编》以及对后人、弟子的影响,从一侧面展示了嘉道之际理学复振的迹象,不过,理学复兴的重点又显现出有别

---

① 潘世恩:《正学编·序》,第 669 页。
② 潘世恩:《正学编·序》,第 669 页。
③ 潘曾玮序,潘世恩:《正学编》卷首,第 670 页。
④ 潘曾玮序,潘世恩:《正学编》卷首,第 671 页。
⑤ 杨道生跋,潘世恩:《正学编》卷首,第 671 页

于宋儒的一面。

道光年间出现的理学史著作,最著名的是唐鉴的《国朝学案小识》①。此书因充斥了浓厚的程朱道统观,长期以来遭到质疑与批判。其实,结合唐鉴撰写的历史语境,可以寻绎此书背后的思想表达。在《叙》中,唐鉴详细阐发了自己对何为圣人之学的认识。在他看来:

> 圣人之言典章也,莫大于颜子之问为邦,……是必有顺天应人,长治久安,大经济,大功业,以运用于两间。岂惟推天文,考舆服,讲求乐律而已哉! 其言政事,莫大于哀公之问政,曰达道五,行之者三;曰九经,行之者一。是必有事亲知天,明善诚身,真本原,真学问,以弥纶于无际。岂惟考官禄,别等差,讲明礼节已哉!②

唐鉴所期待的圣人之学并非只停留于纯粹的知识考索,而是既可以修身明善,亦有补于弥纶经世的行道之学。依唐氏之见,真学问必须落实到日常践履中,才能发挥其真正的生命活力。而他当时所睹的知识群体,许多已遗忘学问的济世精神,完全汨没于字句训诂,"得其一字一句,远搜而旁猎之,或数十百言,或数千百言,蔓衍而无所底止"③。更有甚至,徒以知识之广博作为矜耀之资,"反厌薄夫传圣人之道以存经者"④。在他眼

---

① 唐鉴还著有《朱子学案》,然因卷帙浩繁,未及刊行,遗稿旋失,仅存《朱子学案目录序》。
② 唐鉴:《国朝学案小识》卷首《叙》,第 2 页。
③ 唐鉴:《国朝学案小识》卷首《提要》,第 2 页。
④ 唐鉴:《国朝学案小识》卷首《提要》,第 3 页。

中,当时学术丧失对现实的关切,因此呼吁儒学真精神的复归。

唐鉴认为社会之所以出现"人心异""世道漓""举纲常伦纪、政教禁令,无不荡然于诐辞邪说之中"①,主要是由于道学不行造成的。而"道之所以歧,儒之所以不真,岂有他哉? 皆由不识格、致、诚、正而已"②。在寻索道学的修学入门对象上,他最终选择了朱子"道问学"的一路,"以孔、孟、程、朱之道为道,以孔、孟、程、朱之学为学"③。因为唐鉴认为,陆王心学的"尊德性"固然有其价值,但容易堕入自我放诞,走向狂禅,以致后学"大肆狂澜,决破藩篱,逾越绳检",从而破坏社会秩序。而朱子学一路强调为学"格致诚正"的循序渐进,"合内外之体",可实现国家的长治久安,因此收入《学案小识》的人物以程朱道统一脉为准。从表面上看,唐鉴这种排汉挺宋的人物选择,存在严重的门户壁垒,但仔细思考,与其说他排斥的是汉学,不如说他是对遗忘经世传统的纯粹考据的否认,只是这一言辞表现得有些过激罢了。

《学案小识》竣稿后,于唐鉴执弟子礼的曾国藩、何桂珍等人对此书进行了校刻。曾国藩还撰写了跋文,表达自己的学术见解。一方面,曾氏继承了唐鉴表举朱子学的思想理路,纠正乾嘉之学"薄宋贤为空疏"的误区;另一方面,他又意识到唐鉴的论学过于偏激,主张汉宋二家俱有所长,"皆不能左祖以附一起哄。于诸儒崇道贬文之说,尤不敢雷同而苟随"④。在他看来,汉学家所孜孜以求的与朱熹的学说并无二致,"夫所谓事者非物乎? 是

---

① 唐鉴:《国朝学案小识》卷首《叙》,第 2 页。
② 唐鉴:《国朝学案小识》卷首《叙》,第 2 页。
③ 沈维鐈:《国朝学案小识·序》,第 1 页。
④ 曾国藩:《曾文正公全集》书札卷一《致刘孟蓉》,第 11 册,北京:线装书局,2014 年,第 12 页。

者非理乎？实事求是，非即朱子所称即物穷理者乎？"①对于唐鉴将明亡的重要原因归咎于阳明学流弊产生的"诐淫邪遁，淆乱人心"，从而将陆九渊、王阳明排斥于道统之外，曾国藩也隐约表达了异议，他说：

> 君子之言也，平则致和，激则召争。辞气之轻重，积久则移易世风，党仇讼争而不知所止。曩者良知之说，诚非无蔽，必谓其酿晚明之祸，则少过矣。近者汉学之说，诚非无蔽，必谓其致粤贼之乱，则少过矣。②

可以看出，他对唐鉴的激烈言辞进行了缓和的处理，正面肯定宋学内部的陆王一派，以及汉学的价值。而在理学的经世层面，曾氏与唐鉴可谓一脉相承，自觉绍继宋学的行道精神，脑中时刻萦绕着以天下为己任的忧患意识。

何桂珍也秉唐鉴之命，对康熙时窦克勤的《理学正宗》进行增补，于道光二十五年（1845）完成《续理学正宗》。窦克勤《理学正宗》所谓的"正宗"，仅限于濂、洛、关、闽，并未包括陆、王，其用意在于通过为理学"道统正宗"修史立传，尊崇程、朱为理学正统，将陆、王之学排斥于道统之外，进而封杀、否定陆王之学。③

《续理学正宗》的编纂观念一定程度上继承了窦克勤的程朱道统观，在书中增补了胡居仁、罗钦顺、陆陇其、张履祥四位重要的朱子学大儒。不过，《续理学正宗》在内容上虽只选程朱不选陆王，表现出排斥心学的倾向，但与《理学正宗》为了尊朱辟王不

---

① 曾国藩：《曾文正公全集》文集卷二《书学案小识后》，第10册，第43页。
② 曾国藩：《曾文正公全集》文集卷一《孙芝房侍讲刍论序》，第10册，第15页。
③ 张昭军：《清代理学史》（下卷），广州：广东教育出版社，2007年，第76页。

同,《续理学正宗》表彰程朱理学,更多是为了批判考据学以训诂章句为目的的弊端。何桂珍说:"但见周、程、张、朱之发明圣道者在著述,而不知其躬行心得者为足以发明之也。"其实宋儒倡导的格物致知在于"严理欲""谨言行",后人"不务实践,徒以揣摹拟议,求之言名物象数者,既不胜其繁言"①。至于为何只选程朱而弃陆王,他认为当时存在着"自幼莫不读程朱之书,行文决不敢背程朱之说。及出而应世,则转相诟病,甚或借口于阳明之事功而薄程朱为无用"②的局面,世人对阳明心学的认识只限于事功,以致斥责程朱空谈无用,此点也透露出何桂珍与唐鉴极力排斥阳明学略有不同。可以看出,何桂珍续补《理学正宗》,表彰程朱理学道统,一方面是为了矫正以理学作为干禄谋利的弊端,恢复理学原本的身心性命、明善诚身之教,另一面也是为了批判只顾名物训诂、不务实践的考据学风,从两方面确立程朱理学作为孔孟真传的地位,恢复理学有体有用的本相。

道光年间编纂的理学史著作在表面上或许与清代中前期的学史有一定继承关系,但通过对比可以发现,这一时期的理学史著述绝不是对此前理学史著述高潮的简单回应或重复,而是有着自己应对的时代课题。大体而言,清初的理学史著作,有的是为了"卫道""续统",尊程朱而辟陆王;有的是为反思阳明学与明朝灭亡的关系。③ 从编者的思想立场来看,也存在对立的状态,如魏裔介、熊赐履属程朱阵营,黄宗羲、汤斌则属阳明一脉。而道光年间理学史编纂高潮的兴起,其编纂是直接针对乾嘉汉学

① 何桂珍:《续理学正宗序》,《续理学正宗》卷首,《丛书集成续编》第78册,上海:上海书店出版社,1994年,第136页。
② 何桂珍:《续理学正宗·后序》,第134页。
③ 张昭军:《清代理学史》(下卷),第90页。

脱离现实的弊病,理学学者通过编纂学史,辨明正学,力图在不同汉学的理学思想体系中找到一条解决社会危机、挽救世道人心的出路,因而经世色彩较为浓厚。从编纂者的思想倾向来看,他们尽管基本属于程朱理学学者,但在这些理学史著作或者宗程朱理学的群体中,也存在对朱陆之争的不同态度,除一些学者严守程朱门户外,更多的是对朱陆之争持缓和态度,关注学说是否有裨于治世,强调身心的力行实践。

在理学士人批判汉学末流的同时,众多汉学家对汉学的学问弊端也表现出程度不一的反省与悔叹,如早年专注训诂考据的段玉裁在晚年也发出感慨:"喜言训诂考核,寻其枝叶,略其本根,老大无成,追悔已晚。"①以考据见长的梁章钜甚至斥责"今之墨守汉学者,往往愈引而愈晦,抱残守缺,远证冥搜,每一编成,几于秦延君之释'尧典'二字二十万言,汉博士之书驴券,三纸尚未见驴字"②。段玉裁的外孙龚自珍早年曾恪守庭训,研习汉学,后来则转向对汉学的严厉抨击。他明确指出,汉学实际上"是有文无质也,是因迭起而欲偏绝也",在他看来,"圣人之道,有制度名物以为之表,有穷理尽性以为之里,有训诂实事以为之迹,有知来藏往以为之神,谓学尽于是,是圣人有博无约,有文章而无性与天道也。"③言下之意,圣人之道应当是体用兼备,但汉学虽广博,却是博而无约,有文而无质,偏离了圣人之道的本义。这种斤斤"考证于不必考之地"的风气,限制了学术发展,在荆棘丛

---

① 段玉裁:《经韵楼集》卷八《博陵尹师所赐朱子小学恭跋》,《续修四库全书》第1435册,第76页。
② 梁章钜:《退庵随笔》卷十四《读经一》,《续修四库全书》第1197册,第341页。
③ 龚自珍:《江子屏所著书序》,《龚自珍全集》第三辑,王佩诤校,上海:上海古籍出版社,1999年,第193页。

生的社会问题面前表现得百无一用。

当然，汉宋双方对汉学的批判，并非在于全面否定汉学，他们批判的焦点只是汉学末流脱离现实的风气。事实上，从道光朝开始，汉宋双方越来越多的学者意识到各自的缺陷，对纯粹的门户之见感到厌倦，逐渐以较包容的心态接纳对方，汉宋之争逐渐转向平息。考据、义理不可偏废，调和、兼采汉宋的论调在道光时期成为思想界的主流。如身居高位的汉学领袖阮元，意识到"两汉名教得儒经之功，宋、明讲学得师道之益，皆于周、孔之道得其分合，未可偏讥而互诮也"①，倡导为学要"崇宋学之性道，而以汉儒经义实之"，认为汉、宋学各有"蔽"，必得兼采汉、宋，各取其长，才能收无"蔽"之效。更多的宋学家也逐渐重视考证、辑补，接纳汉学的注疏解诂。尽管对义理、考证的关注程度不一，但重视对方成为汉宋两派的共同旨趣。《宋元学案》这部反映宋学的著作正是在这一学术氛围中进入汉宋双方学者的视野，并迅速受到双方的关注。

二、何凌汉、陈用光搜访《宋元学案》的旨趣

在道光年间汉宋合流的学术思潮中，何凌汉是最早关注《宋元学案》的人物之一。他在阅读全祖望《鲒埼亭集》时，注意到黄宗羲在《明儒学案》外，"尚有《宋元儒学案》，未及成编"。因为之前未见，所以他判断"世无传本"。道光十一年（1831），何凌汉典试浙江，次年至宁波，选拔了王梓材等人。他询问此书的下落，王梓材同样表示只见《明儒学案》，"《宋元诸儒学案》则未之见

---

① 阮元：《揅经室集》一集卷二《拟国史儒林传序》，邓经元点校，北京：中华书局，1993 年，第 37 页。

也"①,何氏便嘱咐王梓材代为搜讨。岁试未毕,何凌汉便奉急诏匆匆回京,以致未获此书。因何氏的嘱托,一年内,王梓材经过精心搜寻,逐渐得知此书的一些蛛丝马迹。

次年,陈用光代何凌汉督学浙江,再次提及《宋元学案》,甚至在考试中"以是书命题,俾为之考"②。王梓材与冯云濠同在考院,互言此书原委及庋藏现状。王、冯二人中试时,陈用光已获余姚黄宗羲后裔补本,"思得谢山修补原稿参校之"③。遗憾的是,卢镐之孙卢杰不肯献出卢氏稿本,而陈用光不久即谢世。经何、陈的两次寻访,《宋元学案》渐为人知。自此以后,据王梓材叙述,"贤士大夫莅吾郡者,每访求是书"④,对《宋元学案》显露出极大的兴趣。为何当时包括何凌汉、陈用光在内的一大批人如此汲汲于一部"世无传本"之书?何凌汉离浙后还表现出"未尝一日忘是书"⑤的莫大热忱,这背后究竟蕴藏了他们怎样的诉求?

据其子何绍基载,何凌汉曾命人画郑玄、周敦颐、邵雍、司马光、二程、朱子像,"悬之斋壁,以明祈向。俗儒小生,有訾议儒先者,必正色训诫之"⑥。表面上看,何凌汉既尊奉汉学大师,又推崇宋学宗主,表现出汉、宋并重的特点,但这并不等于说他对汉、宋之学的态度差别无二。何绍基又称"家尊视浙学,特甄朴学

---

① 王梓材案语,《宋元学案总目》,第 7 页。
② 王梓材案语,《宋元学案总目》,第 7 页。
③ 王梓材案语,《宋元学案总目》,第 7 页。
④ 王梓材案语,《宋元学案总目》,第 8 页。
⑤ 何凌汉:《宋元学案叙》,《宋元学案》前辅文,第 11 页。
⑥ 何绍基:《东洲草堂文钞》卷五《重刊宋元学案书后》,《何绍基诗文集》,龙震球、何书置校点,长沙:岳麓书社,2008 年,第 713 页。

士"①,"持大体,抑奔竞,崇朴实"②。王梓材也认为何凌汉"取士
最重朴学",所拔取的许瀚、沈垚、王梓材,其因在于三人"皆为实
学有根柢"③。在《宋元学案叙》中,何凌汉表面上从调和汉宋的
立场阐发自己的观点,认为"汉代醇儒皆敦行义,有宋大儒无不
治经",汉宋互相诋諆实在是"褊且阁矣"。但是,他又毫不讳言
地指出:"汉儒之功实先宋儒",学者应当由黄宗羲的两学案,"由
宋、元以上溯汉、唐"④,接续六经传承的统绪,才是为学之正途,
其内心还是坚持以汉学为上。此外,何凌汉虽屡称自己生于濂
溪之乡,然综何凌汉文集、行状、墓志、墓表及相关传记,均未显
示其对宋儒所热衷讨论的理、气、心、性等范畴的兴趣。因此,从
为学进路来看,何凌汉诚然属于汉学阵营中人。

又按何绍基记述,何凌汉一生持敬,言笑无苟,"立身行事,
植矩度绳,斤斤有以自守"⑤,家居时"律身严正,独坐必敛容,治
家严肃如官府"⑥,视学各地时,"首崇风教敦儒术,与父言慈子言
孝"⑦,俨然一宋代道德醇儒的形象。这些表明,何凌汉对宋儒的
"持守"热情,远胜于对形而上义理的辨析。何绍基总结其父学

---

① 何绍基:《东洲草堂文钞》卷五《子敦、騰轩过话,理初、仙露继至,即事作》,《何绍
基诗文集》,第 115 页。
② 何绍基:《东洲草堂文钞》卷十八《先考文安公墓表》,《何绍基诗文集》,第 932 页。
③ 王梓材:《醉经书屋文稿·题仙槎师何文安公神道碑后》,《清代诗文集汇编》第
574 册,第 661 页。
④ 何凌汉:《宋元学案叙》,《宋元学案》前辅文,第 12 页。尽管何绍基在自己文集中
称此篇是"大人命代作",但其中观点必然得何凌汉的认可,故仍可视为何凌汉
之作。
⑤ 何凌汉:《宋元学案叙》,《宋元学案》前辅文,第 11 页。
⑥ 何绍基:《东洲草堂文钞》卷十八《先考文安公墓表》,《何绍基诗文集》,第 932 页。
⑦ 何绍基:《东洲草堂文钞》卷十三《冯小亭秋灯夜课图》,《何绍基诗文集》,第
253 页。

行:"生平服膺许、郑之学,而于宋儒之言性理者,亦持守甚力。"①
所谓的"服膺许、郑"是指何凌汉之学根柢汉学,而"持守甚力"指
的是在立身躬行上尊奉宋儒。就这一点而言,何凌汉与乾嘉吴
派惠氏的态度颇为相近。惠氏的为学宗旨是"《六经》尊服、郑,
百行法程、朱",他们对宋学的态度较戴震、江藩等人缓和,但对
宋学的容纳更多限于立身制行。换言之,何凌汉仍坚守汉学重
于宋学的学问方式。可以想象,他对《宋元学案》的关注,更在意
的是可为奉行立身之宋儒的言行,而非其义理思想。

　　而陈用光的学问倾向,与何凌汉不同。从师友渊源来看,陈
氏自幼随祖父、舅氏习宋儒之学,后又师从桐城派古文大家姚
鼐,其学明显是宋学一路,当时就有人将他与理学名儒李光地、
方苞相提并论。王梓材更是直言不讳地指出,"吾师之学,宋学
也"②。在汉、宋学之间,陈氏确实也表现出亲宋疏汉的姿态,称:
"朱子之学诚为己耳,非有为乎人也。今之为汉学者诚为人耳,
非有为乎己也。"③对考据学者奉为清代汉学开山之一的阎若璩,
批评其"词气之偏驳"④。在给姚鼐写的寿序中,声称当时汉学凌
驾宋学无异于"出主入奴"⑤。他到浙江寻访《宋元学案》,显然有
通过发掘理学文献以重振宋学的意图,在当时人眼中即是"汲汲

① 何绍基:《东洲草堂文钞》卷五《重刊宋元学案书后》,《何绍基诗文集》,第 713 页。
② 王梓材:《醉经书屋文稿·述陈少宗伯硕士师宋学说》,《清代诗文集汇编》第 574 册,第 651 页。
③ 陈用光:《太乙舟文集》卷五《与姚先生书》,《陈用光集》,徐成志点校,合肥:安徽教育出版社,2014 年,第 52 页。
④ 陈用光:《太乙舟文集》卷五《复宾之书》,《陈用光集》,第 65 页。
⑤ 陈用光:《太乙舟文集》卷七《姚姬传先生七十寿序》,《陈用光集》,第 136 页。

于宋学"①的表现。

不过,陈用光与同属桐城弟子的方东树等人不同,他在根柢宋学时,并非反对汉学的考据方法,在他看来:"考证之学,古人惟事其实而已,……考证不徒不足为吾病,而且有资于吾学。"②他还告诫桐城派的友朋,"欲以空疏不学之辞冀能立古文之业,则无望焉已。且使韩柳诸君子生于今日,亦必不薄考证"③。从拟校刊祁韵士的《西域释地》,又命俞正燮校订顾祖禹的《读史方舆纪要》,以及委托考据学者冯登府(时任宁波府学教授)搜访《宋元学案》等行动可看出,陈用光的宋学的确已能汲纳考证方法。

陈用光所严厉抨击的汉学,是那些纯粹为考据而考据的行为及风气,在他眼中,当时不少以汉学自命的人物"仅仅掇拾遗阙以为博,考核名物度数以为精,而罔知其大者焉"④,"为其学者辄病于碎小,其能见及乎大矣,而所著录又患其不辞"⑤,"务枝叶而忘本根,逐细碎而舍远大,事空文而鲜实用"⑥。所谓的"罔知其大""忘本根""舍远大"之类的诟病,均指那些沉溺于琐碎而无益治世的字词训诂,割裂知识与现实的关系,从而遗忘学问的本来宗旨。

因为熟稔汉宋之学,所以陈用光能洞悉二者的各自优劣:

---

① 王梓材:《醉经书屋文稿·述陈少宗伯硕士师宋学说》,《清代诗文集汇编》第 574 册,第 651 页。
② 陈用光:《太乙舟文集》卷五《与伯芝书》,《陈用光集》,第 68 页。
③ 陈用光:《太乙舟文集》卷五《与伯芝书》,《陈用光集》,第 68 页。
④ 陈用光:《太乙舟文集》卷五《与伯芝书》,《陈用光集》,第 68 页。
⑤ 陈用光:《太乙舟文集》卷五《寄姚先生书》,《陈用光集》,第 57 页。
⑥ 陈用光:《太乙舟文集》卷五《复宾之书》,《陈用光集》,第 64 页。

汉之儒者莫不从事乎此。及其弊也,穿凿附会之失益滋,则反昧于为学之本。宋儒揭其本以救之,而及其弊也,空疏无据之病复起,故今之学者以汉学相倡和,而考据之精冠于前代。①

在总结汉宋之学的优弊后,陈用光提出了自己的为学宗旨。他对姚鼐的"义理、文章、考证,然必以义理为主"的说法有所修正,主张"必合义理、考证而后有文章"②,在姚鼐的基础上,进一步凸显考证的意义,形成宋、汉融合的为学路径。在《诂经精舍谒朱子祠示诸生》诗中,这一色彩表现得更为浓厚:

尝绎朱子言,折衷森义例。说礼溯高密,丝繁有绳系。祭酒述篆籀,厥功导识字。后人崇许郑,固推朱子意。庶几合汉宋,上以窥洙泗。③

这段话强调只有合汉宋之学,方能明白孔子之道的真正涵义。至于如何合汉宋之学,陈用光将其链接点放在经学上,强调为学以通经为本,"通经,学之本也,知通经则得其本矣。"④显然,他所持奉的宋学已跳出空谈性命,而是追求以经学为根柢的义理之学。在具体治经的实践中,他也贯穿了这一理念。如读郑

---

① 陈用光:《太乙舟文集》卷五《上王侍御书》,《陈用光集》,第 75 页。
② 冯登府:《石经阁文初集》卷四《资政大夫礼部左侍郎陈公传》,徐永明、乐怡主编:《美国哈佛大学哈佛燕京图书馆藏清代善本别集丛刊》第 58 册,桂林:广西师范大学出版社,2017 年,第 209—211 页。
③ 陈用光:《太乙舟文集》卷一《诂经精舍谒朱子祠示诸生》,《陈用光集》,第 228 页。
④ 陈用光:《太乙舟文集》卷五《上王侍御书》,《陈用光集》,第 75 页。

玄《礼记注》，"思通驿于郑朱，以破世之宗汉攻宋专己守残之习"①，治《诗经》，不独取陈启源的《毛诗稽古编》，治《春秋》亦不固守胡安国的传，而是"仿东莱《读书记》为属词，会义于礼"②，形成自己的学说特点。

除以经学为根柢外，陈用光所期冀的宋学，还必须有裨于道德躬行及经世济用。他深为鄙视沈佺期、宋之问、温庭筠、李商隐诸人的"佚荡浮薄"③，倡导宋儒的高标人格。如对宋初三先生之一孙复的歌赞，选择其道德敦行，而非舍传求经的学术，"士励固穷节，先生道在斯。明经志青紫，汉学亦奚为？"④在浙江期间，他奏罢孙觌专祀，目的是"以抑邪佞"，搜辑张履祥、陆陇其的遗著，"示人以实践之本"⑤。按试温州时，他又汲汲搜寻、校刻有关永嘉学派的文集、诗集。在陈用光眼中，陈傅良等人属"有体有用之儒"，其学有裨经世，因此在治《春秋》时，"于宋元诸儒取文节及高抑崇、张元德、赵子常之说为多，而于文节、子常则服膺尤切"⑥。陈用光虽是宋学人物，但相较深邃的义理，其对宋学的重心更多体现在道德经世层面。甚至在他眼里，姚鼐倡宋儒之学也是为了"世道人心之防"⑦，而非纯粹学术内部的义理与考据之争，落脚点在重新发挥学术的日常适用，救治道德人心。所以冯登府称陈用光"以道德性理之旨，羽翼经传，其言皆布帛菽粟，为

① 陈用光：《太乙舟文集》卷五《寄姚先生书》，《陈用光集》，第 55 页。
② 冯登府：《石经阁文初集》卷四《资政大夫礼部左侍郎陈公传》，第 209—211 页。
③ 陈用光：《太乙舟文集》卷五《答宾之书》，《陈用光集》，第 65 页。
④ 陈用光：《太乙舟古今体诗集》卷七《望徂徕山怀孙明复》，《陈用光集》，第 374 页。
⑤ 冯登府：《石经阁文初集》卷四《资政大夫礼部左侍郎陈公传》，第 209—211 页。
⑥ 陈用光：《太乙舟文集》卷六《重刻陈文节公止斋集序》，《陈用光集》，第 98 页。
⑦ 陈用光：《太乙舟文集》卷五《与姚先生书》，《陈用光集》，第 52 页。

日用行习之不可缺"①。

　为何独重宋儒的道德人格，而淡化心性义理？陈用光的回答是"欲回衰敝俗"②。言下之意，抉发宋学的道德面向，是源于对世态人心浇漓之忧虑。由此亦可看出，陈用光所推崇的宋学，一方面以经学为本，纳考证之长于内；③另一方面凸显道德品行，不同于理学末流的空谈心性，而是努力恢复通经致用的传统，致力于学术与政治的沟通，进而佐行教化，重建道德秩序。他对《宋元学案》的注目，自然包括挖掘理学文献重振宋学的用意，同时期冀宋儒经世道德的回归。

三、王梓材、冯云濠校补《宋元学案》的学术理路

　如前所涉，王梓材搜寻《宋元学案》，最初是受何凌汉的嘱托，次年又与冯云濠同受陈用光的搜访派遣。当然，陈用光派出的人员，就目前所知，除王梓材、冯云濠一路外，尚有冯登府、诸豫宗一路。④ 在多方努力下，几路人员终于汇集了卢镐、蒋学镛、余姚黄氏等多种学案稿本，各家稿本最后悉归王、冯二人进行汇校。二人按照全氏《序录》的排序，以卢镐藏本为底本，参校其他稿本，最终完成百卷本的校定。在校书过程中，二人显示出自己的学术理路。

　从学术渊源来看，王梓材出于朴学之家，叔祖王鏊治经长于

---

① 冯登府：《石经阁文初集》卷一《祫被录序》，第43页。
② 陈用光：《太乙舟古今诗集》卷七《望祖徕山怀孙明复》，《陈用光集》，第374页。
③ 不过，陈用光的考证破绽甚多，梅曾亮称他"疏通经旨，惟取义合，不名专师，其间未尝无望文生义、揣合形似之说"（《诰授资政大夫礼部左侍郎陈公行状》，《陈用光集》附录，第524页）。
④ 傅图本《宋儒学案》第二十册卷末有诸豫宗跋，内提及"今春，学使陈硕士少宗伯命冯柳东广文搜访是书。广文以属，遂假从黄氏。"

毛诗,尝言:"士人得通一经,而诸经皆可融会。"①明显投射出汉学的治学路数。父王谟治《春秋》,专授其以声韵之学。王梓材还问学于汉学名家王念孙,在其引导下校注《诗补韵》。他称自己于各类学问中,"尤究心六书及音韵之学"②。此外,从其堂号"朴学斋",文集名《朴学斋文钞》,均说明其对考据的偏嗜,甚至以汉学人物自我标榜。

从对《宋元学案》的校补,亦可看出王梓材的汉学旨趣。除调整内容、辑补论著、考订史实外,王、冯二人为全氏补本增补了大量人物小传。王梓材在《校刊宋元学案条例》中说:"谢山原底未全,有采录文集粹语而其传已佚者,有事载史策未及作传而仅举其名者,有再传、三传之门人有传而其师友反无传者,有著称于别《学案》而本卷反失其传者,凡可考见,谨为参补。"③据统计,在全书 2272 条人物小传中,王、冯所补修的就达 697 条,占总数的近三分之一。④ 而所增补的人物,许多并不属于宋学家所尊奉的程朱理学或象山心学一系。

与一般的宋元思想或学术史不同,全祖望将学术思想的理解、阐释置于更宽广、更深远的历史视野中展开,特立《高平》《赵张诸儒》学案,及《元祐》《庆元》党案,以此凸显儒学发展中思想与环境的互动关系。王、冯二人准确理解并把握了全氏的思想

---

① 王梓材:《醉经书屋文稿·敕授修职佐郎丽水儒学训导先叔祖笠浦公行略》,《清代诗文集汇编》第 574 册,第 688 页。

② 陈劢:《先师王子行状》,王梓材、冯云濠整理,沈芝盈、梁运华点校:《宋元学案补遗》附录,北京:中华书局,2012 年,第 6395 页。

③ 王梓材:《校刊宋元学案条例》,《宋元学案》前辅文,第 22 页。

④ 连凡:《〈宋元学案〉的编纂体例及其学术意义——以小传、思想资料、附录为中心的考察》,《上饶师范学院学报》2017 年第 4 期。

史观，重补遗缺的两个党案，"俾览者可考两宋道学之兴废所由"①。而且，相较全祖望只列党籍人物，二人竟将攻击道学者亦收入案中，"是卷先谱元祐党籍，以绍兴攻专门之学者附之"②。

在学术理念上，王梓材与汉学末流沉迷琐碎的考据不同，显露出注重经世的一面。他对道光时局深为忧忡，尤其是身罹鸦片战争之祸后，感慨"以吾郡城邑，半为夷逆白黑鬼盘踞，将帅出征，未能克复，恨不得谢山所咏忠贞义烈诸公，为之握筹而决胜也。……因西洋之通问。虑南土之难安，岂知所忧在闽粤，而贻祸即在吾郡乎。"③因此他强烈希望全祖望所歌咏的南明忠烈复出，扶危救困，荡除忧患。因为这一遭际，他对《宋元学案》有了更深的认识。在王梓材眼中，"观谢山所修之学案，事功不废，忠义兼收，非徒空言夫性理，其为人心计者，亦良厚已"④。很明显，王梓材已注意到全祖望修学案并非纯粹书写一部宋元理学史，而是兼表彰宋儒重事功、忠义的精神，以求改变人心、敦风化俗。在校补学案时，王梓材也深刻把握这一精神。其《〈宋元学案补遗〉总目后再序》云："顾《补遗》之辑，原出于表扬儒学之初心，亦何敢自以为是。"⑤在这里，王梓材用"儒学"一词代替原本与《宋元学案》主题更接近的"宋学"或义理之学，正透露出校补学案的初衷在于阐扬儒学的内圣外王，而非热情探索精微高妙的性理义蕴。从增补《说斋学案》的文献，更能显露王梓材的这一心迹。

受朱熹及其后学的围攻，唐仲友之学长期湮没，全祖望虽为

---

① 王梓材案语，《宋元学案》卷九十六《元祐党案序录》，第 3154 页。
② 王梓材案语，《宋元学案》卷九十六《元祐党案序录》，第 3154 页。
③ 王梓材：《醉经书屋文稿·书全吉士鲒埼亭诗集后》，第 658—659 页。
④ 王梓材：《醉经书屋文稿·书全吉士鲒埼亭诗集后》，第 659 页。
⑤ 王梓材：《醉经书屋文稿·宋元学案补遗总目后再序》，第 751 页。

其专置学案,但底稿中最能反映唐氏思想的《帝王经世图谱》仍属残阙,王梓材为补葺此稿,可谓历经波折却孜孜未怠,据其自述:

> 余所辑补遗,亦就诸书所引者数条以补之。日在都门,每于程孝廉炳宸求其全书而不得,根石同年壬森,因说斋从裔孙也,又南北相左而无从问之。盖余以是书往来于胸中者非一日矣。①

对这一被朱学严厉反对的人物,王梓材为何念念不忘,除了前文所述的还原儒学历史的学术理路外,更重要的在于,王梓材认为"其可轻视是书哉。宜其载入《四库》而仰邀宸翰,使经世之学,久久相传勿替焉"②。可以想象,他看重的是唐氏的经制之学。颇巧的是,与王氏同一时期的金华人张作楠,也致力于《唐氏遗书》的搜辑,并撰《补唐仲友补传》。张作楠的编书与补传,固然不排除表彰乡邦人物的可能,但更多则是国运衰颓下对经世之学的召唤与重倡。从中亦可发现,受时局危亡的刺激,王梓材等考据学人已逐渐能从埋首故纸中抬头,重新思考乾嘉汉学的意义,开始追求学术的经世致用。

尽管对宋学内部的一些诟争,王梓材表现出淡漠的态度,如称:"宋元学人往往以朱陆为宗,宗朱者道问学是尚。宗陆者,尊德性居多。然而朱门高弟程允夫以道问学名其斋,朱子更以尊德性,可知德性之尊,不独陆学为然也。"③但他也汲取了宋学的

---

① 王梓材:《醉经书屋文稿·唐说斋先生帝王经世图谱后序》,第757页。
② 王梓材:《醉经书屋文稿·唐说斋先生帝王经世图谱后序》,第757页。
③ 王梓材:《醉经书屋文稿·尊性堂记》,第745页。

某些观点,展现出一定的"融会汉宋诸儒"①的迹象。如在《补遗》前,他特附陈用光的《宋学说》,在他看来,此"犹梨洲作《明儒学案》,首《蕺山师说》也"②。在考据人眼中,《明儒学案》以阳明学为主线,排斥朱学,充满门户之见,有悖实事求是的汉学旨趣,却成为王梓材编排体例的效仿对象。

陈用光对《明史》废《道学传》深为不满,认为主张废《道学传》的朱彝尊"言儒林、道学不宜分传,则于司马、班氏所立义例及宋元明儒之源流派别皆有考之不详者"。在他看来,周、程、张、朱等理学家远胜于章句训诂之士,提倡道学、儒林二分。③ 王梓材一定程度继承了陈用光的这一观点。他还透露,曾有人建议他整理《学案》时应删掉各派别的名目,"以徇世俗不言门户之见",但他认为,自《宋史》立《道学传》的名目后,道学、儒林不能不分传,这是史家的通例,"夫儒林、道学不嫌于分传,何况儒学之各标派别乎?"④对于全祖望的《序录》,他亦认为"舍《序录》无以得其宗主",于是"分载《序录》于各学案之端"⑤。当然,如此为各案分门别类,并非王氏的门户态度,而是"既各为学案,不得不标其门人、私淑与再传、三传之派别,亦由体例使然。而宋、元儒诸派传授,尤纷然错出,故细为标目,初非有门户之见也"⑥。这也表明,王梓材在否定学术的门户之见后,强调"为学须有宗旨",显露出吸收宋学的面向。而对比王、冯百卷本与黄璋校补

① 陈劢:《先师王子行状》,《宋元学案补遗》附录,第 6395 页。
② 张寿镛:《跋》,《宋元学案补遗》附录,第 6471 页。
③ 陈用光:《太乙舟文集》卷六《朱锡鬯史馆上总裁第五书书后》,《陈用光集》,第 112 页。
④ 王梓材:《醉经书屋文稿·述陈少宗伯硕士师宋学说》,第 652 页。
⑤ 王梓材:《校刊宋元学案条例》,《宋元学案》前辅文,第 21 页。
⑥ 王梓材:《校刊宋元学案条例》,《宋元学案》前辅文,第 22 页。

稿本中程颐与吕希哲、许谦与柳贯位置的调换,同样可见前者受宋学濡化的痕迹。

整体而言,王梓材学宗汉学,仍属考据中人,但其学已非乾嘉汉学所能完全范围。一方面,他在教授为学之法时,表示"前而汉唐注解、后而宋元理义、近而诸家经训"[1]都应讲求,在著述中汲取了宋学的许多观念,显示出融经学、义理与考据学于一体的努力。另一方面,在学术理念上亦逐渐挣脱纯粹考据一途,推扬事功、忠义,寻求训诂与经世的统一,在兼采汉宋的道路上又向前迈进了一步。

四、何绍基等人刊刻《宋元学案》的思想诉求

王、冯二人校竣学案后,道光十八年(1838)由冯云濠的醉经阁初刻。二人对初刻本的讹脱,尚有不满,遂又加以修补。道光二十一年(1841),王梓材服阕北上,携学案修改稿副本入京。何凌汉之子何绍基与在京诸人准备重刻此书。在何的勉托下,王梓材再度校补学案。这次校订的主要内容是"明为正编之遗漏与补编之必当归入,而前此考订时所未见及者,皆为录入。又其学派初未审定者,亦多为更正"[2]。对王梓材的校补,何绍基甚为上心,不仅提供丰富藏书,还专腾出顾祠空屋便其居宿。

据《何绍基日记》载,仅在道光二十五年(1845),何绍基就频

---

[1] 王梓材:《醉经书屋文稿·示高邮学子步海文》,第 653 页。
[2] 王梓材案语,《宋元学案总目》,第 9 页。

频造访顾祠,与王梓材商议学案校刊事宜,还亲自校读学案。①
何绍基日后怀念京中友人,也屡次提及"王腾轩同余在慈仁寺校
订《宋元学案》,三年乃竣事"②。在校完学案稿后,何绍基还四处
筹金资刻。如其致函劳崇光讲到:

> 基刻《宋元学案》,三月底或可竣工,惟刻费约千五百
> 金,而自敦翁、春翁、芸翁、薲翁、石梧外,无人复能相照,不
> 审阁下亦有意否? 不敢强也。③

可以想象,何绍基对《宋元学案》的用心及刊刻,固然是为了
完成乃父的遗愿。但这恐怕是外在的因素,其背后实蕴藏了更
广的用意与诉求。

何绍基对"经史六书之旨,宋儒性理之精,诸子微言,百家巨
集"④,皆能研覃博览,知识范围比何凌汉更为广泛。一方面,他

---

① 如正月"十九日,到杨茂斋,议刻《宋元学案》事。"(《何绍基手写日记》,台北:世
界书局,2012 年,第 96 页)"廿一日,为刻《学案》事,与腾轩商量。"(第 97 页)二
月"初七日,午间过王腾轩,为《学案》事。"(第 103 页)三月"廿七日,晨静,午间至
顾祠,看王腾轩,独居寺中为商量一切也。"(第 126 页)"廿八日,晨至腾轩处,校
《宋元学案》三卷。"(第 126 页)四月"初二日,早饭后至顾祠,与腾轩商量一切。"
(第 128 页)"十四日,至报国寺,与腾轩商订一切。"(第 133 页)五月"廿日,王腾
轩来话。"(第 144 页。)十月"十五日,庙中上祭顾祠工程全宪,腾轩移室。"(第
180 页)十二月"十八日,校《宋元学案》起。"(第 195 页)"十九日,由厂肆归,校书
写大字。"(第 196 页)"二十日,归写大字,校《学案》,与石州话。"(第 196 页)"廿
三日,校《学案》,晚饮。……廿四日,归写大字,校书。……廿五日,晨校书。"
(第 197 页)。
② 何绍基:《东洲草堂诗钞》卷十三《怀都中友人》,《何绍基诗文集》,第 258 页。
③ 何绍基:《致劳崇光》,湖南图书馆编:《湖南图书馆藏近现代名人手札》第 1 册,长
沙:岳麓书社,2010 年,第 326 页。
④ 何绍基:《东洲草堂诗钞》卷五《四川学政到任通行告示》,《何绍基诗文集》,第
739 页。

雅好碑刻、金石,对金石的时代、真伪、书写者、文字形态、碑文内容皆作过详细考订,并以之参证经史。另一方面,他又与曾国藩、唐鉴、陶澍、贺长龄等理学名儒、名臣过从甚密,大力表彰宋明理学诸儒。故在为学态度上,不拘门户,认为汉、宋学偏嗜则积弊丛生,会通则两相合美。在他看来,孔子之道"具于《齐·鲁论》,备于《六经》,子臣弟友,皆人伦之至常者耳",但汉儒的训诂失之烦琐,宋儒的性理过于晦涩,因此主张回归原始儒学:"学者或研究性命莫测其奥,或谀稽经曲而莫究其赜,然则学孔子固若是难也","今之人学周子难,不如学孔子易也"①。从这些言论来看,何绍基已表现出超越汉宋的姿态。

他主张为学直接从学孔子开始,所欲表达的其实是强调学问以通经为本,隐含着对宋学末流徒重心性、游谈空疏的不满。何绍基虽服膺宋元明儒,但他所崇尚的,是那些具有经学根基的大儒。相较宋代程颐、苏轼、朱熹等人,他更欣赏王应麟,因为闽、蜀"分党恐太偏",朱熹"诋诃苏、王"②,而王应麟既能"师法兼三家",又可以"博综群言根矩植"③。对王阳明的推崇,他赞誉的也是阳明在艰难困苦的境况下犹能"玩易通神明"④的坚毅品性。至于阳明的良知说,何绍基颇有微词,认为"先生经义先穷研,性

---

① 何绍基:《东洲草堂诗钞》卷四《道州重修学宫记》,《何绍基诗文集》,第 697 页。
② 何绍基:《东洲草堂诗钞》卷二十二《东坡生日作,柬研生》,《何绍基诗文集》,第 481 页。
③ 何绍基:《东洲草堂诗钞》卷十九《七月廿九日叶润臣招同晁星眉、汪仲穆、朱伯韩、王霞举、杨汀鹭、李子衡拜王伯厚先生生日,分韵得"得"字》,《何绍基诗文集》,第 372 页。
④ 何绍基:《东洲草堂诗钞》卷十《中丞丈人见示阳明先生遗像,敬赋书后》,《何绍基诗文集》,第 193 页。

天顿悟空蹄筌"①。言下之意，只有先通经学六艺，才能真正领悟良知。只重本体而忽视工夫的左派王学，在他眼中无异于"俗学争相煽""语录饰陋窳"②的无用之学。

何绍基虽嗜考证，但其所追求的考证亦非不问世事、不切实际的学问。在回复友人的信中，他阐述了对金文佐资考证的看法：

> 钟鼎之铭，遇国名及其人名与字与姓，多从古文奇字，义取奇古典重，不必人人皆识。偶有叙述，记美不记恶，谓足荣君，赐侑庙祀，本不系乎文字之有无。故古器有无铭者矣，有似文字非文字者，亦有一字二字者矣。为器虽重，谓无系于家国政治之大，且一时之器，非必于传后世而不敝也。故知古人不欲人尽识，即今日可不尽识，殆非妄语乎？③

作为金石嗜好者，却称钟鼎文无补于家国政治，不必人人皆识，从表面看这无疑有悖于他的治学倾向。不过，从另一侧面正可透视出他倾心的汉学非琐碎无用之考证，必须务得大体，有资于世道人心。陈用光曾诋阎若璩"词气偏驳"，而在何绍基看来，阎氏既能包群汉宋，直追周孔，又是学行贯穿，富有实践精神的大儒，足可比肩"清初三先生"中的顾炎武、李颙。④ 不难发现，何绍基的"通经"目标贵在致用。

---

① 何绍基：《东洲草堂诗钞》卷十《中丞丈人见示阳明先生遗像，敬赋书后》，《何绍基诗文集》，第 193 页。
② 何绍基：《东洲草堂诗钞》卷九《别顾先生祠》，《何绍基诗文集》，第 168 页。
③ 何绍基：《东洲草堂诗钞》卷五《钟鼎古文说，答王荫芝》，《何绍基诗文集》，第 724 页。
④ 何绍基：《东洲草堂诗钞》卷九《别顾先生祠》，《何绍基诗文集》，第 168 页。

从诗文来看，何绍基是清代中后期宋诗派的重要人物，而他崇尚的宋诗，亦非充斥义理意味的诗论，而是以“忠孝节烈”“温柔敦厚”为宗旨，强调作诗“平日明理养气，于孝弟忠信大节，从日用起居及外间应务”，做到“时时培护，字字持守”[①]，在他心中，诗歌必须载道，能够“扶持纲常，涵抱名理”[②]。

不过，何绍基尽管主张超越汉宋，但并不意味着其无学术倾向。从雅好金石考证，到初构顾祠“思将朴学萃俦侣”[③]，均显示其对汉宋的抉择，更倾心于汉学一路。曾国藩总结何氏之学称：“盖子贞之学长于五事：一曰《仪礼》精，二曰《汉书》熟，三曰《说文》精，四曰各体诗好，五曰字好。”[④]这娴熟的“五事”均未涉及义理心性，再度印证何氏的兴趣及造诣更多在汉学而非宋学上。

在校刻《宋元学案》的前后，何绍基还孜孜于顾亭林祠的构筑。道光二十三年（1843）春，何绍基与友人张穆、苗夔等在京西慈仁寺西隅筹资创建顾祠，以后“每岁春秋及先生生日，皆举祀事”。据何绍基的记载，资助《宋元学案》刊刻的同仁有汤金钊、潘锡恩、贺长龄[⑤]、祁寯藻、李星沅、但明伦、唐树义、罗绕典、劳崇光、何桂清、栗煊、杨尚文，而这些人大多是早期顾祠祭的重要成员。校补学案的王梓材也多次参与顾祠祭活动，还撰写了《谒顾亭林祠纪事》。今国家图书馆所藏的《宋元学案》醉经阁刻本，首

---

① 何绍基：《东洲草堂诗钞》卷五《与汪菊士论诗》，《何绍基诗文集》，第 731 页。

② 何绍基：《东洲草堂诗钞》卷五《题冯鲁川小像册·论诗》，《何绍基诗文集》，第 730 页。

③ 何绍基：《东洲草堂诗钞》卷十八《题王子梅顾祠听雨图》，《何绍基诗文集》，第 343 页。

④ 曾国藩：《曾国藩家书·劝学篇·致诸弟·读书宜立志有恒》，北京：中华书局，2017 年，第 66 页。

⑤ 段志强在《顾祠》书中认为何绍基提及的“贺耦庚制府”是贺熙龄，其实不然。按贺熙龄，字光甫，其兄贺长龄，字耦庚。

册封面有题记:"癸卯八月 平定张穆借读"。此"张穆",即是与何绍基创建顾祠者之一。此外,据朱琦记载,顾祠"其北以庋《宋元学案》书版"①。综合这些信息判断,两事所释放的寓意极具相似性,其旨趣与背后诉求存在高度的重合。在构筑顾祠并发起修禊活动的初期,包括何绍基、张穆等人在内的大部分参加者多受过考据学的训练,他们通过刊行、编纂顾氏的著作、年谱,逐渐将被官方视为考据学大师的顾炎武,改塑成通晓社会事务的经世学者,并以顾的学者人格相标榜,砥砺品节,又号召亭林的经世精神,赋予经史考据以经世致用的色彩,致力于恢复学术与政治的结合。这些考据人对顾炎武的崇拜,体现了他们对乾嘉考据学所代表的学术专精化潮流的反动,也是在召唤通经致用传统的复活。② 这一论断同样适合刊刻《宋元学案》的用意表达。所以何绍基、张穆等人对《宋元学案》中的人物,看重更多的是宋元儒的道德品行及经世精神,而非形上世界的身心性命。

通过何绍基校刻《学案》及发起顾祠祭,可以看出,包括何绍基在内的众多道光士人,不仅对汉宋论争了无兴趣,甚至已不满足于简单的汉宋调和,一度出现以"学行合一"取代"融合汉宋"的迹象。他们已从学术内部的讨论逐渐转向对学问与现实关系的关注。相较前一代人,他们更在意的是学术能否经世,是否有助于敦化风俗,扶持道德人心,进而重振衰敝的社会秩序。不过,具体到学术偏好,他们仍坚持自己的学术倾向,汉宋之分痕

---

① 朱琦:《顾亭林先生祠记》,吴昌绶编:《顾祠小志》,中国国家图书馆藏民国十一年(1922)刻本,第 9 页。
② 参见王汎森:《清代儒者的全神堂——〈国史儒林传〉与道光年间顾祠祭的成立》,《中研院史语所集刊》第七十九本第一分,2008 年;段志强:《顾祠——顾炎武与晚清士人政治人格的重塑》,第 243 页。

并未完全抹合,只是两派在互汲对方以及"通经致用"的目标上达成共识,形成思想界的新面孔,同时昭示了道咸以降经世实学的振兴。

在何绍基刊刻后,《宋元学案》成为众多学者的箧中藏书。然颇具意味的是,他们对《宋元学案》的认识,与何绍基等人有着惊人的相似。如同治十年(1871),宁波士人徐时栋跋《宋元学案》,其中提及:"乃至学问经济如坡公者,徒以不合伊川,遂亦沟而出之,吾不知学圣人何事?岂必说性理、著语录而后谓之真儒者耶?可怪甚矣!"[1]光绪五年(1879),龙汝霖再刻《宋元学案》于长沙,其跋称在闽、洛诸儒外,"自余诸老儒,暗修蓬户,抱遗订坠,其精卓坚苦,实有不朽之业"[2]。徐时栋与龙汝霖均服膺性理之学,然通过二人的跋文,可知二人更看重书中宋儒的经济事功与"精卓坚苦"的品行。甚至在光绪十一年(1885)的广东乡试中,出现"问策有《宋元学案》及蒙古事"[3]。所谓的"蒙古事",是指有关蒙古的西北边疆史地。将原本毫无关涉的学案与西北史地同题并问,恰折射出道光至光绪期间,朝野内外士人对此书关切的面向所在。

第二节 《宋元学案补遗》的成稿及其思想史观

王梓材、冯云濠二人在校定《宋元学案》后,发现"宋元诸儒

---

[1] 徐时栋题跋,《宋元学案》卷首,道光二十六年何绍基刻本,台湾中研院史语所傅斯年图书馆藏。

[2] 龙汝霖跋,《宋元学案》卷末,第 3335 页。

[3] 康有为:《我史》,《康有为全集》第五集,北京:中国人民大学出版社,2007 年,第 65 页。

支流余派之见于载籍者弥复不少"①,遂留意采集、搜辑并加以考辨。这些内容除部分补入《学案》正编外,因篇幅过大,便另成卷帙更巨的《宋元学案补遗》(以下简称《补遗》)。与《宋元学案》相比,《补遗》有其独到与殊胜之处。然长期以来,世人对《补遗》或杳无所知,或认识不足,鲜有涉及。直到新世纪初,在学术史研究的热潮中,"学案体"著述渐受注目,《补遗》始被整理出版,②但学界对其中的学术价值以及思想史意义的解读、评估,仍远远不够,有的甚至称其为"毫无思想"的资料汇编,故有必要还原其学术价值。

一、《补遗》的成稿过程

关于《补遗》的编纂过程,以往学者的叙述过于简化,且存在一些讹误。其实,《补遗》与《宋元学案》正编关系复杂,因此有必要重新梳理二者的成书与编纂过程。

前文已指出,道光十七年(1837),王梓材与冯云濠二人汇合《宋元学案》诸稿,以卢氏藏谢山修补稿为底本,黄璋校补稿为参本进行校定,自孟春至季夏,"凡六阅月而始克成编"③。当时,王梓材正准备赴南京参加江南乡试(王梓材当时是优贡身份),遂

---

① 王梓材案语,《稿本宋元学案补遗总目》,第 13 页。
② 《宋元学案补遗》的标点本,现有人民出版社本(杨世文、舒大刚等人校点,2012年)和中华书局本(沈芝盈、梁运华点校,2012 年)。
③ 王梓材案语,《宋元学案总目》,第 8 页。

"缮完携稿于官学"①，说明其重新誊写了一部。② 但赴南京不久，王梓材"旋以获疾回里"。居乡期间，他与冯云濠"特见诸儒学派有未尽辑者"③，又"各采录数百条以补其遗"，形成《补遗》四十二卷，并于是年岁末缮写完毕。④

　　王梓材已于道光十五年（1835）考取八旗教习，⑤因南闱未遂，拟北上候补，于道光十八年（1838）二月起程，四月入都，"居都门及京北延庆者八阅月"，但结果是"教习未补"⑥。不过，在京期间，王梓材将冯云濠醉经阁首刻的《宋元学案》百卷定本送呈何凌汉。何凌汉命子何绍基代笔作序。需要指出的是，王梓材进呈何凌汉的刻本非自己赴京时所携，很可能是冯云濠刊刻后寄送。因为冯云濠明确说《宋元学案》刊刻"始于丁酉之春，告竣于戊戌之夏"⑦。今国家图书馆所藏《宋元学案》醉经阁刻本即是道光十八年刊本。⑧ 而王梓材已于"戊戌四月"抵达京师，且他称："五桥以正编板刻，有宜商榷考订者，未即印刷行世，梓材之未归也，相与通书辨答，各呈所见"⑨，说明冯云濠刊刻时，王梓材正在京师而非宁波。有学者认为，醉经阁刻本"由冯云濠出资、

① 王梓材案语，《稿本宋元学案补遗总目》，第13—14页。
② 王梓材此次誊写的稿本，很可能即浙江图书馆藏的冯云濠、王梓材手校抄稿本，首册有王、冯所撰《宋元学案考略》，所署时间为"道光十七年丁酉三月既望"。此稿内容，与醉经阁刻本、何绍基刻本差异最大之一是书稿中所录案语，除属黄宗羲、黄百家、全祖望外，还有相当多的黄璋、黄征义案语，可惜黄璋、黄征义案语在何绍基刻本中被全部勾除。
③ 冯云濠案语，《稿本宋元学案补遗总目》，第15页。
④ 王梓材案语，《稿本宋元学案补遗总目》，第13—14页。
⑤ 陈劢：《先师王子行状》，《宋元学案补遗》附录，第6396页。
⑥ 王梓材：《醉经书屋文稿·宋元学案补遗总目后再序》，第751页。
⑦ 冯云濠案语，《宋元学案总目》，第9页。
⑧ 国家图书馆还藏有一部《宋元学案》醉经阁校抄本，与醉经阁刻本内容一致。
⑨ 王梓材：《醉经书屋文稿·宋元学案补遗总目后再序》，第751页。

王梓材校刊、何凌汉作序所刊刻完成"①。结合上述内容，何凌汉作序时所见已是"校刻《宋元学案》百卷定本"，说明醉经阁本必无何凌汉序，今国家图书馆、浙江图书馆所藏醉经阁本亦可证实，故所谓的"王梓材校刊、何凌汉作序"的论断显然有可商榷之处。

同年冬，王梓材因母病逝，遂离京返乡。当时冯云濠亦闲居在家，二人商量再次校正《宋元学案》。这次，二人"考核更密，翻阅更详。一端之有间，必载稽其原书。一字之未安，或旁推夫群籍"②。对初刻本，凡内容赘漏或字词舛误之处，他们"逐一标识，以备修改"③。在校补学案正编的过程中，他们又对《补遗》展开辑补：

> 故正编愈审，《补遗》之附益愈多。正编弥精，《补遗》之增参弥广。……贤贤不已，必使广广之无余；善善从长，只觉多多之为贵。自己亥（道光十九年）之春，以至庚子（道光二十年）之冬，并旧所辑录，釐为《学案补遗》百卷。卷之厚薄，适与正编相等。④

由此可知，道光十八年（1838）完成的四十二卷本《补遗》在道光二十年（1840）冬已被扩展至百卷。当然，此后二人对《补遗》百卷本的修补仍未停止。道光二十一年（1841）二月，王梓材丁忧期满，服阕北上，再次抄写了一部《宋元学案》正编，并携《补

---

① 葛昌伦：《〈宋元学案〉成书与编纂研究》，第 51 页。
② 王梓材：《醉经书屋文稿·宋元学案补遗总目后再序》，第 751 页。
③ 王梓材案语，《宋元学案总目》，第 9 页。
④ 王梓材：《醉经书屋文稿·宋元学案补遗总目后再序》，第 751 页。

遗》稿本而行,据其自述是"为可咨访鉴裁,以求无憾"①。在京期间,王梓材确实"又搜讨遗闻,掇拾补苴者半年",认为"补遗之编始可出而问世"②。依据其最后落款时间"道光二十一年辛丑八月既望",准确来说,百卷本《补遗》正式脱稿在道光二十一年(1841)八月。

道光二十二年(1842)二月,英军入侵宁波、慈溪一带,冯云濠居室被烧,《宋元学案》刻版亦毁。③ 幸好,王梓材入京时携带的《宋元学案》抄本,以及进呈何凌汉的醉经阁本均保存完好。④ 同年秋,何绍基服阕入都,"思有以卒成先志",准备重刊《宋元学案》。王梓材认为"果拟重刊,且宜少待",故在教学之余,又对学案正编进行校订,"其有明为正编之遗漏与补编之必当归入,而前此考订时所未见及者,皆为录入。又其学派初未审定者,亦多为更正"⑤。道光二十三年(1843)夏,何绍基、张穆等人在京师慈仁寺西创建顾炎武祠。何氏不仅腾出顾祠空屋,还为王梓材"悉检家中藏书有系《学案》者,移庋祠屋,供其寻讨"⑥,何绍基自己亦参与校勘纠误,且为刊刻事汲汲奔波。历经一年多,《宋元学案》于道光二十四年(1844)冬完竣文本校勘。又经何绍基筹集资金,道光二十六年(1846)夏,《宋元学案》终于刊刻问世,此本即何绍基刻本,成为后世刊刻本的祖本。

据光绪五年(1879)重刊《宋元学案》的龙汝霖称:

---

① 王梓材:《醉经书屋文稿·宋元学案补遗总目后再序》,第 751 页。
② 王梓材:《醉经书屋文稿·宋元学案补遗总目后再序》,第 752 页。
③ 王梓材案语,《宋元学案总目》,第 9 页。
④ 何绍基:《宋元学案叙》,《宋元学案》前辅文,第 12 页。
⑤ 王梓材案语,《宋元学案总目》,第 9 页。
⑥ 何绍基:《宋元学案叙》,《宋元学案》前辅文,第 13 页。

> 《宋元学案》百卷,道光戊戌刊于浙江,后值夷变,版毁,
> 道州何氏重刊于京师,旋灾于火。浙版后虽复刊,秘庋慈溪
> 冯氏,世罕传购。①

葛昌伦对此跋的解读是:

> 由这段话可以看出冯云濠、王梓材与何绍基三人在道
> 光年间多次校补刊刻的努力过程。所不同的是,龙汝霖所
> 得到的资讯是在道光年间总共刊刻了三次,而并非如王梓
> 材所言只有二次的刊刻。②

他还追索了龙汝霖与王梓材所言不同的原因是,"龙汝霖所
知的'何氏本'烧毁的事件是在王梓材过世之后才发生的事"③。
葛氏将"道州何氏重刊"中的"重刊"理解为何绍基在道光二十六
年后又有再刊的活动。这一解读,似乎有误。龙氏所谓的"何氏
重刊",其实是相对于冯氏醉经阁本的"初刊"而言的,并非指何
绍基本人再次刊刻,换言之,何绍基刊本只有道光二十六年本。
而龙汝霖所称的"浙版复刊",从后世留存来看似亦不存在。

因此从成稿顺序来看,《补遗》与《宋元学案》并不是单线的
前后关系,而是交叉进行,《宋元学案》再刊时又移入了《补遗》的
诸多内容。不过,一些被吸收的内容因未及时在《补遗》中删除,
故造成了重复。而就版本而言,《补遗》有四十二卷初稿本与百
卷定本之分,后者在前者的基础上修补而成。从流传来说,《补

---

① 龙汝霖跋,《宋元学案》卷末,第3335页。
② 葛昌伦:《〈宋元学案〉成书与编纂研究》,第52页。
③ 葛昌伦:《〈宋元学案〉成书与编纂研究》,第52页。

遗》四十二卷本后来有冯云濠族人冯舸月校录本,清末为戴鸿慈收藏,民国年间又转藏凌叔华家。1925 年,胡适、单不厂披阅的四十二卷本即凌家所藏本,二人各撰有跋文。① 凌家所藏书稿现藏南开大学图书馆,2002 年由北京图书馆出版社影印出版。浙江图书馆亦藏有《补遗》四十二卷本两部,一为王、冯誊清稿,共二十五册;二为单不厂据凌家藏稿手抄,共四册。

至于《补遗》百卷定本,何绍基在重刊《宋元学案》时称:"《宋元学案补遗》百卷,与原编相埒。余为录副墨,以俟续刊。"② 可知何绍基录有《补遗》副本。后来刊刻《补遗》的张寿镛对此解读是"所谓百卷,亦即四十二卷本也",认为何氏所录为四十二卷本。何绍基既明确说:"《宋元学案补遗》百卷,与原编相埒。"且其刊刻《宋元学案》时,王梓材已竣稿《补遗》百卷本,故何氏所录为百卷本而非四十二卷本无疑。张寿镛又载:"先生别成《宋元学案》百卷,陈咏桥先生《行状》所谓冯氏、何氏各存其刻本,皆为四十二卷本。"③ 所谓《行状》即王梓材门人陈劢所撰《先师王子行状》。按《行状》,原文乃是:"先生别成《宋元学案补遗》百卷,冯氏、何氏各存其副本。"④ 可以判断,张寿镛记载脱"补遗"二字,且将"副本"误成"刻本"。只是何绍基所录的《补遗》百卷副本,据龙汝霖称,"与所刊版(指《宋元学案》何绍基刻本)俱烬"⑤,其未见百卷

---

① 胡适:《〈宋元学案补遗〉四十二卷本跋》(附单不厂跋),欧阳哲生编:《胡适文集》第四册《胡适文存·三集》,第 480—483 页。

② 何绍基:《宋元学案叙》,《宋元学案》前辅文,第 13 页。

③ 张寿镛:《校刊宋元学案补遗识略》,《宋元学案补遗》前辅文,第 9 页。人民出版社本对两处讹误均未出校。中华书局本已指出脱"补遗"二字,但对"刻本"二字亦未改。

④ 陈劢:《先师王子行状》,《宋元学案补遗》附录,第 6396 页。

⑤ 对此句的理解,张寿镛认为"龙氏所谓烬者,四十二卷稿也。"(张寿镛跋,《宋元学案补遗》附录,第 6472 页)张氏的理解似乎不妥。

本别本，不明百卷本之存佚，因此发出"海内藏书家傥有副本，刻附此编以传"①的期冀。

其实，《补遗》百卷定本原稿并未亡佚。王梓材于咸丰元年（1851）病逝，遗著藏于家人之手。同治十年（1871），鄞县人徐时栋曾提及："王腴轩复有《续案》百卷，今稿在其婿屠歔笴（案：屠继烈）处，拟刻之未果。"②说明屠继烈有刊刻的计划，然屠氏"事未着手，遽归道山"③。数十年后，王梓材孙王恩培将《补遗》《世本集览》以及万斯同《儒林宗派》、全祖望注《水经注》等稿转藏屠继烈孙屠用锡的娑罗馆。作为王梓材后人，屠用锡亦汲汲于阐扬先世遗著，并不轻易出示《补遗》。④ 他让长媳张月梅誊写《补遗》稿本，又延聘学者校对。张月梅即张寿镛第四女，她因《补遗》"稿本密行，间多钩注，持之颇有难色"⑤，求教于父亲。张寿镛得知《补遗》书稿，深感其价值，联合陈训正、忻江明等宁波士人呈请省政府拨款刊行，但迟迟无果。张寿镛当时正在辑刻《四明丛书》第三集，他便将万斯同的《儒林宗派》、王梓材的《世本集览》作为第四集，《补遗》作为第五集。因《补遗》书稿历经九十余年，"原稿纸薄如蝉翼，字细如牛毛，而分条剪裁，往往阔不盈寸，当黏合处又欠牢固，一经翻手，翩然飞坠"⑥。张寿镛又邀好友夏

① 龙汝霖跋，《宋元学案》卷末，第3335页。据朱琦《顾亭林先生祠记》记载，咸丰六年（1856），叶名澧、孔宪彝等人重修顾祠，"别藏《学案》于寺之侧室"（《顾祠小志》第9页，1922年刻本），说明至晚到咸丰六年，《宋元学案》书版犹存。
② 徐时栋题跋，《宋元学案》卷首，道光二十六年何绍基刻本，台湾中研院史语所傅斯年图书馆藏。
③ 屠用锡识，《宋元学案补遗》附录，第6466页。
④ 曾阅《补遗》四十二卷本的单不厂称，其从马准（马太玄）处得知，百卷定本"在宁波屠姓手，惜不肯出借"。
⑤ 屠用锡识，《宋元学案补遗》附录，第6467页。
⑥ 张寿镛：《校刊宋元学案补遗识略》，《宋元学案补遗》前辅文，第10页。

启瑜、王迓、施维藩、章伸、胡伯棠等人校勘，并亲自撰补《序录》之类，经四年寒暑，终于在1937年刊刻面世。

二、《补遗》的思想史视野及其学术价值

与黄宗羲相比，全祖望在补修《宋元学案》时，进一步扩大了思想史视野，对宋元思想史进行了大规模的历史重建，特立了欧阳修、陈襄、赵鼎、唐仲友等诸多新学案，甚至一些与宋学正统相异或被排斥的如新学、蜀学、金代儒学等流派亦得到了反映，从而大体再现了宋元儒学的整个历史画卷。①《补遗》承继了全氏的编撰原则，"大旨总不越谢山之《序录》"②，全书框架一依正编，卷次一一对应，案题均作"某某学案补遗"。但与全氏补本相比，《补遗》对"谢山所欲观而不得者……掇拾尤多"，正如王梓材所云，正史中"为学案所宜载而未载者"，"凡有所见，皆为录存"，凡志乘中"为儒林渊薮者"，"采录不敢有遗"，其所采取的原则是"贤贤不已，必使广广之无遗；善善从长，只觉多多之为贵"③，意在文献资料的求全求备。因此，《补遗》的最大特点在于，增补了大量《学案》当立而遗漏的人物，卷帙远超正编规模。纵观这些新增入的人物，大体呈现出三大特色：

其一，重视每一学派的"先绪"与传人。一种思想学术的缘起、全盛、蜕分、衰落，必有其发展的源与流。全祖望补修时虽在每一卷前增设了师承传授表，以展示学术的承传谱系。但他对每一案主的介绍，无论图表还是传文，基本从案主本人开始，对

---

① 何俊：《宋元儒学的重建与清初思想史观——以〈宋元学案〉全氏补本为中心的考察》，《中国史研究》2006年第2期。
② 王梓材：《宋元学案补遗凡例》，《宋元学案补遗》卷首，第7页。
③ 王梓材：《醉经书屋文稿·宋元学案补遗总目后再序》，第751页。

师承的记载较为单一,对案主弟子、后学的梳理,也只胪列了较重要的人物,至于其他的旁支流脉,遗漏不少,这难免遮蔽了学派的整体流变过程。《补遗》则充分认识到全氏的缺憾,努力寻求学派的多股源头与多重走向。从全书来看,《补遗》对每一学派案主的师承与流衍均作了全面观照。尤其在学者的思想来源方面,格外重视家学的影响,每卷特列"先绪"一栏。如对王安石的学术来源,全祖望只列其为欧阳修门人。《补遗》则梳理了荆公新学的远绍与近承,分别列出"新学所出"(王轸)、"荆公先绪"(王益、王安仁)、"荆公师承"(张铸、杜子野、谭昉),极大丰富了新学的渊源所自,对理解新学的兴起不无意义。

又如对明初"开国文臣之首"宋濂的记载,《明儒学案》直接略而不著,《宋元学案》也只附于《北山四先生学案》篇末,寥寥数字,并对宋濂的"渐流于佞佛者流"[1]深抱訾议。《补遗》对此也进行了重评与再补,不仅肯定宋濂在元末明初思想界的重要地位,还在《学案》所述的宋氏师长(吴莱、柳贯、黄潜、闻人梦吉等人)外,增列"宋氏先绪"(宋文昭)与"宋氏师承"(包廷藻),补缀宋濂幼时的师承。尽管二人的学识、声名远逊于吴、柳、黄诸人,但却是宋濂幼年的启蒙师,宋濂后来能够"担簦远游"也离不开包廷藻的劝导、勉励。[2] 而对宋濂弟子的介绍,两部学案仅列方孝孺一人。《补遗》则大篇幅增补了方氏之外的其他弟子,总计足足有 45 人,从另一侧面说明宋濂之学并非随方孝孺的死难而戛然断绝,在其他弟子手中仍有传续。《补遗》这种从"当时现场"入手而非回溯的历史眼光,以及不以名望论高下的评判准则,对人

---

① 《宋元学案》卷八十二《北山四先生学案》,第 2801 页。

② 宋濂:《宋濂全集》卷七十二《杂志·南涧子包公碣》,黄灵庚辑校,北京:人民文学出版社,2014 年,第 1737 页。

物研究具有重要的启示,在今日看来仍不得不令人折服。

《补遗》这种对家学的汲汲重视,在王梓材校补学案叙述自己家学的过程中也有隐约透露。在《考略》所列的"樗庵蒋氏所藏底稿残本"后,王梓材自陈了其家学的传承背景:

> 梓材先高祖太学钝夫公讳炳,学于王恁堂先生,为梨洲再传弟子。大父郡学都讲渔村公讳锷,则尝从樗庵游。而梓材先君子县学都讲梦僧公讳谟之受业师范外翰耐轩先生懋裕,早学于渔村公,后又及蒋门,是祖父师承所自出,谨附识于此。①

据王梓材的叙述,其高祖王炳受业于黄宗羲门人王之坪,为梨洲再传;祖父王锷为蒋学镛弟子,蒋氏乃全祖望中表兄弟兼高弟;父亲王谟受学于范懋裕,而范氏师从王锷、蒋学镛。从王梓材建构的家学谱系中清晰可知,从王炳到王谟祖孙三代,均与《宋元学案》的编纂者(黄宗羲、全祖望)、收藏者(蒋学镛)有着紧密的师承关系。"是祖父师承所自出"一句正表达出王梓材对辉煌家学的欣喜自鸣。他如此叙述,一方面为校补《宋元学案》寻求更加正当的理由,因为其家学可直接上溯至黄宗羲、全祖望,本人可算梨洲、谢山传人,自然比其他人更适合完成黄、全未竟之志;另一方面,在《宋元学案》这类以学派分别、师弟传授作为依据的体裁中,置入自己的家学渊源,亦可以为自己的家学在学术史中寻求一个定位。

其二,注重与儒学发展密切相关的政治人物。全祖望凭自

---

① 王梓材案语,《宋元学案》前辅文《宋元学案考略》,第 19 页。

己的卓识,专立了《高平》《庐陵》《赵张诸儒》学案以及《元祐》《庆元》党案这些虽非道学却与之紧密联系的人物学案。《补遗》准确理解并把握了全氏的视野与旨趣,大量增加了《学案》所缺的与思想互为里表的政治人物。

如宋学兴起不仅依靠自身的思想建构,亦有赖于各种外在力量的助推。全祖望已注意到范仲淹、欧阳修、韩琦等庙堂之臣对宋学崛起的推动与培植,但忽略了一些声名不彰的地方官员的扶助。正如后来张寿镛感慨说:"安定苏州之聘,由于范希文;而湖州之聘,固滕子京也。子京之传,黄、全未录,子京有遗憾焉。安定、泰山诸儒,皆表扬于高平,而高平实发原于睢阳戚氏,则戚氏不可不著。庐陵见奇于汉阳先生,则胥偃不可不著。"①诸如此类人物,皆是《学案》所未载而《补遗》所增录的内容。

黄宗羲纂《宋元学案》以"志七百年儒苑门户"②,主要从儒学史的内在轨迹进行梳理,但全祖望不囿于此,增立《元祐》《庆元》两党案,将反道学群体也列入其中。《补遗》绍述全氏之视野,亦大量增入此类人物,且卷帙远超后者。

更难得的是,王梓材还将宋代党禁的历史向前推到北宋景祐、元丰年间:

> 宋儒之学不始于元祐,宋人党案亦不自元祐始也;前乎元祐者有元丰,前乎元丰者有景祐。学案造端于安定、泰山,而主持之者高平、庐陵也,朋党之论实始于此。既为学

---

① 张寿镛:《序二》,《宋元学案补遗》前辅文,第 4 页。
② 全祖望:《鲒埼亭集》卷第十一《梨洲先生神道碑文》,《全祖望集汇校集注》上册,第 222 页。

案而存党案,即为景祐、元丰各补党案可也。①

　　特意在《元祐党案》前又设《景祐党案》与《元丰党案》。在后一党案中,又根据与新法的具体争议不同进行分类,如"争青苗变法者"列韩琦、陈襄、程颢、范镇、吕公著等 12 人;"论新法者"录刘琦、刘挚、范纯仁等 10 人;"不付新法者"收汪齐、吴师孟等 4 人,更加清晰的反映了反王安石变法群体复杂而多异的不同派别,无疑更符合历史的多样性。又如《补遗》在《庆元党案》前新增《绍熙争过宫者》(尤袤、叶适、黄度、罗点、黄裳、汪安仁等 6 人),显然有意将庆元党禁与绍熙争宫一事相联系,视后者为前者的滥觞。这些人物原本绝缘于后世厘定的道学谱系,却被《补遗》大量囊括收入,正反映了王、冯二人重建儒学史的客观态度。

　　其三,不抹杀"独学孤行者"的思想。全祖望在补修《学案》过程中,给大量被历史埋没的人物列名立传,否定了正统谱系对儒学的垄断性。如卷四十五《范许诸儒学案》为范浚、许瀚这类"独学崛起者"专立学案,构建了伊洛之外的思想学者派别。但终《学案》全书,对这一类的"独学孤行者"的书写依旧欠少。而《补遗》消除门户意识,大力拓展、重构两宋儒学的版图,最大限度地为这类人物列名立传,所谓"甄录及于孤寒,旁采至于志乘","生不求闻,没无党援者一一著之"②。这部分人物因考不出师承关系,无学案可归,被集中收入《补遗》外附的《宋儒博考》《元儒博考》。

　　从表面上看,王梓材、冯云濠对《宋元学案》的补遗、订误,而

---

① 王梓材案语,《宋元学案补遗》卷九十六《元祐党案补遗》,第 5681 页。
② 张寿镛:《序二》,《宋元学案补遗》前辅文,第 4 页。

且辑补均注明出处,充分彰显了"实事求是,惟真是尚"的精神以及述而不作的谨慎态度,折射出《补遗》深受乾嘉考据学风的濡染。而从思想史的发展脉络来看,如果说全祖望的补修基本上突破了朱学正统化以来的道统观念,并在时代所能允许的范围内以客观考证来约束、控制甚而取代主观的理学论说,力求还原宋元儒学史的真实全貌,那么王梓材、冯云濠在步踵全氏路径的同时,其思想视阈无疑走得更广、更远,二人重构的宋元儒学史与历史原貌更为接近。可以说,在王、冯手里,理学的道统意识近乎消亡,全祖望所秉持的"打破道统,重建学统"的旨趣在此时已经完成。而从清代知识形态的转型来看,全祖望所尝试并追求的在思想史领域中确立起清代客观性学术的范式,在王、冯校补学案时也得到了最大程度的展示。

当然,王、冯二人的思想史观除与个人趣味及学术转向有关外,也一定程度折射出当时的政治环境。嘉庆、道光年间,皇权对士大夫、政府对社会的控制力都在下降,远不及雍正、乾隆朝的文网之密。全祖望在康、乾时代朱学属正统的境况下为王安石新学、苏氏蜀学以及金代儒学补立专卷,不仅需要卓绝的史识,更要有巨大的勇气。但最终,这特立的三卷仍被列于整部《宋元学案》之后,"不曰案而曰略,盖示外之之意云"①。在全祖望的笔下,这三家学说依旧被描述成"杂于禅"或者"溺于异端"。这一互相抵牾的评价,恐非全氏的肺腑之言,更多的是迫于当时所受的高度压力。② 而王、冯二人所处之世,这种学术与社会政治的双重压力已然大大减弱,为道统之外的孤寒之士甚至异端

---

① 《宋元学案》卷一百《屏山鸣道集说略》,第 3316 页。

② 何俊:《宋元儒学的重建与清初思想史观——以〈宋元学案〉全氏补本为中心的考察》,《中国史研究》2006 年第 2 期。

之说列名立传,自然要顺利许多。

　　除建构宋元儒者的复杂谱系与交游网络外,《补遗》还努力还原人物的思想全貌,诸多重要的增补时时可见。如对"宋初三先生"之一胡瑗经学思想的记载,《学案》只附录了《论语说》《春秋说》片段,"而《周易口义》《洪范口义》二书,黄、全或未之见也"①。《补遗》敏锐捕捉到这一缺憾,不独增补《春秋说》的其他内容,还不厌其烦地迻录《周易口义》《洪范口义》《中庸义》《律吕议》等篇章全文。又如辅广的重要著作《诗童子问》,《学案》无载,《补遗》亦有增补。这些内容对胡瑗、辅广思想全貌的理解,绝非可有可无而是至关重要,因此这部分的补缀意义也就不言而喻了。

　　又关于南宋"婺学三大家"中的唐仲友,其学说在其生前身后均被冠以"经制之学",与陈亮、叶适合称浙东事功学派,以致经制、事功几乎成为唐氏之学的唯一标签与固定印象。全祖望在补修《学案》时,也屡称唐仲友"以经术史学负重名","斥当时之言心学者"②。而《补遗》不囿前说,潜心研读唐氏著作,从《说斋文集》等遗书中增录众多关于唐氏心性之学的文字,补充其对道、器、心、性等宇宙论、心性论的大量讨论。要言之,在《补遗》中,唐氏之学除昭示出久已盛名的经制、史学思想外,在心性之学上亦有独特造诣,这对长期以来形成的片面认识无疑是一大颠覆,对今日的唐氏之学乃至浙东事功学派研究足有创造性的启发。

　　在每一案主的生平言行、学说要语后,《补遗》还专门辑录历代名家对案主及其学说的评述。这部分内容,不仅辑补了众多

---

① 　张寿镛:《序二》,《宋元学案补遗》前辅文,第 4 页。
② 　《宋元学案》卷六十《说斋学案》,第 1953 页。

罕见的史料，更重要的是，展示了不同学者视阈中的不同人物形象，鲜活地呈现出思想的接受与传播史。研究者透过这一活化的论断文本，亦可以寻绎品评者背后的主体关怀与时代思潮。此外，《补遗》的可贵之处，还在于汇集全祖望对各学派的综合理解。《学案》中不乏全祖望对各派的真知灼见，但案语多残言断语，与全氏的整体评价或晚年定论，或有一定出入。而《补遗》从全氏著述集中整体裒辑全氏的态度，所谓："谢山《鲒埼亭内外集》节录正编外，如《诗集》与《句余土音》咏及宋元诸儒者，皆为条载，以备一家之言。"①这对于窥视全祖望对宋元思想史的整体观点，意义尤巨。

如全祖望为展示王应麟的学术思想，在《深宁学案》中特择取《困学纪闻》的条目。但对这些条目的具体背景以及思想内涵，读者难以理解。《补遗》则爰引全祖望三笺《困学纪闻》的成果，对这些要语作了补注。兹举一例析之，《补遗》摘录《困学纪闻》关于"商之泽深"的一段评述：

> 周既翦商，历三纪而民思商不衰。考之《周书》，《梓材》谓之"迷民"，《召诰》谓之"雠民"，不敢有忿疾之心焉。盖皆商之忠臣义士也。至《毕命》始谓之"顽民"，然犹曰"邦之安危，惟兹殷土"，兢兢不敢忽也。孔子删《诗》，存邶、鄘于《风》，系商于《颂》。吁！商之泽深矣。②

就字面含义来说，王应麟抒发的无非是对商民思怀故国的赞叹，与寻常人的读书认识似无殊异。而《补遗》在此段文字后

---

① 王梓材：《宋元学案补遗凡例》，《宋元学案补遗》前辅文，第8页。
② 《宋元学案补遗》卷八十五《深宁学案补遗》，第5082页。

增补了全祖望的笺注："厓山未平时,元人以告变之章大捕四明遗老,以为欲迎二王,深宁所以唏嘘而言此。"将这段感慨与当时的历史语境相结合,王应麟的思宋心理跃然纸上,为解读《困学纪闻》的编纂初衷以及王应麟的思想世界提供了不小助力。

由上可知,与全氏补修的《学案》相比,《补遗》的学术视野及所收范围大大拓展,进一步增塑了宋元儒学家以及相关人物的历史群像,所以被后世学者激赏:"黄、全得其精,先生取其备,书以晚近而愈出。"①

《宋元学案》虽经全祖望的大规模续修、考订,补正黄宗羲原本之诸多不足,但毕竟属全氏未定之稿,留下不少讹误。王、冯二人在校定《学案》时,"整比伪舛,修辑缺遗"②,将许多纠误内容直接补入《学案》。但校定日久,所考所辨益多,大量考订则被汇入《补遗》中。这些内容主要以案语的形式出现,主要是对史实的考辨和对补辑工作的说明。

如《范吕诸儒学案》范镇传后,王梓材有案语,其中云:"蜀公及从子资政百禄见是卷;从孙正献祖禹、从曾孙龙图冲为《华阳学案》;资政后仲黼及从子子长、子该,又大冶则华阳后人,见《二江学案》。"③据此,范仲黼为范百禄之后。按范祖禹父名百祉,早逝,范百禄为祖禹叔,④故祖禹非百禄之后。但全祖望在《二江诸儒学案》中称范仲黼为"正献公祖禹之后也",与王梓材所论不

---

① 张寿镛:《序二》,《宋元学案补遗》前辅文,第 4 页。

② 何凌汉:《宋元学案叙》,《宋元学案》前辅文,第 12 页。

③ 《宋元学案》卷十九《范吕诸儒学案》,第 785 页。

④ 范祖禹:《太史范公文集》卷第四十四《资政殿学士范公墓志铭》,四川大学古籍整理研究所编:《宋集珍本丛刊》据清抄本影印,第 24 册,北京:线装书局,2004年,第 428 页。

同。王、冯二人在《学案》中亦未考证是非。① 而在《补遗》中，王梓材于《范仲黼传》后有辨析，其云：

> 费著《氏族谱》云："荣公有从子曰祖禹，有从孙曰冲，曰温。有曾孙曰仲芑，故为右谏议大夫；曰仲艺，今为中书舍人；曰仲黼，前为著作郎兼礼部郎中，皆世其官……玄孙曰子长，曰子垓，又世其科。"……是先生为子长、子垓从父，而华阳先生之从孙，非即华阳之后。考之朱子《王安人墓表》与李方舟集，则先生果为荣公之曾孙，而非华阳之孙也。②

荣公即范镇，据王梓材考证，范仲黼为范百禄曾孙，子长、子垓为范百禄玄孙，则范仲黼为范祖禹从孙，非范祖禹直系子孙，故《二江诸儒学案》称范仲黼为"正献公祖禹之后"并不准确，王梓材可谓纠正了自己的讹误。

有学者指出，全祖望在补编时，"于体例与事实皆有许多失误，致使《宋元学案》不及《明儒学案》之学术价值"③。两部学案的价值，孰优孰劣，暂且毋论，然全氏补修所留下的许多失误却是不争事实。《补遗》对全氏的舛误作了质疑及厘正，从而大大提高了《宋元学案》作为学术史资料的价值。

---

① 《宋元学案》中华书局本整理者指出："此处分范仲黼、范子长、范子该为资政（范百禄）之后，范大冶为华阳（范祖禹）之后。考《二江诸儒学案》既称范仲黼为'正献公祖禹之后'，又称范大冶'当是华阳之后人'，《华阳学案》亦将范仲黼、范子长、范子该并列为范祖禹之续传，均与此异。"（第 785 页注释㊀）但对二者正误并无考证。

② 《宋元学案补遗》卷七十二《二江诸儒学案补遗》，第 4171 页。

③ 谢桃坊：《〈宋元学案·蜀学略〉辨正》，《西华大学学报》（哲学社会科学版）2013 年第 1 期。

总之,通过比对《宋元学案》与《补遗》的体例、内容,可以发现,一方面,《补遗》的"补",不唯广泛增补大量史料,还纠正了全祖望补本的不少舛误,并发扬了《宋元学案》的编纂思路,显现了补遗者的考索之功与卓识创见;另一方面,《补遗》在继承全祖望恢宏的思想史视野的同时,进一步加速了宋元儒学史书写从道统到学统的转变,从中也折射出清代客观性学术知识体系的转型及成熟。

小　结

道光朝的时局危机,刺激了清代学术的又一转型,原本盛极一时的考据之学逐渐转向理学演进。在理学复振的过程中,理学史编纂也再度成为热潮。《宋元学案》这部沉寂已久的理学著作,在道光年间受到士人的汲汲搜访、校补与刊刻,正生动折射出这一学术转变的轨迹。不过,通过厘析参与《宋元学案》校刻人员的学术倾向与背后诉求,可以发现,许多晚清理学史上的日常论述并不足以完全概括思想史的全貌,相关问题值得再度思考。

一是如何理解"汉宋合流"的深度意涵。对于道光年间的思想界主流,世人常以兼采汉宋或汉宋合流一句概括。但这一简单的签贴,容易遮蔽背后所涉及的复杂生态。事实上,所谓的"调和汉宋""汉宋兼采"并非两派学说的简单捏合,亦非涤尽各自的学术倾向,而是存在为学轻重、主次、先后的次序之别。尽管双方都主张去门户之见,但如何凌汉、何绍基、王梓材等人是以汉学知识采摄宋学,而陈用光、曾国藩等人则是以宋学义理吸收汉学的考据,仍然有自己的学术宗主。受时事衰敝等因素的刺激,两派逐渐抛弃学术内部之争,更多关注学问的经世致用及立身行道,并在这一层面达成共识,共同致力于恢复儒家士大夫"学行合一"的品格和追求。而所谓的汉宋合流或兼采汉宋,或许只是一个外在的表征而已。

二是如何认识晚清理学复兴的动力问题。众所周知,道光理学的复兴有赖于倭仁、曾国藩、唐鉴等程朱学者的大力倡导。但这一论断,同样忽视了汉学群体的重要意义。《宋元学案》这部理学文献得以重新复活,很大程度是何凌汉、王梓材、何绍基等汉学家汲汲搜寻、刊刻的结果。而此书的刊行,无疑有助于推动理学的复振。这也表明,晚清理学的复兴是由汉宋双方共同完成的。道咸以降出现不同于往代的地理学、今文经学、三礼学等实学,也是汉宋学术互渗糅合的结果。换言之,尽管自道光以降汉学逐渐走下坡路,理学、今文经学等趋于显赫。但综观道光时期,汉学并未式微到一蹶不振的地步,这种衰势只是相对于乾嘉的昌炽而言的。理学、今文经学虽影响广泛,但亦未形成"一统天下"的学术格局,甚至很难说何种学术占据统治地位,由此而言,"学术多元化"才是对晚清学术格局的最好概括。

此外,王梓材、何绍基的案例表明,这些有考据色彩的学人已不满于纯粹的学术专门训练,而是寻求知识与现实的连结。而陈用光等宋学人物亦意识到,义理之学需考证的支持才能避免空疏。所以两派主张以经学为基点,恢复通经致用的儒家传统,实现对汉宋之争的跨越,晚清学术也在这一内在理路上重新获得新生。这也提醒我们,知识求索需体现对人格理想和社会理想的追求,而价值关怀必须建立在扎实的知识理性基础之上。唯有绾合,学术研究才能思者常新,焕发鲜活而恒久的生命力。

而透过《宋元学案》一书从渺然无闻到搜访、定稿后的重回视野,最后升格为宋元思想史的经典,说明文本的命运与境况并非一成不变,而是与时代息息相关。归根到底,"故纸"只有凭借它对于当前的意义才能复活,经典只有活在现实中才能保持其永恒的价值。王梓材、何绍基等人将时代关怀融入学案,又期冀以学案精神形塑未来。在这个意义上,对传世文本的疏释、刊刻,再度折射出经典既是历史的,又是朝向新知的。

结　语

　　著述编纂与文本解读从来不是前者对后者单向的讯息传递，除编纂者的文本"本相"表达外，后人对文本解读形成的"外相"，也时常是理解文本的重要面向。在这种"本相"与后人"外相"的交错中，构成了文本多元而丰富的历史图谱。正如《宋元学案》在今人眼中，无疑是反映宋元儒学史的著作，但在其漫长的成书过程中，不同编纂者所辑补的并非纯粹是历史知识，还寄寓了自己的关怀与用意，且非如今日想象的那般简单。当然，编纂者的辑补与校定，以及对学案不同的建构，均与个体思想与历史情境息息相关。

　　明清之际的"天崩地解"以及引发的社会危机，极大地刺激了当时士人对学术正统的判断与辩驳。在反思社会动荡的根源时，众多士人均不同程度地指向中晚明以来盛行的阳明学。清初关于《明史》纂修中是否设立《理学传》成为对阳明学盖棺定论的关键事件。朝野士人对《理学传》废置争议的背后，折射出当时程朱与陆王的学统之争。作为阳明、蕺山一脉，黄宗羲为王学辩护，反对《理学传》的设立，多少带有王门后学的宗派意识，但同时也是继承了晚明以来对程朱、陆王道统的认识。从思想史的脉络来看，中晚明王守仁与陆九渊先后入祀孔庙，获得了钦定"真儒"的地位，意味着陆王之学可以与程朱一系共享"道统"的光辉。尊奉程朱、重视陆王也成为晚明诸多士人的共同意识，这在当时相关著作的《儒林传》中均有所反映。

　　但在清初一片尊朱辟王的打压浪潮中,代表清廷官方意志的《明史》总裁徐元文等人,欲通过《理学传》的设立,排斥陆王而独尊程朱,其实质是为了达到官方整齐思想,实现"一学术,同风俗"的目的。尽管《明儒学案》的编纂稍早于黄宗羲的《移史馆不宜立理学传书》,但其对阳明学的态度是一以贯之的。他以阳明学为主线编纂《明儒学案》,并调整、窜改甚至舍弃周汝登、李贽等饱受诟病的阳明后学的学派归属或传记,努力撇清阳明学与佛学的关系,重塑阳明学"是儒非禅"的正面形象,正是为了在打倒王学的浪潮中维护阳明学的儒门正学地位。

　　黄宗羲这种为王学辩护的行为,虽与当时一些类似"学史"门户之争、彰显学统的目的相一致,但愈到晚年,其已经逐渐摆脱单纯的门户之争,从《理学录》的宋元部分到《宋元学案》梨洲原本,黄宗羲对理学史的认识已不断突破道统,并超越程朱、陆王的学术之争,能够站在"合一代之公评"的角度整体考衡宋元理学的得失。黄百家纂辑《宋元学案》延续了梨洲的思路,并通过大量辑补文献以及考证史料,旨在记载宋元理学的发展史实。因此,《宋元学案》梨洲原本在著述内容上的确较《明儒学案》"客观"。从梨洲父子对宋元理学人物的评价来看,虽不乏兼顾学术与道德的例子,但更多偏向学术一路,对道德有亏而学术有得之人照样收录,表明二人更多从学术史的内在轨辙评判学术。他们对朱陆以及事功之学的重视,折射出他们对儒学各家的包容并蓄,但对儒学以外的佛老之学,又表现出谨慎排辟的态度。他们否定阳明以来的三教合一论,对流入狂禅的周汝登、李贽等人大加贬斥,再次说明梨洲父子编纂学术史的旨趣在于维护儒学的正统,更确切地说,是要彰显儒学的内圣外王精神,进而实现道德人心的复振与明清之际动乱后的社会秩序的重建。

身处雍乾之世的全祖望肩负《宋元学案》的续补,固然与瓣香梨洲、绍继乡邦文献有关,更与其自觉的史家意识密不可分。从学术渊源与纂修语境来看,全祖望续补学案是对官修《明史》尊朱辟王的不满,有步踵梨洲父子为陆王心学辩护的一面。不过,他的辩护已不同于李绂《陆子学谱》不顾历史知识的客观性,为陆王心学争道统的目的,而是延续了黄宗羲父子编纂《宋元学案》的"学史"精神,发扬"一本万殊",并形成"去短集长,不名一师"的思想宗旨。这种和会诸家的意识,以及对历史事实的考证,反映了全氏寻求"真历史"的倾向。从增补的学案与人物来看,相对梨洲父子的"理学"视野,全祖望对宋元思想史采取的是"儒学"维度。因此在增补中,大量收入被正统理学排斥的思想家,甚至还将《宋史》中被列入《文苑传》的黄庭坚、杨万里等人收入,在梨洲父子合"道"与"儒"为一的基础上,进一步扩展为合"道""儒""文"为一的思想史视域。不难发现,从黄宗羲的初纂到全祖望的续补,理学内部的道统纷争基本终结,宋元儒学整体而客观的面向逐渐浮现,显示出"打破道统,重建学统"的趋势。

如果说黄氏父子对理学人物的评价态度,大体侧重学术兼顾道德,而全祖望则表现出学术与道德并重,甚至有道德重于学术的倾向。尽管全祖望以及后来学者均表示续补《宋元学案》是其重修《宋史》的第一步。的确,全祖望摈弃了《宋史》以程朱为尊的学术史观,但在人物评价与价值导向上,则是自觉延续了《宋史》以道德为中心的理学史观,并非全盘否决《宋史》的意义。结合全祖望在《宋元学案》之外对宋元人物的评论,以及补修《明儒学案》以"躬行"取代黄宗羲的"自得"标准,说明全氏续补《宋元学案》实寄寓了他推扬道德忠义、扶植儒家伦理纲常的诉求。

从黄宗羲到全祖望对宋元理学判断维度的延续与转变,可以看出，与宋明理学家注重心性、义理的本体冥想不同，清初诸儒越来越注重儒学的寻常日用，不再以形上玄远的追求作为最高目标。他们拒斥宋明理学的"心本""理本"，强调以气为主（理是气之条理、心是气之精）的天道观，进而强调孔孟文章制度及实学实践的重要性。一如颜元等人对宋明理学最大的批评是认为理、心、性、道（太极）来自老庄、释氏的"神识"，具有空虚寂灭的面向，因此主张恢复先秦汉儒从人伦事物中讲性理的特质。① 他们虽不讳言"理"，但更关注"理"在现实社会的形而下意义。由于注重现实世界的包罗万象，他们也就不再一味究心"理"的"一本"，而是将注意力更多投射到现实的"万殊"，正视社会人生的实践，强调日用常行。因此在日常生活中，一方面更重视礼乐、兵农、水利等对现实社会适用的实学；另一方面，在追求内圣的道路上，更为强调修身的准则，将人群之间的伦常道德置于个人的心性之先，客观的人伦规范置于主观的道德之前。② 这一转变，很好反映了清初形上玄远之学的逐渐消逝，使得宋明理学儒家思想中的超越性渺于无形，从而对有清一代士大夫的思想与行为产生了重要的影响。

从编纂者的身份与地位来考察，黄宗羲父子与全祖望皆是私家著史，这与正史《道学传》或《儒林传》纂修的官方色彩有很大不同。双方立场的殊异对编纂的思想旨趣亦构成很大的影响。从《宋史·道学传》的确立，到《明史·儒林传》对明代理学的巧妙处理，与其说是官方建构心目中的前朝学术谱系，不如说是统治者通过清洗前朝思想遗产，重塑本朝学术，制定符合当代

① 王锟：《儒学演进视野下的宋明理学精义及其影响》，《船山学刊》2018 年第 4 期。
② 王汎森：《清初思想中形上玄远之学的没落》，《权力的毛血管作用：清代的思想、学术与心态》（修订版），台北：联经出版事业股份公司，2014 年，第 40 页。

的文化政策，以树立学术的"新道统"，达到强化官方"政统"权威地位的目的。以遗民自居的黄宗羲屡屡强调思想的"一本万殊"与"贵在自得"，以及仕进受扼、志羁南归的全祖望对"真历史"的追索与重建，二人尽管承认清廷的政治统治，但他们均主张以历史理性的方式平叙一代学术史，不断弱化道统，正是以私家身份对官方独尊程朱背后学术专制的不满以及做出的努力抗争。这也说明，学术史的撰写同样不只是学术内部的纷争，还关涉到学术与政治的互动。

就《宋元学案》的编纂过程来说，两种《宋元学案》黄璋校补稿本的发现，揭示了以往鲜受关注的黄宗羲后裔在《宋元学案》书稿流传及成书过程中的重要贡献。可以说，没有黄千人的抄录，就没有后来全祖望的续修。缺乏黄璋、黄征乂父子的辑补，王梓材、冯云濠的百卷定本终难完璧。而且，黄璋父子在续补文献外，所撰案语也彰显出一定的学术见解，对后人以至今日宋元思想史的认识仍不失参考价值。从黄璋补本的学案数量判断，黄氏后裔的校补有回归梨洲原本的迹象，但从学案设置、命名、学术评价等角度又可发现黄璋父子其实是在综合梨洲、谢山二家观点的基础上，形成了自己的判识、思考，绝非后人所想象的纯粹固守梨洲矩矱，否定全氏补本的意义。由此亦可说明，学案设置的数量，不能作为思想史观狭隘或宏大判断的最终依据，其背后更多涉及的是编纂者的内在旨趣及所受外在条件的制约。

《宋元学案》这部富有理学意味的著作，在乾嘉时期所受关注颇为寂寥，其中原因除全稿尚未完竣外，亦受制于当时崇尚考证的汉学风气。而在道光年间，汉学出身的何凌汉与宋学背景的陈用光均汲汲寻索《宋元学案》，折射出嘉道之际宋学复兴以及汉宋合流的时代趋势。在二人的嘱托下，王梓材、冯云濠汇合诸本,校定完成《宋元学案》,又撰成卷帙浩繁的《补遗》,促进了"学案体"结构的进一步完备,同时订正了黄宗羲、全祖望的不少讹误,尤其是大规模增补宋元儒学人物,展示了王、冯在步踵全祖望确立起的清代客观性学术范式的路径上走得更广更远,理学的道统意识在王、冯手里近乎消亡。一定程度而言,《补遗》接续了"国初之学大"的气象,又汲取了"乾嘉之学精"的时代特点,同时又预示出"道咸以降之学新"①的迹象。

何绍基等人校刻《宋元学案》及发起顾祠祭,同样表露出其内在的思想旨趣。他们不仅对汉宋论争了无兴趣,甚至一度出现以"学行合一"取代"融合汉宋"的迹象。他们已从学术内部的讨论逐渐转向对学问与现实关系的关注。相较前一代人,他们更在意的是学术能否经世,是否有助于敦化风俗,扶持道德人心,进而重振衰敝的社会秩序。而所谓的"汉宋合流"或"兼采汉宋",或许只是一个外在的表征而已。何凌汉、陈用光、王梓材、何绍基等人对《宋元学案》的理解,相较宋元理学形上世界的身心性命,更侧重阐扬宋元诸儒的道德品行及经世精神,这也接续了清初以来整个思想界"形上没落,形下凸显"的学术轨迹。

从表面来看,《宋元学案》的成书与刊刻过程,只是文献的简单补充与历史知识的叠垒。其实,在内容表达与学术旨趣上,不同阶段的《宋元学案》面向已经有了调整与更迭。换言之,文献辑补的历史同样是文本不断阐释与再次建构的过程。而每次诠释与塑造,又印证了历史环境、个体表达对文本解读的制约。任何人都基于自身的特定脉络观察历史。观察者的环境,构成了他们解读文本、认识外在世界的主要参照。尽管这方面的影响

---

① 　王国维:《观堂集林》卷二十三《沈乙庵先生七十寿序》,《王国维遗书》第 4 册,上海:上海古籍出版社,1983 年,第 26 页。

因人因时而异,但似乎一直无法摆脱历史对个体的影响。这种因人因时而异造成的多元纷繁的解读,与其说存在不同程度的"误解",不如说是重新认识的再出发。

《宋元学案》从初纂到刊刻,又形成《补遗》的一百余年,差不多横贯清代历史的大半段,反映了清代士人对宋学的看法。他们对宋元理学的建构与评断,同样寄寓了他们自己的见解,他们的解读与宋明理学"母本"之间形成的同与异,构成了清人视野中的宋元理学史。其中对"母本"的调整与转变,并非如福柯所说的思想上的"断裂",而是一种新的延续与发展。毕竟历史对世人的意义,不只是陈迹的再现,而是世人在重温历史的过程中寻求启迪,通过古典今释,从而为当下的文化重建汲取资源。

附录一 改编与刊刻：
《宋元学案》在清末民国的回响

《宋元学案》自成书后，就受到广泛关注，影响了传统中国学术史的书写范式。其经典地位的形塑，除自身所涵括的学术价值外，亦离不开后世学者的高度关注与"改造"。这种关注与"改造"既体现于大量节选、重编本的出现及流行，还表现在文本形式从稿本到刊本的转变。不同学者以不同的方式对《宋元学案》展开回应，寄寓自家之旨趣，折射出《宋元学案》在后世的延续及其旺盛的生命力。

一、《宋元学案》的节删、重编本及其意涵再构

节选、圈点、注疏等为学手段是传统学问的重要学术形式。尽管晚清以降，这些形式渐行渐逝，规模难以与往日比肩，但其生命力仍不绝如缕。就《宋元学案》而言，近代以来的节选、重编本也大量涌现。但学界对这些节选、重编本，多一笔掠过，有的甚至诟病其"取材不当"或"存在缺点"。其实，这些解读均以现在之立场作片面评价，与节本的初衷与旨趣南辕北辙。因为此类选本经编者的苦心节选，表面上似乎均指向《宋元学案》，却始终蕴藏着编者从中想表达的意愿与关怀。寻绎这一编纂语境，可以睹见学术与现实脉动的思想史轨迹，还有裨于重新认识选本的意义与价值。

（一）重铸道德：《宋元学案粹语》及《宋儒学案约编》

两学案在近代经典地位的形成，离不开梁启超的大力推举。除赞誉二书为"中国完善学术史的开端"外，梁氏还将两学案列入"国学入门书"内"修养应用及思想史关系书类"，以其"为六百年间学术之总汇，影响近代甚深"，故"卷帙虽繁"，而人有"择要浏览"之必要。① 其实，以"只手打到孔家店的老英雄"著称的吴虞在1907年辑成《宋元学案粹语》。据书名，可知系《宋元学案》儒者言语的粹编。在选录原则上，吴虞尤为推重古人之嘉言懿行，"择其切于身心日用而明显简要者"②，选录从胡瑗至郑玉共91人之语。他认为这些言语"皆通儒大贤心得之言，可为后学之标准"③。为何独节此类"修身、论世、讲学、为文之语"④，吴虞在《自叙》中有清晰的诠说。身处清末民初社会激荡、国家衰败之境，他赞赏康有为等人提出的"保存国粹"说，但不同于康氏的解释，其训"国粹"为"古人之心理"⑤。所谓"心理"，并非指考证、训诂所涉之知识，而是古人的嘉言懿行，能"独拔于流俗，而后可以为学"⑥。吴虞感叹世道浇漓，道德沉沦，国人溺于纷华靡丽，而惮于险阻艰难。依他所见，伴随清末民初西学的涌入，科技与知识虽新旧代谢，进速飞跃，但道德并未与之俱进，反而大衰。故节此书，借古人德言善行之表举，呼吁德育建设，以重建社会的道德秩序。吴虞还表示，熟读这些先哲的言语，可以让普通民众

---

① 梁启超：《国学入门书要目及其读法》，台北：成文出版社，1977年，第7页。
② 吴虞：《宋元学案粹语例言》，《宋元学案粹语》卷首，成都：文伦书局，光绪三十三年（1907）铅印本，第1页。
③ 吴虞：《宋元学案粹语例言》，《宋元学案粹语》卷首，第1页。
④ 吴虞：《宋元学案粹语例言》，《宋元学案粹语》卷首，第1页。
⑤ 吴虞：《宋元学案粹语自叙》，《宋元学案粹语》卷首，第2页。
⑥ 吴虞：《宋元学案粹语自叙》，《宋元学案粹语》卷首，第2页。

重新认识宋学的真义,祛除"世之误认《感应篇》《功过格》为宋学者"①的误解,破除世人对宗教、神怪、风水的信仰,形成理性的态度与精神。

　　与吴虞同为四川人的曾学传,此时亦以《宋元学案》的宋儒部分,节选编成《宋儒学案约编》(1908—1910)。全书缩略为二十二卷,所收人物以程、朱、陆三系为轴心,各卷案主分别为安定、泰山、古灵儒志、濂溪、明道、伊川、横渠、百源、武夷、道乡、晦翁、南轩、东莱、象山,以及程门、朱门、陆门弟子诸儒及其再传。而与此三系无渊源,且思想迥异的人物基本不录,如将《宋元学案》全祖望增补的王安石、苏轼、唐仲友、李纯甫等诸儒全部摒弃于外。即使收录了止斋、水心、龙川这三家事功人物,但也只附于《东莱学案》下,不单独分卷。二程、朱陆的弟子、后学均有立载,而吕祖谦、永嘉、永康之后学均阙如。末两卷所谓的北宋、南宋《诸儒学案补》,其实仍是与程、朱、陆三系相关的同道、弟子、再传及私淑人物的汇集,与《宋元学案》原典相比,只能称"删"而与"补"名实不符了。

　　至于节录人物的标准,曾学传格外注重忠义道德,即使理学造诣平浅者,仍一并收录,如欧阳守道得以入选《约编》,其因在于门人中有文天祥,"道虽不行,而此理之在人心者,固昭昭千古也。"②而在人物论著、语录的节选上,《约编》也多取义理道德之"内圣"言论,鲜涉经世、事功之"外王"文字。如对永嘉、永康学派的思想,他颇有微词,称陈傅良以经制言事功,叶适"立论尤肆,……涣无统纪",陈亮专言事功,"其学更粗",对于这些事功

---

① 　吴虞:《宋元学案粹语例言》,《宋元学案粹语》卷首,第1页。
② 　曾学传:《宋儒学案约编》卷二十《朱学私淑诸儒学案第二十五》,宣统三年铅印本,第1页。

思想,他遴选的原则是"兹择其纯者并著于篇"①,故而主动遗漏事功学最有光彩的思想言论。

因为对道德的强调,以致对于宋代理学史的纷争问题,他有自己变通的诠释。为选录陆象山一派的人物,他极力凸显心学谈论性、仁、礼的道德伦理,而淡化朱陆思想之异,强调二者之同,"朱陆两家门人皆盛。然其于道也,惟实体力行者为能。至陆之有杨、袁、舒、沈,亦犹朱之有蔡、黄、辅、陈,其从入虽殊,而归于道则一也。"②的确,朱陆之学与永嘉、永康相比,在道德的内在性以及道德、事功的次序上是一致的,但二者自然有殊异之处,曾学传如此建构二家之殊途同归,有其历史语境下的内在诉求。

据曾氏自述,其约编《宋元学案》的直接原因是提取此书的精髓,让学者能"取约用闳,洞然于义理之归,而不失之泛滥"。在他看来,黄宗羲的《明儒学案》"搜罗该博,条画灿然",梨洲如能竣稿《宋元学案》,其面目亦当与之相类,然全祖望所增补内容,虽然宏富,但"杂而不贯,要领浸失,反滋蔽惑"③,无法洞悉宋学的真旨。曾氏认为,世人对宋儒之学存在重大误解,多视其重德性而无济于国势。他首先梳理了宋亡的原因,在于人主昏庸,小人用事,君子不得行其道,为风行一时的"儒学亡国说"申辩。在他眼中,正是宋儒强调的仁义、人心,才有裨于从根源上拯救国家之颓靡。

> 不明宋学,无以知孔道之脉。不知孔道之脉,则不能由

---

① 曾学传:《宋儒学案约编》卷十四《东莱学案》,第 4 页。
② 曾学传:《宋儒学案约编》卷十八《陆门诸儒学案》,第 8 页。
③ 曾学传:《宋儒学案约编叙》,《宋儒学案约编》卷首,第 1—2 页。

仁义而尽性。不能由仁义而尽性，则徇于物欲，逐于功利，困于流俗，污世群焉。相率而为禽兽，而人道以亡。人道亡，则民彝大乱，纲常尽绝。……乾坤亦毁，尚何有人类之可存，尚何论天下国家？[1]

在曾氏的叙说语境中，他当时目睹的学风是，学术支离破碎，逐名追利甚嚣尘上，士人狂妄自大，"丑诋儒先"[2]，这无疑是国家民族衰败之源。因此，他亟待世人能"唤起本心"[3]，重寻宋学重道的风义，从而育振人才，由此可窥传统士大夫道德本位论的影子。

清末民初，面对列强侵略、国家危难的局面，有识之士汲汲于救亡图存，从政治、实业、教育、体育等途径多层面、多渠道寻求救国之方。在这过程中，许多人将国家衰颓归咎于世风败坏、人心沦丧，因此追本溯源，聚焦并呼吁社会的德育建设，这一共识还被列入国家的教育章程。如《钦定章程》规定"高等学堂第一、第二、第三学年、学科，首列人伦道德，即摘讲宋元明国朝诸儒学案"[4]，希冀通过宣讲圣贤之言行，陶铸心性道德，培养德智兼备之士，达到重塑社会的目的。吴虞的《宋元学案粹语》、曾学传的《宋儒学案约编》即是重视德育、重建道德秩序的诉求表现。

两学案中关于宋明诸儒的理学言行，还被当时众多青年学生作为人格修炼的重要资源。陶希圣回忆"五四"前在北大预科时，以两学案来修养锻炼自己人格的经历：

---

[1]　曾学传：《宋儒学案约编叙》，第1页。
[2]　曾学传：《宋儒学案约编叙》，第2页。
[3]　曾学传：《宋儒学案约编叙》，第2页。
[4]　吴虞：《宋元学案粹语例言》，《宋元学案粹语》卷首，第1页。

我在预科三年级,先读梁任公《明儒学案节本》,再读《明儒学案》原书,然后读《宋元学案》。这时候读这两部书,并不是单纯的求知,而是深切的悔悟。一个乡村青年,进了首都北京,渐染一种"大爷"的习气。由习气转入悔悟的过程中,宋明两代学案给予我以莫大的启示。①

与陶氏同时在北大文科读书的顾颉刚也记载当时大学中,"宋代理学的空气极重"②,而且流行的还是宋儒制欲之学。罗常培也在自传中谈到自己当时厉行理学的情形。③ 在陶希圣、罗常培这类受新教育影响的学生心中,宋明理学中洗涤"习气"的各种工夫,却是自我超越现实习染最重要的资源。这也说明,由于对民初社会风气的颓败的不满,他们在接受新思想的同时,在激烈反传统的风潮中,仍然以传统的理学思想作为砥砺自我的资源。只不过,他们对理学的态度,显然不是要恢复旧时代的纲常伦理与礼法秩序,而是将理学从原来的生成土壤中抽离,将这些理学元素组织到新的结构框架中,通过维持锻炼个体的道德,实现重建社会的目标。

(二)重写学术史:缪天绶的选注与胡秋原的节选

作为近代出版重镇,商务印书馆的繁荣与盛名离不开王云五的管理。王氏掌任商务后,以"教育普及"和"学术独立"为方

① 陶希圣:《潮流与点滴》,台北:传记文学出版社,1964 年,第 32 页。
② 顾颉刚:《〈古史辨〉第一册自序》,《古史辨自序》,石家庄:河北教育出版社,2000 年,第 41 页。
③ 有关近代人物践行理学的例子与讨论,可参见王汎森:《中国近代思想中的传统因素》,《中国近代思想与学术的系谱》(增订版),上海:上海三联书店,2018 年,第 152—180 页。

针，先后出版《学生国学丛书》《万有文库》等系列丛书。两学案作为宋元明儒学史的名著，自然入选在内，并由中华书局编辑缪天绶选注。缪氏认为《宋元学案》是黄、全等人"具忠实的态度而为客观的纂述"①，对唐鉴批评《宋元学案》将张九成、陆九渊与朱熹并列大鸣不平，称唐鉴所执乃"正统嫡派之争"。又针对梁启超诟病《宋元学案》所采资料失之太繁，缪氏为之辩解：

> 这《学案》的纂例确是还好，至于全书仅是长编的稿本并不是定本。谢山修《学案》，而兼修《宋史》，所以传略有失之太长的地方，许多都是《宋史》补。②

当然，缪氏亦从编纂学及学术史角度对《宋元学案》作了客观评价，认为张载、朱熹、叶适等人学案，均是"无伦序的钞辑，没有经过整理分疏的手续"，未能厘清这些人物的学说，因此提出自己的修正之法：

> "传略"须将其个人性格生活状况与其学问历程一一叙出。"学说"须将其纲领挈出分类钞辑。"附录"于正反两面的批评都须采集。③

缪氏显然视《宋元学案》为学术史著作，并为之增缺补罅，以叙儒者清晰的生平与学说。如在《学说》一栏，其取法中国哲学史的研究模式，按宇宙论、心论、修为方法论的次序采录各家之

---

① 缪天绶选注：《宋元学案》，上海：商务印书馆，1928 年，《序言》第 5 页。
② 缪天绶选注：《宋元学案》，《序言》第 6 页。
③ 缪天绶选注：《宋元学案》，《序言》第 6—7 页。

学。在《附录》中又列"遗事"、"批评",增补人物传记与后世评价。尤其是原著遗漏的重要材料,缪氏也稍采他书,为之补入。此外,他又稍改全祖望的思想观,站在近世以来朱陆之争的思想视域上,以朱熹、陆九渊为宋学重镇,对这两卷"分析亦较详,并略略提示学说精要之所在"①。可以看出,缪氏力图在这部选注中,最大可能地增补内容,完成"理想上的新《宋元学案》",以呈现客观完整的宋元儒学史。在《序言》中,缪天绶还开示了《宋元学案解题及其读法》,提醒读者注意几大问题,以裨于厘清宋元儒者的学说纲领。

缪氏如此选注两学案,与其对中国哲学史的认识不无关系,亦离不开选注的初衷。如前所述,两学案之选,属王云五主编的《学生国学丛书》《万有文库》。两丛书均是面向社会的普及读物,重在介绍各类知识,对象均是知识储备浅少的学生与大众。因此,两学案选注侧重梳理宋元明三朝的儒学发展史,简介各家学说的要点。这又可从书中对人物、地名、哲学命题等均作了注解,以及年号与学者之生卒亦换算成公元纪年,窥见缪氏选编的用意所在。

同一时期,胡秋原亦编有节选版《宋元学案》,以《宋元学案》为节选范围,采选相关人物小传以及论著内容。与前人徒节原著不同,该书在每一学案后,均附有编者的观点与案语。全书按时间顺序,收录庆历、党争、新学、涑水、百源、濂溪、横渠、二程、程门、南渡、晦翁、东莱、象山、浙东、金元共 15 个学案。胡氏的目录命名及其编排打破了《宋元学案》以人名命名的方式,而改用"人名——时代或地域"共存的方法,如将胡瑗、范仲淹等人并

---

① 缪天绶选注:《宋元学案·编例》,第 1—2 页。

入"宋学初兴"的"庆历"条下，陈亮、叶适等人共入"浙东"一目下。这一编排法，侧重梳理尤其以程朱为中心的宋元理学发展史，已具后来宋元理学史叙述的雏形。有别于吴虞等人寄寓的学术经世，胡秋原节选此学案的目的较为纯粹：

> 余愿将此"节要"出版，一在使研究学术史者，稍知吾国学术之源流得失，以为创获之资，非为怀古者张目。近人言理学者时有巧言，亦多不经。纵附会甚工，似非君子之大道。①

按胡秋原之语，其节选的目的与态度颇为客观，不是简单的学术复古，而是为了让世人更多了解宋元理学的发展源流及其真相，同时消除社会对理学的误解，因此，在书末还附了缪天绶的《宋元学案解题及其读法》《所谓宋学》《宋元诸儒的派别》三篇文章，以辅助读者清晰理解宋元学术之流传。

对节选版《宋元学案》，胡秋原颇为得意，称读者合观两书（还有一本是《明儒学案节补》），"则自宋至明前后七百四十年间之思潮，即得一鸟瞰矣"②。毫无疑问，两学案在胡氏眼中是记载宋元明三朝的学术源流史，因此，其节选亦是为读者观识理学史提供一完整且简易的文献读本。考胡秋原的节选版《宋元学案》，属中周出版社的《中周百科丛书》。该丛书的要旨在于"将人生必需之知识技能，以最经济的方法，供给一般读者"③，分哲学、文学、科学、政治、社会、史地等十类编辑出版，胡氏所节属哲

---

① 胡秋原提要：《宋元学案·前记》，重庆：中周出版社，1944 年，第 2 页。
② 胡秋原节补：《明儒学案·前记》，重庆：中国出版社，1944 年，第 2 页。
③ 《中国百科丛书编辑要旨》，胡秋原节补《明儒学案》，卷首。

学类。结合丛书宗旨可知，其对象为普通的社会民众，故胡秋原节选会有上述之考虑。

（三）有裨经世：陈训慈、李心庄的《重编宋元学案》

与梁启超、吴虞呼吁道德建设相比，抗战期间陈训慈、李心庄重编的《宋元学案》则寄托了另一旨趣。该书属国民政府的《重编宋元明清四朝学案》系列，[①]关于丛书的编纂，时任行政院院长陈立夫在《总序》称，时代环境的转型需要新的学术为之潜移默运，但新学术不可抛离本民族文化。他回溯历史，认为中华民族仍屹然于世界，实归功于"本根之未拨，民族生命有所倚托而得以绵绵不绝也"[②]。发起重编《四朝学案》，正是响应文化民族本位政策的映现。

与《宋元学案》原著相比，重编本在人物序列上虽"多循旧贯"[③]，但也略有调整。如按时间先后将荆公新学、苏氏蜀学移于《横渠学案》后；将巽斋、介轩学案上移，仅次《双峰学案》；又将带有"盖示外之意"[④]的《学略》一律改为《学案》。这一调整表明，编者已突破传统的程朱道统观，对王安石与苏轼的学术有了客观认识，将二人与北宋五子相提并论。

如果说人物排序体现的是客观的学术史观，而对人物小传

---

① 《重编宋元学案》由陈训慈、李心庄共纂，《重编明儒学案》由李心庄负责。两书虽编纂于 1944 年，然《重编明儒学案》1945 年出版，《重编宋元学案》则出版于1947 年（均由正中书局出版）。还有一部《重编清儒学案》由钱穆完成，可惜的是，其完稿后直接将手稿寄至重庆中央国立编译馆。抗战胜利时，此稿尚未付印，全稿装箱，由编译馆雇江轮载返南京。不料箱置船头，坠落江中，所幸《清儒学案序目》曾刊于《四川省立图书馆图书集刊》(1942 年第 3 期)，得以保存。

② 陈立夫：《重编宋元明清四朝学案序》，陈训慈、李心庄《重编宋元学案》，南京：正中书局，1947 年，第 1 页。

③ 陈训慈、李心庄：《重编宋元学案·凡例》，第 1 页。

④ 《宋元学案》卷一百《屏山鸣道集说略》，第 3316 页。

的删减及论著的增补则真正凸显了编者的用意所在。重编本全部保留谢山序录,而择要录存黄百家、王梓材的案语。因为在陈训慈看来,全祖望论学有公心,"绝不盲目追随,阿其所好,亦绝少门户之见",故其补修的《宋元学案》宗旨,"足以为后之著学术史者所取法者"①。尤其对全氏汲汲搜辑南明史事,陈训慈更是赞誉有加,视为存民族大义之举。而黄百家、王梓材二人在这方面远逊色于全氏。

　　至于人物传记,重编本全部删削"理论深玄不易理解","批评涉及意气近于排击","迷信怪诞或晦涩或谤讦"之内容②,甚至删除反映全祖望宏大的思想史观而具重要意义的《屏山诸儒学案》及《元祐》《庆元》党案,③惟保留"重其躬行实践可为世法者"。④ 而在各家论著篇章,增补了"确有创获,足以牖发心智增长志气者",前者如周敦颐的《通书》,后者如文天祥的《正气歌》。改动最明显的当属《荆公学案》。《宋元学案》原著仅采王安石《王霸论》等九篇文章,但编者认为此不足以凸显荆公经世之精神,因此"增《上仁宗皇帝书》原文,及节引《礼乐论》《大人论》等数节,俾更得见其经世治国之规略,与其学说思想之要谛"。对于传记、论著后的《附录》,重编本亦删除"琐行片语无关宏旨"而保存"足彰其人之学问行谊事业之大者"。⑤ 显然,编者欲凸显的是学术的经世精神。因此,原本以议论见长的宋儒在重编本中

---

① 陈训慈:《清代浙东之史学》,浙江图书馆编《陈训慈百年诞辰纪念文集》,北京:北京图书馆出版社,2006年,第63—65页。
② 陈训慈、李心庄:《重编宋元学案·凡例》,第2页。
③ 何俊:《宋元儒学的重建与清初思想史观——以〈宋元学案〉全氏补本为中心》,《中国史研究》2006年第2期。
④ 陈训慈、李心庄:《重编宋元学案·凡例》,第2页。
⑤ 陈训慈、李心庄:《重编宋元学案·凡例》,第2—3页。

被塑造成"重躬行实践""有裨于经世治国"的豪杰人物。

纵观陈训慈、李心庄的重编本，重在表彰儒者的品行与学说的经世济用，一改学案原著关涉儒学源流与学说思想的旨要，活生生成为宋元儒者的言行录与品行史。考察这一节选的缘由，可从编者所处的局势环境推勘得知。当时正处抗战烽火，为砥砺民族自信，一大批学人纷纷表举历史上的忠烈人物，宣扬民族气节，并从学术角度诠释抗战必胜的信心。作为国民政府的教育要员，陈、李二人的这种意识尤为明显。在陈氏的学术与活动中，民族精神与爱国情感不断激荡涌现。如研究浙东史学，强调其学说的事功与忠义，而淡化其所涵括的性命之学。[1] 重建万氏白云庄及追祀乡贤，希冀以梨洲的民族大义与万氏的尽瘁报国，"拯我殄瘁之国家，维护之于不坠"[2]。可见，由于爱国主义的激发，陈训慈、李心庄弘扬学术的经世致用，并以先贤气节铸造民族精神，为抗战提供理论与文化力量。而重编两学案，彰显躬行的忠义与学说的经世，只是学术救国运动下的一帧剪影。[3]

[1] 王锟、金晓刚：《事功与心性的离合：历史、思想语境中的浙东学派建构》，《浙江社会科学》2016 年第 3 期。

[2] 陈训慈：《甬上重建万氏白云庄及追祀乡贤纪》，《浙江省立图书馆馆刊》1935 年第 4 卷第 6 期。

[3] 钱穆的《重编清儒学案》也贯穿这一精神，全书以理学精神为评判标准，重视气节的忠义与学说的实践，如颂扬晚明遗民理学而贬低清初理学名臣，认为前者"若容城孙奇逢启泰、祈州刁包蒙吉，皆习斋书中所谓'忠孝恬退之君子，豪迈英爽之俊杰，是为吾儒一线之真脉'者"，后者"在野如陆陇其，居乡里为一善人，当官职为一循吏，如是而止；在朝如李光地，则论学不免为乡愿，论人不免为回邪。"参见氏著：《中国学术思想史论丛》(八)，北京：生活·读书·新知三联书店，2009 年，第 423、412 页。

二、张寿镛刊刻《宋元学案补遗》的诉求

刊刻乡邦文献一直是传统士人的重要文化活动。在他们看来,重刻先哲遗著,不仅有助于保存乡贤著作,彰显一地的文脉,更重要的是,在不断诉说、表彰乡贤的过程中,可以激励乡人后学重振地方文化。就浙江而言,晚清民国时期,尽管地方危机加重,然刊刻地方文献的活动并未衰歇,反而更显频繁。这种辑刻文献之风的兴盛,与当时藏书楼的败毁、藏书的散佚有很大关系。

受太平天国的惨烈冲击,浙江战乱纷扰,民生维艰,许多藏书之家,"首先是家道中落者,以书抵债,或卖书以供挥霍。其次是宦途失意,以书变卖充公或折求盘缠。第三是散出变卖以转向工商业之姿"①。大量珍本秘籍散佚、销毁,令人扼腕。面对这些劫难,抢救典籍文献成为当时士人的共识与旨趣。就浙江而言,就先后兴起以府为单位的地方文献丛书的编纂。如杭州丁丙的《武林往哲遗著》《武林掌故丛编》;嘉兴孙福清的《槜李遗书》;湖州陆心源的《湖州丛书》、刘承幹的《吴兴丛书》;绍兴徐友兰的《绍兴先正遗书》;台州宋世荦、杨晨的《台州丛书》《续台州丛书》;金华胡凤丹、胡宗楙父子的《金华丛书》《续金华丛书》;温州孙衣言、孙诒让父子的《永嘉丛书》、黄群的《敬乡楼丛书》等等。宁波虽在宋元时期即有编纂丛书的传统,但在此时却落后于其他州郡,迟迟未出现一部有分量的地方丛书,这成为众多宁波士人的心病。

张寿镛汲汲刊刻《四明丛书》,很大程度即受这一桑梓情怀

---

① 谢灼华:《近代我国封建藏书楼之衰落》,《谢灼华文集》,广州:中山大学出版社,2014年,第65页。

的推动。他于 1930 年开始编辑，不遗余力收集乡贤遗典，"惟间有前贤著述、有关乡邦文献，而毫芒流落，仅存一二者，吉光片羽，为之编辑补缀，以资流传"①。当然，他所选刻之书，并非鱼龙混收，而是有其选择标准，"先取有关乡邦利弊，足资身心学问，而坊肆无传本，或传而未广者。若屡经刻印之书或卷帙过繁者，则皆从缓"②。《宋元学案补遗》，显然属于"卷帙过繁"的"从缓"之列，而他为何将《补遗》列于靠前的第五集，背后显然有其用意与诉求。

从学术思想与治学态度来说，张寿镛继承了浙东学术兼容并蓄、不主一家的学术风格。在对待汉宋之学的纷争时，他表现出超越汉宋的态度，其云：

> 天生一孔子，而七十二子之徒，各以师说转相传授。儒分为八，皆得圣人之一体。……然四子书而外，若子张、子夏、子游之儒，虽时时见于简册，转不如老、庄、荀、墨、韩非、申不害者流，犹得勒为专书，以垂于后，则传述者之责焉。……汉学师承，宋学师承，各著所自，而善者则治汉、宋为一炉。③

在张寿镛眼中，学术并不定于一尊，故汉、宋之学均不可偏废，"不识时不足以言学，下学而上达，温故而知新。苟使局于一技，而无知新上达之功，则艺成而下，致远而泥矣。"④只有兼融二

---

① 张寿镛：《四明丛书》第一集第一册《四明丛书凡例》，第 2 页。
② 张寿镛：《四明丛书》第一集第一册《四明丛书凡例》，第 1 页。
③ 张寿镛：《序二》，《宋元学案补遗》前辅文，第 3 页。
④ 张寿镛：《序二》，《宋元学案补遗》前辅文，第 5 页。

者，才是为学之正途。如他在《诗史初稿》卷首自订《凡例》七条，分别是遵序、宗毛、依谱、考史、分纪、汇参、就正，这也反映出张寿镛解诗并不囿于一家，而是在参考汉宋之书的基础上，融汇古今，实事求是。

在梳理宋学内部的派系时，张寿镛也秉持包容的态度，"《易》《书》《诗》《春秋》，所以配皇帝王霸也。善性理者谓之学，重事功、尚经制者，何莫非学？学未可以门户限之也。"①按他之见，性理与事功并非截然对立，而是互为补充。对于门户之间的意气之争，他尤为愤愤不平，他称：

> 惟学校不可不有正气，而不可有意气。如明之东林气节之士类多出于其中，岂敢不谓之正气。然意气太深因而偾事，学士大夫亦应负其责焉。犹如王安石之变法，说者以为司马光拒之过甚，亦应分其过焉，确为平心之论。夫君子道长，小人道消，小人道长，君子道消，其不两立着势也，然人而不仁，疾之太甚，乱也。②

因此在治历代学术史时，张寿镛一直秉持实事求是，不争门户之态度。刊刻《补遗》即是他熔铸各家，增广见闻精神的体现。张寿镛对《补遗》一书甚是重视：

> 乡邦文献中，如《宋元学案补遗》一书，为中国哲学大部分所寄托，盖宋明清学案固已详尽，而《宋元学案补遗》是鄞县王梓材先生腆轩所作者，搜罗更精，其所采之书，有今日

① 张寿镛：《序二》，《宋元学案补遗》前辅文，第5页。
② 张寿镛：《史之教育学》，《史学大纲》，上海：复旦大学出版社，1985年，第49页。

罕见者,得此以存真,有益于世教也。①

很明显,他对王梓材"搜罗更精"的欣赏,不仅在于《补遗》辑录众多罕见文献,还在于此书能摒弃门户之见,对宋元诸儒采集广备,不固守一家,符合张寿镛对宋元儒学的历史态度。

《补遗》的刊刻,展示了张寿镛对宋明理学的重视,而细究其对宋元儒者的重视程度,亦能寻绎张寿镛当时的内在诉求。他在《序二》中云:"师道立则善人多,岂不信哉?"②强调儒家师道道统的意义,当然,他所谓的"道统"非宋明理学争论的学术谱系,而是指儒家的真正精神。他称赞黄宗羲以道为己任,作《明儒》《宋元》学案,发挥儒家传统。他对此亦心有戚戚,自谓当以"道统"为己任,淑身淑世,"斯世虽乱,吾心不乱,积一二月之心力,汇五百载之献文,枪林弹雨之中,汗竹秋灯之下,勉写成篇,以报乡先哲于万一。"③又引述叶适之语:"读书不知接统,虽多无益;为文不能开教,虽工无益;笃行不合于大义,虽高无益;立志不存于优世,虽仁无益",显然,他所要阐发的儒家"道统"是立志笃行,倡行有用之学。

张寿镛挚友冯贞群在《编辑四明丛书记闻》中称《四明丛书》刊刻的原则是"先品其人,后平其学,审其所作,确乎可传,方为付刻。故其所列,粹然一出于正,刊落奸佞,表章忠义,实有裨于

---

① 张寿镛:《六十年之回忆》,张芝联编:《约园著作选辑·自述》,北京:中华书局,1995 年,第 390 页。
② 张寿镛:《序二》,《宋元学案补遗》前辅文,第 3 页。
③ 张寿镛:《约园杂著续编》卷三《四明丛书第五集序》,《民国丛书》第四编,上海:上海书店出版社,1992 年,第 19 页。

世道人心,不独保存乡邦遗书也。"①张寿镛所谓的有用之学,正是有助于重振世道人心的道德忠义与经世之学。

通过梳理《四明丛书》的刊刻史,可以发现张寿镛所选刊著述的重心所在。1931 年,张寿镛作有《编〈四明丛书〉》一诗,其中有云:"耿耿乡先哲,姓氏惜湮微。王道观其始,明山非所私。"又曰:"又如节义士,苍燐碧血悲。守先与待后,只自愧林衣。"②他刊刻的初衷,一方面是惋惜乡贤之名日渐湮没,另一方面则是有感于忠义气节的断裂。在《四明丛书》第一集收录的《管天笔记外编》,张寿镛感慨:"今之世,内忧外患迭乘,与明之季无异也。天理泯而人欲肆,儒学之坠,谁其拯之?"③同样是对儒家精神坠落的忧心。《四明丛书》第二集(1933—1934)所搜辑的是明末清初殉明及遗民的著作,张寿镛在序中引邵廷采之言:"文章无关世道者,可以不作;有关世道不可不作,即文采未极亦不妨作。"④在后序中,他又强调:"补阙修废,使庠序立而礼义充,圣经贤传之理倍晰,必于乱臣贼子之恨愈深。患难当前生死不愧,岂好名哉。所争者千秋不朽耳。……况华夷之辨严,则死生之念泯。故明之季与宋同,气节之士其时尤多焉。"⑤第三集(1935)后序,他又提及:"表彰忠烈,鲐埼多闻。……学贵致用,吾乡之懿。"并作诗一首:"勘书岁月消磨易,报国心肠抒写难。"⑥毋庸讳言,张寿镛字里行间迸发出的是对忠烈气节的表举与推扬,反映了其

---

① 冯贞群:《张约园遗书目录》附《编辑四明丛书记闻》,《宁波旅沪同乡会会集》第 14 期,1947 年。

② 张寿镛:《约园杂著续编》卷六《编〈四明丛书〉》,第 23 页。

③ 张寿镛:《约园杂著》卷三《管天笔记外编跋》,《民国丛书》第四编,第 20 页。

④ 张寿镛:《约园杂著》卷四《四明丛书第二集序》,第 10 页。

⑤ 张寿镛:《约园杂著》卷四《四明丛书第二集后序》,第 36 页。

⑥ 张寿镛:《约园杂著》卷五《四明丛书第三集后序》,第 28—29 页。

急切的报国之心,这正是当时国家危亡、民族受难的时局映照。编辑、刊刻《四明丛书》第一集(1931)至第四集(1934),正是日本发动"九一八"以及"一·二八"事变以来,民族危机逐步加深的时刻。而第五集的《补遗》更处于全面抗战爆发的前夕,抗日烽火已从东北燃烧到东南。面对如此危亡,他屡屡强调学问"盖非仅以淑身,固将以淑世也"。在张寿镛看来,"圣贤之精微,常流行于事物。儒者失其指,故不足开物成务,为可惜也。今国家方以礼义廉耻倡导斯民,举往时礼教缚人之说,划削消磨,而衷于一是"①。因此对《补遗》中的宋元诸儒,更强调继承与发挥他们的道德品行与经世精神,至于性理之学则退居其次了。如他汲汲于辑佚"甬上四先生"之一沈焕的遗书,是缘于沈氏"训语所垂,昼观诸妻子,夜卜诸梦寐,立大本、明大义,前无坚敌,短兵便为长技,大可惧也,即此数语以得概其生平。慈湖称其砥柱中流,岂虚誉哉!"②可见,张寿镛对沈焕的推重,并非看重其作为陆氏门人的心学造诣,而是其生平大节,"足以起士大夫萎苶不振之气"③。

这一学术倾向,也体现于他对历代学术的梳理。如隋唐之际的王通一直被程朱理学所轻视,而张寿镛尤为推崇王通的学术及其地位。他说:

> 《中说》中所谓:"天下崩乱非至公血诚不能安",这十二个字,不但是六朝后之药石,就是我们今日还应当奉为经典的。至于王通之《论七制》,也是实事求是不尚空谈,他的学

---

① 张寿镛:《序二》,《宋元学案补遗》前辅文,第5页。
② 张寿镛:《约园杂著续编》卷二《定川遗书序》,第17页。
③ 张寿镛:《约园杂著续编》卷二《定川遗书序》,第17页。

说都是可以实行的,并且非常切合于现时代。①

　　他还勉励学生以王通为人生典型,勇敢承担起在乱世中为国家、为民族培养、储备英才之责任。不难发现,张寿镛对历史中道德品行与经世之学的提倡,正是为了弘扬民族精神,砥砺民族气节。

　　这也足以说明,张寿镛的《四明丛书》所收录的著作限于甬上人物,但其主旨并非纯粹保存地方文献,更重要的是阐发浙东学术的忠义气节与经世致用精神,正如冯贞群所言:"约园搜辑遗佚,网罗放失,刊布典籍,表彰忠义,使隐微之作,重传于人间,浩气英光,历久而常新,大有功于风教者也。"②搜辑乡贤遗著,使之重现人间,是为了透过片纸的背后抉发其中的忠义与浩气。在这一脉络中,所谓的以地方命名的丛书,也就具备了更广泛的时空价值。张寿镛在第一集序中就指出:"天下之书夥矣,而书岂限于一乡,一乡之书又岂足供天下。今之所述者,一乡之士,而皆天下之士也,非惟天下士也,以俟百世而不惑者也。"③就文献内容来说,地方丛书所记载的人、事、物等知识明显具有特殊性,并不足以供天下取阅,但就文化意义而言,《四明丛书》中的"一乡之士"包含了嘉言懿行的典型意义,这类行为可供后人效法、学习。在这一层面上,"一乡之士"也具备了"天下之士"的意义。从这一意义上来说,刊刻《四明丛书》的张寿镛虽将文献范围固定在某个特定的地理区域,但其刊刻的视野却是从整个文

---

① 张寿镛:《约园演讲集》第七讲《南北朝学术纲要》,约园刊本,1941 年,第 116 页。
② 冯贞群:《张约园遗书目录》附《编辑四明丛书记闻》,《宁波旅沪同乡会会集》第 14 期,1947 年。
③ 张寿镛:《四明丛书第一集后序》,《约园著作选辑·乡献》,第 61 页。

化和当时的语境进行筛滤与选择的。由此可知，地方丛书所彰显的意义并非只是保存乡邦文献，而是已上升为对整个道德文化的继承与推阐，从而与中华文化精神相勾连。

结　语

历史是事物发展的过去，不可再生，但由于后世不同的立场与认识视角，原本"只有一种真相"的客观存在却演绎出万万千千的事物镜像。甚至对历史物件的复原，亦是如此。美国作家乔·昆南说："你参观名作家故居，得到的信息其实都是关于策展人、室内设计师和讲解员的。"①此话虽有些过激，却也透露出作为物质实体的"故居"不可能一成不变，而是永远处在历史原物与策展人不断设计的交错中。从上述对《宋元学案》节本的考察，也可清晰发现，历史文本的节本虽以原典展开，但历经不同人的重编，全书框架、结构已发生变动，呈现出与原著不同的面相与意旨。这种节选，与其说是对经典文本的介绍，不如说是改编者自身寄望与诉求的表达。

毫无疑问，以文献学的视野去评判这些节选本的文本价值，难免自落窠臼，甚至在一定程度上窄化这些选本所蕴藏的思想史意义。事实上，经过这种自觉不自觉的"误读"，历史文本绽放出更多的文化意涵，也一定程度实现了原著的再升值。可以说，在这种节选与重编的过程中，历史文本既为后人提供了"为我所用"的资源，也再度强化自身的经典地位。

此外，这些节选本的编纂形式，实继承了中国源远流长的选本传统。近代以前，中国学问方式以"经典诠释型"为主，通过对

---

① （美）昆南（Queenan J.）：《大书特书》，陈丹丹译，北京：商务印书馆，2014 年，第175 页。

经典的注疏、发挥,表达个人的思想观点,如对"五经四书"或《老》《庄》文本的注解、节选,寄寓自己的学术见解。而从梁启超、陈训慈、胡秋原等人对学案的节选、补编,可以明显看出,在新旧更迭、中西交汇的近代,许多知识人在从传统向现代转型的学术道路上,一方面积极引介西方知识体系以阐释中国传统学问,另一方面仍自觉延续中国固有的诠释方式,以选本的形式,对经典进行新注解、新阐释,实现古典今释,昭示出选本传统在近现代的延续及其旺盛的生命力。

而张寿镛刊刻《补遗》,表面上看是出于桑梓情怀,以保存地方历史与乡邦文献,但在民族危亡的时局中,其更重要的主旨其实在于阐发其中宋元诸儒的忠义品行与经世精神,借以发扬民族精神,重塑世道人心,砥砺国人救国图强的意志。从这意义上来说,包括《补遗》在内的《四明丛书》收录的虽是甬上人物与著作,但其蕴藏的思想精神早已越出狭隘的地方视野,而是有着更广泛的文化史意涵。

附录二 《宋元学案》及其《补遗》年表

康熙六年(1667),黄宗羲辑《理学录》。

康熙二十五年(1686)后,黄宗羲开始编纂《宋元学案》。

康熙三十四年(1695),黄宗羲病逝,所纂《宋元学案》只是眉目粗具,"才十之四五"。

康熙三十八年(1699),黄百家开始续编《宋元学案》。

康熙四十四年(1705),杨开沅、顾諟在京师遇黄百家,三人"晨夕过从"。杨开沅录有《宋元学案》副本。杨、顾二人撰有案语。

康熙四十八年(1709),黄百家逝世,《宋元学案》仍未竣稿,遗稿藏于家。

康熙五十二年(1713),黄家遭火,遗书仅存五分之一,《宋元学案》书稿则化为灰烬。

康熙五十六年(1717),黄家所藏梨洲遗书悉数藏于慈溪郑氏二老阁。

雍正五年(1727),黄宗羲孙黄千人从杨开沅子杨晦叔处借抄《宋元学案》副本,后又藏至郑氏二老阁。

乾隆元年(1736),黄千人至京师请全祖望为黄宗羲撰神道碑文。

乾隆十年(1745),全祖望至慈溪鹳浦二老阁,祭黄宗羲。二老阁主人郑大节属其续纂《宋元学案》。

乾隆十一年(1746),全祖望从茗上至苏州,舟中编次、增定

《宋儒学案》序目。夏过扬州,馆于马氏畲经堂,编纂《宋元学案》。

乾隆十二年(1747)上巳后,全祖望再访水木明瑟园,谋刻《宋儒学案》。夏,返回杭州,再修《宋儒学案》。二老阁刊刻全氏《序录》与《横渠学案》上卷。黄宗羲玄孙黄璋(1728—1802)年二十,随黄千人登二老阁观黄宗羲遗书。至甬上,访全祖望。黄千人向全祖望提出索观《宋元学案》,未成功。

乾隆十八年(1753),全祖望门人卢镐(1723—1785)乡试中举。

乾隆十九年(1754),全祖望赴扬州居畲经堂,仍治《水经注》,兼补《宋元学案》。

乾隆二十年(1755),全祖望卒。《宋元学案》书稿归卢镐。黄千人致函卢镐索求书稿,作诗《柬卢配京孝廉索还先子宋元儒学案底本》。卢镐寄示二十册稿本予黄璋,后又续寄《序录》一卷。黄璋作《甬上赠卢配京孝廉、董抑儒明经》诗文答谢卢镐、董秉纯。

乾隆二十一年(1756),黄璋乡试中举,选任嘉善教谕。卢镐作《姚江黄稚圭秋雨中见过既归以七古见赠和原韵即送其之任鸳水》,卢、黄二人在一年内即已编定可以付梓的《宋元学案》。黄璋在嘉善教谕任上,亦不断补修《宋元学案》。

乾隆三十七年(1772),清廷开四库馆,黄璋任职浙江访书局,卢镐以黄宗羲《今水经》《匡庐游录》二书相赠。

乾隆四十六年(1781),黄璋卸任沭阳知县,从此居乡优游二十二年,补修《宋元学案》,"为之抄辑者有年"。

乾隆四十七年(1782),卢镐因父丧卸平阳教谕归乡,其间修补、誊写《宋元学案》。

乾隆五十年（1785），卢镐卒，年六十三。卢镐卒后，《宋元学案》卢氏修补稿藏于家八十余年。其间，卢镐外孙黄桐孙携稿至安徽康中丞节署，遍访皖江诸子，谋完是书，未果。中丞移节广东，黄桐孙又访粤海诸子，亦未获克任校雠者。黄桐孙自粤归，过西江十八滩，行箧坠水中，独《宋元学案》浮于水面。卢镐孙卢杰宝藏此书，秘不示人，其家被盗，独《宋元学案》被弃于外，幸免于难。

乾隆五十二年（1787），黄璋六十寿辰，其子黄征肃作《跋家大人诗集后》，提及黄璋"见修未成者《宋元儒学案》"。

嘉庆元年（1796），章学诚在《与胡雏君论校胡穉威集二集》信中，谈及在黄璋家见其所辑《元儒学案》数十巨册。

嘉庆七年（1802），黄璋卒，《宋元学案》仍未定稿。

嘉庆二十四年（1819），黄征乂（1757—1829）中进士，时年六十三。

道光六年（1826），黄征乂辞官回乡，承父命校补《宋元学案》，"正其舛误，补其阙略，并其零星"，竣稿后，命子黄直垕"抄录而次第之，是书始克成编"，即八十六卷《宋元学案》余姚黄氏补本。

道光九年（1829），黄征乂卒，年七十四。

道光十一年（1831），何凌汉任浙江学政，典试浙江。

道光十二年（1832），何凌汉至宁波，选拔王梓材等人，询问《宋元学案》的下落，王梓材表示未见。受何凌汉嘱托，王梓材寻访《宋元学案》书稿。岁试未毕，何凌汉奉急诏匆匆回京。

道光十三年（1833），陈用光代何凌汉督学浙江，再次提及《宋元学案》，并"以是书命题，俾为之考"。王梓材与冯云濠同在考院，互言此书原委及庋藏现状。

道光十四年(1834)春,陈用光命宁波府学教授冯登府搜访《宋元学案》。冯登府委托诸豫宗。同年秋,诸豫宗、冯云濠等人得到八十六卷《宋元学案》余姚黄氏校补本,呈给陈用光。王梓材从卢杰处获《宋元学案》卢镐藏本。王梓材、冯云濠二人汇集《宋元学案》各本,进行校定。十二月,王梓材撰写《宋儒学案识语》(此《识语》载于浙江图书馆藏冯云濠、王梓材誊录的《宋元学案》手稿本,未见于其他《宋元学案》的各种版本)。

道光十五年(1835),陈用光卒。王梓材考取八旗教习。

道光十七年(1837)三月,王梓材、冯云濠初撰《宋元学案考略》(见于浙江图书馆藏冯云濠、王梓材手校抄稿本,此手稿内容与该抄本及各种刻本所载之《考略》《题识》颇异,实即《考略》之初稿)。自孟春至季夏,王、冯历经六个月,完成《宋元学案》百卷本校定。王梓材赴南京参加江南乡试,旋以染疾回乡。是年岁末,与冯云濠完成四十二卷本《补遗》的编定。

道光十七年(1837)六月,王梓材作《宋元学案》跋语。

道光十八年(1838)正月初七,王梓材跋《补遗》。正月十二,冯云濠跋《补遗》。二月,王梓材从宁波起程,四月入京,"居都门及京北延庆者八阅月",但未补上八旗教习。七月,冯云濠作《宋元学案》案语,并刊刻百卷本《宋元学案》,是为醉经阁初刻本,寄给在京的王梓材。王梓材将《宋元学案》百卷刻本送呈何凌汉。何凌汉命子何绍基代笔作序。同年冬,王梓材因母病逝,离京返乡,与冯云濠再次校正《宋元学案》,又对《补遗》展开辑补。

道光十九年(1839)春至道光二十年(1840)冬,王梓材、冯云濠将四十二卷《补遗》辑补成百卷。

道光二十年(1840),何凌汉卒,享年六十九。

道光二十一年(1841)二月,王梓材丁忧期满,服阕北上,再次抄写一部《宋元学案》正编,并携《补遗》稿本而行。在京期间,王梓材又搜讨葺补,百卷本《补遗》于八月正式脱稿。

道光二十二年(1842)二月,英军入侵宁波、慈溪一带,冯云濠居室被烧,《宋元学案》醉经阁刻版被焚毁。同年秋,何绍基服阕入都,准备重刊《宋元学案》。王梓材又对《学案》正编进行校订。

道光二十三年(1843)春,何绍基、张穆等人在京师慈仁寺西创建顾炎武祠。何绍基为王梓材校订提供藏书,并在顾祠中腾出空屋。八月,张穆向王梓材借读醉经阁本《宋元学案》。

道光二十五年(1845)二月,王梓材作《宋元学案》跋语。何绍基频频造访顾祠,与王梓材商议《学案》校刊事宜,并亲自校勘《宋元学案》,并为资金刊刻筹集奔波。

道光二十六年(1846)夏,《宋元学案》刊刻问世,何绍基作《宋元学案叙》,是为何绍基刻本。

道光三十年(1850),王梓材出任广东乐安知县。

咸丰元年(1851)正月十四,王梓材病逝于乐安县任上,年六十。数十年后,王梓材孙王恩培将《补遗》转藏王梓材外曾孙屠用锡的娑罗馆。

同治十年(1871),鄞县人徐时栋购何绍基本《宋元学案》,并作跋,提及:"王腾轩复有《续案》百卷,今稿在其婿屠歠赟(案:屠继烈)处,拟刻之未果。"

光绪五年(1879),龙汝霖再刻《宋元学案》于长沙,并作跋。

光绪十一年(1885),广东乡试策问题涉及《宋元学案》。

清末,余姚黄氏后人将家藏《宋元学案》黄璋校补草稿本赠于余姚邵衍臣(字钧儒),新中国成立后入藏余姚梨洲文献馆,2010年转藏余姚博物馆。

1925 年,胡适、单不厂披阅凌叔华家藏四十二卷本《补遗》,各撰跋文。

1932 年,屠用锡让长媳张月梅誊写《补遗》稿本,又延聘学者校对。张月梅向父亲张寿镛求教,张寿镛组织人员誊写、校对《补遗》。

1934 年,南京中央研究院史语所购买南京邓邦述"群碧楼"藏书,七十八卷《宋儒学案》稿本转藏史语所。

1937 年 4 月,张寿镛撰写《宋元学案补遗序一》《校刊宋元学案补遗识略》《宋元学案补遗序录》,屠用锡跋《补遗》。六月,张寿镛再撰《宋元学案补遗序二》《宋元学案补遗跋》。《补遗》于九月完成刊刻,作为《四明丛书》第五集。

1942 年,张寿镛从上海书肆购得经冯登府校定的《元儒学案》抄本二册,即中研院《宋儒学案》所阙的元儒部分。

1946 年 11 月 22 至 24 日,胡适翻阅中研院史语所藏《宋儒学案》,并摘录黄直垕、诸豫宗的跋及黄征义的《发凡》。

参考文献

基本文献

（宋）范祖禹：《太史范公文集》，四川大学古籍整理研究所编：《宋集珍本丛刊》，第 24 册，北京：线装书局，2004 年。

（宋）张载：《张载集》，章锡琛点校，北京：中华书局，1978 年。

（宋）程颢、程颐：《二程集》，王孝鱼点校，北京：中华书局，1981 年。

（宋）范浚：《范浚集》，范国梁点校，杭州：浙江古籍出版社，2014 年。

（宋）朱熹、吕祖谦编：《近思录》，郑州：中州古籍出版社，2008 年。

（宋）苏轼：《苏轼全集校注》，张志烈、马德富、周裕锴主编，石家庄：河北人民出版社，2010 年。

（宋）李焘：《续资治通鉴长编》，上海师范大学古籍整理研究所、华东师范大学古籍整理研究所点校，北京：中华书局，2004 年。

（宋）杨万里：《杨万里诗文集》，王琦珍整理，南昌：江西人民出版社，2006 年。

（宋）朱熹：《朱子全书》（修订本），朱杰人、严佐之、刘永翔主编，上海：上海古籍出版社；合肥：安徽教育出版社，2010 年。

（宋）朱熹：《伊洛渊源录》，台北：文海出版社，1968 年。

（宋）陆九渊：《陆九渊集》，钟哲点校，北京：中华书局，1980 年。

（宋）陈振孙：《直斋书录解题》，徐小蛮、顾美华点校，上海：上海古籍出版社，2015 年。

（宋）陈亮：《陈亮集》（增订本），邓广铭点校，北京：中华书局，1987 年。

（宋）叶适：《叶适集》，刘公纯、王孝鱼、李哲夫点校，北京：中华书局，1961 年。

（宋）叶适：《习学记言序目》，北京：中华书局，1977 年。

（宋）王称：《东都事略》，台北：文海出版社，1979 年。

（宋）李心传：《道命录》，《四库全书存目丛书》史部第 82 册，济南：齐鲁书社，1996 年。

（宋）李心传：《建炎以来系年要录》，北京：中华书局，1956 年。

（宋）黎靖德编：《朱子语类》，王星贤点校，北京：中华书局，1986 年。

（宋）王应麟：《四明文献集》，张骁飞点校，北京：中华书局，2010 年。

（宋）黄震：《黄震全集》，张伟、何忠礼主编，杭州：浙江大学出版社，2013 年。

（元）刘因：《刘因集》，商聚德点校，北京：人民出版社，2017 年。

（元）欧阳玄：《欧阳玄全集》，汤锐校点整理，成都：四川大学出版社，2010 年。

（元）脱脱等：《宋史》，北京：中华书局，1977 年。

（明）宋濂等：《元史》，北京：中华书局，1976 年。

(明)宋濂:《宋濂全集》,黄灵庚编辑校点,北京:人民文学出版社,2014 年。

(明)王祎:《王祎集》,颜庆余点校,杭州:浙江古籍出版社,2016 年。

(明)章懋:《枫山章先生语录》,北京:中华书局,1985 年。

(明)焦竑:《澹园集》,李剑雄点校,北京:中华书局,1999 年。

(明)陈懿典:《陈学士先生初集》,《四库禁毁书丛刊》集部第 79 册,北京:北京出版社,2000 年。

(明)章衮:《章介庵文集》,《四库全书存目丛书》集部第 81 册,济南:齐鲁书社,1997 年。

(明)谢铎:《伊洛渊源续录》,《四库全书存目丛书》史部第 88 册,济南:齐鲁书社,1995 年。

(明)周汝登:《圣学宗传》,曹义昆点校,南京:凤凰出版社,2015 年。

(明)孙奇逢:《理学宗传》,万红点校,南京:凤凰出版社,2015 年。

(明)刘宗周:《刘宗周全集》,吴光主编,杭州:浙江古籍出版社,2012 年。

(清)黄宗羲:《黄宗羲全集》,沈善洪主编、吴光执行主编,杭州:浙江古籍出版社,2012 年。

(清)黄宗羲:《明儒学案》,沈芝盈点校,北京:中华书局,1985 年。

(清)黄宗羲:《明儒学案》(修订本),沈芝盈点校,北京:中华书局,2008 年。

(清)黄宗羲原著,全祖望补修:《宋元学案》,陈金生、梁运华点校,北京:中华书局,1986 年。

（清）黄宗羲：《理学录》，中国社会科学院文学研究所图书馆藏，1931 年抄本。

（清）黄宗羲原著，全祖望、黄璋补修：《宋元学案》，余姚博物馆藏，清抄本。

（清）黄宗羲原著，全祖望、黄璋补修：《宋儒学案》，台湾中研院史语所傅斯年图书馆藏，清抄本。

（清）黄宗羲原著，全祖望、黄璋补修：《元儒学案》，中国国家图书馆藏，清抄本。

（清）黄宗羲原著、全祖望补修：《宋元学案》，慈溪冯氏醉经阁刻本，道光十五年。

（清）颜元：《颜元集》，王星贤、张芥尘、郭征点校，北京：中华书局，1987 年。

（清）徐乾学：《憺园文集》，《续修四库全书》第 1412 册，上海：上海古籍出版社，2002 年。

（清）陆陇其：《三鱼堂文集》，《清代诗文集汇编》第 117 册，上海：上海古籍出版社，2010 年。

（清）邵廷采：《思复堂文集》，祝鸿杰点校，杭州：浙江古籍出版社，2012 年。

（清）郑性：《南溪偶刊》，《四库未收书辑刊》第八辑，第 27 册，北京：北京出版社，2000 年。

（清）黄百家：《学箕初稿》，《四库存目丛书》集部第 257 册，济南：齐鲁书社，1997 年。

（清）黄百家：《学箕三稿丙编》，《清代诗文集珍本丛刊》第 128 册，北京：国家图书馆出版社，2017 年。

（清）张烈：《王学质疑》，北京：中华书局，1985 年。

（清）毛奇龄：《西河集》，文渊阁《四库全书》影印本第 1312

册,台北:台湾商务印书馆,1986 年。

(清)张廷玉等:《明史》,北京:中华书局,1974 年。

(清)全祖望:《全祖望集汇校集注》,朱铸禹汇校集注,上海:上海古籍出版社,2000 年。

(清)李清馥:《闽中理学渊源考》,徐公喜、管正平、周明华点校,南京:凤凰出版社,2011 年。

(清)永瑢、纪昀:《四库全书总目》,北京:中华书局,1965 年。

(清)王植:《正蒙初义》,文渊阁《四库全书》影印本第 697 册,台北:台湾商务印书馆,1986 年。

(清)蒋学镛:《樗庵存稿》,《清代诗文集汇编》第 441 册,上海:上海古籍出版社,2010 年。

(清)卢镐:《月船居士诗稿》,《四明丛书》第 4 集,第 66 册,扬州:广陵书社,2006 年。

(清)黄璋:《大俞山房诗稿》,《清代诗文集汇编》第 363 册,上海:上海古籍出版社,2010 年。

(清)章学诚:《章学诚遗书》,北京:文物出版社,1985 年。

(清)黄炳垕:《诵芬诗略》,《清代诗文集汇编》第 660 册,上海:上海古籍出版社,2010 年。

(清)阮元:《揅经室集》,邓经元点校,北京:中华书局,1993 年。

(清)陈用光:《陈用光集》,徐成志点校,合肥:安徽教育出版社,2014 年。

(清)唐鉴:《国朝学案小识》,上海:中华书局,1936 年。

(清)何绍基:《何绍基诗文集》,龙震球、何书置校点,长沙:岳麓书社,2008 年。

(清)何绍基:《何绍基手写日记》,台北:世界书局,2012 年。

（清）曾国藩:《曾国藩家书》,北京:中华书局,2017 年。

（清）曾国藩:《曾文正公全集》,北京:线装书局,2014 年。

（清）冯登府:《石经阁文初集》,徐永明、乐怡主编:《美国哈佛大学哈佛燕京图书馆藏清代善本别集丛刊》第 58 册,桂林:广西师范大学出版社,2017 年。

（清）王梓材、冯云濠:《宋元学案补遗》,杨世文、舒大刚等人校点,北京:人民出版社,2012 年。

（清）王梓材、冯云濠:《宋元学案补遗》,沈芝盈、梁运华点校,北京:中华书局,2012 年。

（清）王梓材:《醉经书屋文稿》,《清代诗文集汇编》第 574 册,上海:上海古籍出版社,2010 年。

（清）王梓材、冯云濠:《稿本宋元学案补遗》,北京:北京图书馆出版社,2002 年。

（清）钱仪吉纂:《碑传集》,北京:中华书局,1993 年。

（清）李慈铭:《越缦堂日记》,扬州:广陵书社,2004 年。

《清实录》,北京:中华书局,1986 年。

黄坤良、黄庆曾等:《竹桥黄氏宗谱》,民国十五年惇伦堂活字本。

唐晏:《两汉三国学案》,吴东民点校,北京:中华书局,1986 年。

徐世昌:《清儒学案》,沈芝盈、梁运华点校,北京:中华书局,2008 年。

吴昌绥编:《顾祠小志》,中国国家图书馆藏民国十一年刻本。

康有为:《康有为全集》,北京:中国人民大学出版社,2007 年。

梁启超：《饮冰室合集》，上海：中华书局，1936年。

梁启超：《节本明儒学案》，上海：商务印书馆，1916年。

吴虞：《宋元学案粹语》，成都：文伦书局，1907年。

章炳麟：《章太炎全集》，上海：上海人民出版社，1985年。

周钧、段朝端等纂：《续纂山阳县志》，《中国方志丛书》据民国十年刊本影印，第415号，台北：成文出版社，1983年。

张寿镛著，张芝联编：《约园著作选辑》，北京：中华书局，1995年。

张寿镛：《约园杂著续编》，《民国丛书》第四编，上海：上海书店出版社，1992年。

张寿镛：《约园演讲集》，上海：约园刊本，1941年。

王国维：《王国维遗书》，上海：上海古籍出版社，1983年。

胡适：《胡适全集》，合肥：安徽教育出版社，2003年。

缪天绶选注：《宋元学案》，上海：商务印书馆，1928年。

缪天绶选注：《明儒学案》，上海：商务印书馆，1931年。

胡秋原提要：《宋元学案》，重庆：中周出版社，1944年。

胡秋原节补：《明儒学案》，重庆：中周出版社，1944年。

陈训慈、李心庄：《重编宋元学案》，南京：正中书局，1947年。

李心庄：《重编明儒学案》，南京：正中书局，1945年。

陈铁凡：《宋元明清四朝学案索引》，台北：艺文印书馆，1974年。

湖南图书馆编：《湖南图书馆藏近现代名人手札》第1册，长沙：岳麓书社，2010年。

研究著作

白洁尹：《和而不同——黄宗羲的门户关怀与〈明儒学案〉的

编纂》,台北:花木兰文化出版社,2016年。

陈永明:《从逆寇到民族英雄:清代张煌言形象的转变》,台北:台大出版中心,2017年。

陈永明:《清代前期的政治认同与历史书写》,上海:上海古籍出版社,2011年。

陈祖武:《清初学术思辨录》,北京:中国社会科学出版社,1992年。

陈祖武:《中国学案史》,上海:东方出版中心,2008年。

丁为祥:《虚气相即——张载哲学体系及其定位》,北京:人民出版社,2000年。

丁文江、赵丰田:《梁启超年谱长编》,上海:上海古籍出版社,1983年。

杜维运、黄进兴编:《中国史学史论文选集（一）》,台北:华世出版社,1976年。

段志强:《顾祠——顾炎武与晚清士人政治人格的重塑》,上海:复旦大学出版社,2015年。

冯友兰:《中国哲学史新编》,北京:人民出版社,1989年。

葛昌伦:《〈宋元学案〉成书与编纂研究》,台北:花木兰文化出版社,2007年。

韩学宏:《黄宗羲〈明儒学案〉之研究》,台北:花木兰文化出版社,2007年。

何俊:《南宋儒学建构》,上海:上海人民出版社,2004年。

何俊:《事与心:浙学的精神维度》,北京:北京大学出版社,2013年。

侯外庐、邱汉生、张岂之主编:《宋明理学史》（下卷）,北京:人民出版社,1987年。

胡适著,欧阳哲生编:《胡适文集》,北京:北京大学出版社,2013 年。

黄进兴:《优入圣域:权力、信仰与正当性》,北京:中华书局,2010 年。

黄圣修:《一切总归儒林——〈明史·儒林传〉与清初学术研究》,台北:新文丰出版股份有限公司,2016 年。

李明友:《一本万殊:黄宗羲的哲学与哲学史观》,北京:人民出版社,1994 年。

梁启超:《国学入门书要目及其读法》,台北:成文出版社,1977 年。

梁启超:《中国近三百年学术史》,朱维铮校注,上海:复旦大学出版社,2016 年。

刘凤强:《〈清儒学案〉研究》,北京:光明日报出版社,2013 年。

刘述先:《黄宗羲心学的定位》,台北:允晨文化实业股份有限公司,1986 年。

卢钟锋:《中国传统学术史》,郑州:河南人民出版社,1998 年。

陆敏珍:《宋代永嘉学派的建构》,杭州:浙江大学出版社,2013 年。

戚学民:《阮元〈儒林传稿〉研究》,北京:生活·读书·新知三联书店,2011 年。

钱穆:《宋明理学概述》,北京:九州出版社,2010 年。

钱穆:《中国近三百年学术史》,北京:商务印书馆,1997 年。

钱穆:《中国学术思想史论丛》,北京:生活·读书·新知三联书店,2009 年。

秦志勇：《中国元代思想史》，北京：人民出版社，1994 年。

苏费翔、田浩：《文化权力与政治文化——宋元金时期的〈中庸〉与道统问题》，肖永明译，北京：中华书局，2018 年。

田智忠：《〈诸儒鸣道集〉研究——兼对前朱子时代道学发展的考察》，北京：中国社会科学出版社，2012 年。

汪林茂：《从传统到近代：晚清浙江学术的转型》，北京：中国社会科学出版社，2011 年。

王汎森：《权力的毛细管作用——清代的思想、学术与心态》（修订版），北京：北京大学出版社，2015 年。

王慎荣主编：《元史探源》，长春：吉林文史出版社，1991 年。

王永健：《全祖望评传》，南京：南京大学出版社，1996 年。

王宇：《道行天地：南宋浙东学派论》，北京：中国社会科学出版社，2012 年。

吴光：《黄宗羲著作汇考》，台北：学生书局，1997 年。

夏君虞：《宋学概要》，上海：商务印书馆，1937 年。

姚名达：《刘宗周先生年谱》，上海：商务印书馆，1934 年。

张高评：《黄梨洲及其史学》，台北：文津出版社，1989 年。

张岂之主编：《中国思想学说史》（宋元卷上），桂林：广西师范大学出版社，2008 年。

张寿安：《以礼代理——凌廷堪与清中叶儒学思想之转变》，石家庄：河北教育出版社，2001 年。

张天杰：《蕺山学派与明清学术转型》，北京：中国社会科学出版社，2014 年。

张昭军：《清代理学史》（下卷），广州：广东教育出版社，2007 年。

赵园：《明清之际士大夫研究》，北京：北京大学出版社，

1999 年。

浙江图书馆编:《陈训慈百年诞辰纪念文集》,北京:北京图书馆出版社,2006 年。

郑丞良:《南宋明州先贤祠研究》,上海:上海古籍出版社,2013 年。

朱鸿林:《〈明儒学案〉点校释误》,台北:台湾中研院历史语言研究所,1991 年。

朱鸿林:《〈明儒学案〉研究及论学杂著》,北京:生活·读书·新知三联书店,2016 年。

(美)昆南(Queenan J.):《大书特书》,陈丹丹译,北京:商务印书馆,2014 年。

(美)诺夫乔伊(A. O. Lovejoy):《存在巨链——对一个观念的历史的研究》,张传有、高秉江译,南昌:江西教育出版社,2002 年。

(日)小岛毅:《中国近世における禮の言說》,东京:东京大学出版会,1996 年。

期刊论文

包弼德(Peter K. Bol):《地方传统的重建——以明代的金华府为例(1480—1758)》,李伯重、周生春主编:《江南的城市工业与地方文化(960—1850)》,北京:清华大学出版社,2004 年。

仓修良、吕建楚:《全祖望和〈宋元学案〉》,《史学月刊》1986年第 2 期。

仓修良:《黄宗羲和学案体》,《浙江学刊》1995 年第 5 期。

曹江红:《黄宗羲与〈明史·道学传〉的废置》,《中国社会科学院研究生院学报》2002 年第 1 期。

陈畅:《〈明儒学案〉中的"宗传"与"道统"——论〈明儒学案〉的著述性质》,《哲学动态》2016 年第 11 期。

陈畅:《论〈明儒学案〉的道统论话语建构》,《学海》2012 年第 1 期。

陈国灿、吴锡标:《陈亮的反理学思想和"朱陈之辩"》,《浙江学刊》2009 年第 6 期。

陈金生:《〈宋元学案〉编纂的原则与体例》,《书品》1987 年第 3 期。

陈锦忠:《黄宗羲〈明儒学案〉著成因缘与其体例性质略探》,《东海学报》第 25 卷,1984 年。

陈开勇:《浙东家族与唐仲友学术的命运》,梅新林等编:《江南文化研究》第 6 辑,北京:学苑出版社,2012 年。

陈来:《略论〈诸儒鸣道集〉》,《北京大学学报》(哲学社会科学版)1986 年第 1 期。

陈其泰:《〈宋元学案〉的编撰与成就》,《史学史研究》1990 年第 3 期。

陈雯怡:《"吾婺文献之懿"——元代一个乡里传统的建构及其意义》,《新史学》2009 年第 2 期。

陈训慈:《甬上重建万氏白云庄及追祀乡贤纪》,《浙江省立图书馆馆刊》1935 年第 4 卷第 6 期。

陈祖武:《关于中国学案史研究》,《传统文化与现代化》1996 年第 1 期。

陈祖武:《学案再释》,《北京师范大学学报》(社会科学版)2009 年第 2 期。

楚金(瞿宣颖):《道光学术》,《中和月刊》1941 年第 1 期。

邓广铭:《论范仲淹的师承——辨〈宋元学案〉所谓"高平所出"》,上海《大公报·文史周刊》第 16 期,1947 年 2 月 12 日。

冯贞群:《张约园遗书目录》附《编辑四明丛书记闻》,《宁波旅沪同乡会会集》第 14 期,1947 年。

高纪春:《秦桧与洛学》,《中国史研究》2002 年第 1 期。

葛兆光:《道统、系谱与历史——关于中国思想史脉络的来源与确立》,《文史哲》2006 年第 3 期。

古清美:《从〈明儒学案〉谈黄梨洲思想上的几个问题》,《明代理学论文集》,台北:大安出版社,1990 年。

何俊:《论韩愈的道统观及宋儒对他的超越》,《孔子研究》2000 年第 2 期。

何俊:《思想史的界定与门径——以两部学案为例》,《浙江社会科学》2010 年第 1 期。

何俊:《宋元儒学的重建与清初思想史观——以〈宋元学案〉全氏补本为中心的考察》,《中国史研究》2006 年第 2 期。

何俊:《叶适与朱熹道统观异同论》,《学术月刊》1996 年第 8 期。

黄进兴:《"学案"体裁补论》,《食货月刊》第 16 卷第 9、10 期,1987 年。

黄进兴:《"学案"体裁产生的思想背景:从李绂的〈陆子学谱〉谈起》,《汉学研究》第 2 卷第 1 期,1984 年。

姜鹏:《〈伊洛渊源录〉与早期道统建构的挫折》,《学术月刊》2008 年第 10 期。

雷平:《朱陆之辨在清初的延续——由〈明史〉"道学传"引发的争议》,《湖北大学学报》(哲学社会科学版)2011 年第 2 期。

李才栋:《对〈宋元学案〉中陈澔传略的一些订正》,《江西大学学报》(社会科学版)1982 年第 3 期。

李华瑞:《〈宋史〉论赞评析》,《史学集刊》2005 年第 3 期。

李维武:《20 世纪心学开展的三种形态——以来自鄂东之地的熊十力、徐复观、胡秋原为中心》,《中山大学学报》(社会科学版)2013 年第 1 期。

李卓:《近世儒学史的新图景——新发现的两部〈理学录〉及其价值》,《浙江社会科学》2015 年第 12 期。

连凡:《〈宋元学案〉的编纂体例及其学术意义——以小传、思想资料、附录为中心的考察》,《上饶师范学院学报》2017 年第 4 期。

连凡:《〈宋元学案〉的层次结构与学案设置——兼论全祖望与黄宗羲思想史观之异同》,《北京社会科学》2017 年第 4 期。

连凡:《〈宋元学案〉中黄百家的案语及其学术价值——兼论宋元儒学思想史的建构》,《史学月刊》2017 年第 12 期。

连凡:《道统论的突破与〈宋元学案〉的思想史构建——兼论"宋初三先生"思想史地位的确立》,《首都师范大学学报》(社会科学版)2017 年第 6 期。

梁思乐:《事实与记述:五种范祖禹传记的分析》,《中国文化研究所学报》第 50 辑,2010 年。

林久贵:《略论〈宋元学案〉的学术史批评方法》,《湖北大学学报》(哲学社会科学版)1997 年第 5 期。

刘兴淑:《"学案体"研究现状述评》,《中国史研究动态》2008 年第 5 期。

刘勇:《黄宗羲对泰州学派历史形象的重构——以〈明儒学案·颜钧传〉的文本检讨为例》,《汉学研究》第 26 卷第 1 期,2008 年。

刘勇:《中晚明理学学说的互动与地域性理学传统的系谱化进程——以"闽学"为中心》,《新史学》2010 年第 2 期。

楼毅生:《论黄宗羲的史学思想及其影响》,《河北学刊》1995 年第 6 期。

卢钟锋:《论〈宋元学案〉的编撰、体例特点和历史地位》,《史学史研究》1986 年第 2 期。

卢钟锋:《论朱熹及其〈伊洛渊源录〉》,《孔子研究》1990 年第 3 期。

卢钟锋:《元代理学与〈宋史·道学传〉的学术史特色》,《史学史研究》1990 年第 3 期。

冒志祥:《秦桧"乞立赵氏"状真伪考辨》,《南京师范大学文学院学报》2011 年第 3 期。

聂立申、赵京国:《南宋胡安国与秦桧关系探析》,《山东社会科学》2015 年第 4 期。

彭国翔:《黄宗羲佚著〈理学录〉考论》,田浩编:《文化与历史的追索:余英时教授八秩寿庆论文集》,台北:联经出版事业股份有限公司,2009 年。

彭国翔:《姜希辙及其〈理学录〉考论》,《古今论衡》第 23 卷,2011 年。

彭国翔:《周海门的学派归属与〈明儒学案〉相关问题之检讨》,台湾《清华学报》新 31 卷第 3 期,2002 年。

彭永捷:《论儒家道统及宋代理学的道统之争》,《文史哲》2001 年第 2 期。

钱穆:《清儒学案序目》,《四川省立图书馆图书集刊》1942 年第 3 期。

容肇祖:《补明儒东莞学案——林光与陈建》,《国学季刊》5

卷 3 期,1936 年。

阮芝生:《学案体裁源流初探》,《史原》第 2 期,1971 年。

司徒琳:《〈明夷待访录〉与〈明儒学案〉的再评价》,吴光主编:《黄宗羲论——国际黄宗羲学术讨论会论文集》,杭州:浙江古籍出版社,1987 年。

粟品孝:《关于〈东都事略・儒学传〉的评价问题》,《史学史研究》2010 年第 1 期。

童强:《"王安石研究"的清学地位》,《江海学刊》2005 年第 3 期。

王汎森:《清代儒者的全神堂——〈国史儒林传〉的编纂与道光年间顾祠会的成立》,《中研院史语所集刊》第七十九本第一分,2008 年。

王俊才:《明清之际学术史的突变——学案体的趋新与定型》,《河北学刊》2006 年第 3 期。

王锟:《吕祖谦的心学及对浙东学术的影响》,《中国哲学史》2013 年第 4 期。

王宇:《吕祖谦的游离与回归:论〈宋元学案〉对南宋浙学的认识》,《浙江社会科学》2014 年第 1 期。

王宇:《试论〈明儒学案〉对明代理学开端的构建》,《中共浙江省委党校学报》2007 年第 4 期。

魏涛:《朱熹缘何未将司马光纳入道学谱系》,《山西师大学报》(社会科学版)2013 年第 4 期。

无渝:《"学案"考议》,《孔子研究》1986 年第 2 期。

吴光:《〈宋元学案〉成书经过、编纂人员与版本存佚考》,《杭州师范学院学报》(社会科学版)2008 年第 1 期。

吴兆丰:《明儒薛应旂的生平及其学术思想的演进》,《燕京学报》新 27 期,2009 年。

　　夏长朴:《"发六百年来儒林所不及知者"——全祖望续补〈宋元学案〉的学术史意义》,《台大中文学报》第 34 期,2011 年。

　　谢桃坊:《〈宋元儒学案〉辨原》,《西华大学学报》(哲学社会科学版)2016 年第 4 期。

　　谢桃坊:《〈宋元学案·蜀学略〉辨正》,《西华大学学报》(哲学社会科学版)2013 年第 1 期。

　　谢向杰、邵九华:《一部书稿的旅行——〈宋元学案黄璋校补稿〉流传经历初考》,国际阳明学研究中心编:《国际阳明学研究》(第二卷),上海古籍出版社,2012 年,第 329—333 页。

　　姚文永、王明云:《〈宋元学案〉百年研究回顾与展望》,《殷都学刊》2012 年第 1 期。

　　姚文永:《〈明儒学案〉百年研究回顾与展望》,《北京理工大学学报》(社会科学版)2010 年第 5 期。

　　早坂俊广:《关于〈宋元学案〉的"浙学"概念——作为话语表象的"永嘉"、"金华"和"四明"》,陈辉译,《浙江大学学报》(人文社会科学版)2002 年第 1 期。

　　张剑:《范浚与秦桧、朱熹关系考论——兼论道学谱系的生成问题》,《中华文史论丛》2013 年第 4 期。

　　张林川、林久贵:《略论〈宋元学案〉的体例特点和文献价值》,《文献》1997 年第 1 期。

　　张如安:《黄氏两〈学案〉补考》,《古籍整理研究学刊》1993 年第 6 期。

　　张升:《四库馆开、闭馆时间考》,《图书馆杂志》2011 年第 12 期。

　　张笑龙:《钱穆对〈明儒学案〉评价之转变》,《广东社会科学》

2013 年第 3 期。

张艺曦：《史语所藏〈宋儒学案〉在清中叶的编纂与流传》，《中研院史语所集刊》第八十本第三分，2009 年。

周国栋：《两种不同的学术史范式——梁启超、钱穆〈中国近三百年学术史〉之比较》，《史学月刊》2000 年第 4 期。

周振华：《论阳明后学谱系的建构——基于三部理学史著的比较研究》，《江西社会科学》2017 年第 7 期。

朱端强：《万斯同〈明史〉修纂思想条辨》，《南开学报》（哲学社会科学版）1996 年第 2 期。

朱义禄：《论学案体》，《哈尔滨工业大学学报》（社会科学版）1999 年第 1 期。

朱仲玉：《试论黄宗羲〈明儒学案〉》，吴光主编：《黄宗羲论——国际黄宗羲学术讨论会论文集》，杭州：浙江古籍出版社，1987 年。

庄兴亮：《黄宗羲对聂豹政治形象的构建——以〈明儒学案·贞襄聂双江先生豹传〉为探讨中心》，《国学学刊》2016 年第 3 期。

佐藤炼太郎：《明末清初相反对立的阳明学派史——周汝登〈圣学宗传〉与黄宗羲〈明儒学案〉的比较》，《湖南大学学报》（社会科学版）2017 年第 1 期。

学位论文

刘兆玉：《论〈宋元学案〉对张载关学的诠释——兼论〈宋元学案〉的关学观》，陕西师范大学硕士学位论文，2013 年。

佟雷：《由〈明儒学案〉观黄宗羲对心学的继承与发展》，辽宁大学硕士学位论文，2011 年。

王丽琨：《〈宋元学案〉之史源研究》，南开大学硕士学位论文，2006 年。

吴小沛：《〈清儒学案〉研究》，福建师范大学硕士学位论文，2012 年。

姚文永：《黄宗羲〈明儒学案〉研究》，四川大学博士学位论文，2011 年。

詹海云：《全祖望学术思想研究》，台湾师范大学博士学位论文，2000 年。

张圆圆：《黄宗羲学术史思想研究——以〈明儒学案〉为中心》，黑龙江大学博士学位论文，2013 年。

后 记

许多事情，当时并不觉得什么，过去也就过去了。可总有那么些事情，时间越久，烙在脑中的印象愈发深刻，不断重现，回味起来，温润而有沉香。这样的事总不会很多，青少年时的读书生活或许可以算一件。

博论选择以《宋元学案》为题，既是偶然，或恐是必然。起初本想从地方史角度研究吕祖谦及其学派，后来在读《学案》过程中，越发深爱此书，兼之几部稿抄本的诱惑，就径自前往，沉溺其中而不能自拔。

当时完成此稿，其中的分量几何，自己是清楚的。最感谢的，还是陆师的宽宏大量。师是象山人，真有陆象山的智慧与气象。师先治明州经济，后转永嘉学派，近来又治家礼。黄宗羲形容阳明之学凡有三变，师庶几可近之矣。最敬服师的，是师不断超拔自我的学术勇气与自觉。刚入学不久，师在车上就说了许多，诸如"史家三长论"中，史识是最难的；时间与自由对学者而言最为宝贵；学问不得马虎，更不能懵懂……师的研究总是独辟蹊径，以新视角解读老问题，我每每望文兴叹，想邯郸学步，却亦不可得，对我而言，总似羚羊挂角的了无痕迹。师经常告诫历史研究要有断代感，起初我不以为然。直到后来，才发觉自己的研究原来是没有归宿的，犹如断线的风筝，只能在空中飘摇。每念及此，真有入宝山而空手归的味道。

感谢论文答辩委员会何俊、范立舟、关长龙、王宇诸位老师提出的宝贵意见，也感谢何善蒙、张凯、乐启良老师在预答辩或平时交流中给我的点拨与启示。感谢台湾交通大学的张艺曦老师接受我的访学申请，让我得以获见史语所的《宋儒学案》藏本。古史所的诸位老师都堪称经人师，而最予人温暖的，是他们的学以见道，刘进宝老师的敦厚、陈志坚老师的近人、鲍永军老师的亲民……都是在这个人际疏离的时代，难觅的沧海遗珍。古史所的前身是当年的浙大史地系，那些任教于斯的先生们，至今仍在学术史中生光发热。每天读书所内，凝望墙上悬挂的钱穆、张荫麟、谭其骧、张其昀、陈乐素这些大先生的影像，浑身就有一股"书生许国，澄清宇内"的劲力。

书窗外是一片蓊蓊樟木，还有如茵的草坪。抬头远眺，宝石山上保俶塔那瘦瘦的塔尖，总让人想起"雷峰如老衲，保俶如处子"的句子，还有钱弘俶北去与臣民挥泪诀别的身影。楼下的海棠与腊梅，开了又谢，落了又生，松鼠与鸟雀也时来啄食。每当困挫时，瞻仰这些先辈，远望青翠山林，心头的万千思绪总能快速平静。内心的世界日渐变大，心智也在不断成熟。

老师们的温润让人坚信师道的力量，而同学间的无拘、无束、无猜，更给人生活的意义。陆门的畅谈小聚，"扎硬寨"的围桌对读，"岩壁居"的欢笑歌捧，还有集体的访古考察，这段轻松而有获益的时光，恐怕不会再有了。

自己生性喜游，纵有十方诗书也难锁住好动的灵魂。四年中，断断续续，与不同的人走遍了西湖畔的山山水水。特别是杭城的名人墓地，大多留下我祭拜的踪影。大凡对一个人了解越多，就越想知道关于他的一切，包括与他的纪念物。寻访名人墓，也算做点"无益之事"来"遣有生之涯"，更重要的也是想通过追问他们的意义来观照自己。记得访龚佳育墓出来，在六和塔下,面对钱塘江水,我叩问自己,此生能留下什么,还是如这浩浩江水一去不回,来得快,去得更快,瞬间消失得干干净净。

毕业后选择了回母校,曾经任教的每位老师还是那么温存,只是剑锋师已经不在了,再也不能重复昨天的故事。感谢黄灵庚、李圣华、王锟、宋清秀等老师的提携与谆谆教诲。回首间,年已而立却不能立,最愧对的依旧是父母的养育恩情。他们的包容与鼓励,始终是我奋进的不竭动力。回到金华,认识了嘉仪,是她让我懂得了对方的意义,也知道了什么是最美的记挂与惦念。

最后还要感谢本书的编辑蔡帆学长,是他的仔细校对,指出许多被我忽略的盲点,让我免去了诸多讹误。

2021 年 4 月

于古婺两我境楼